装备保障数据分析理论与应用

杨彦明 著

清华大学出版社
北京

版权所有,侵权必究。举报: 010-62782989, beiqinquan@tup.tsinghua.edu.cn。

图书在版编目(CIP)数据

装备保障数据分析理论与应用/杨彦明著. —北京:清华大学出版社,2023.2(2024.6重印)
ISBN 978-7-302-62538-4

Ⅰ. ①装… Ⅱ. ①杨… Ⅲ. ①装备保障—数据管理—研究 Ⅳ. ①E145.6

中国国家版本馆 CIP 数据核字(2023)第 022816 号

责任编辑:许　龙
封面设计:许成斌
责任校对:欧　洋
责任印制:刘海龙

出版发行:	清华大学出版社
网　　址:	https://www.tup.com.cn, https://www.wqxuetang.com
地　　址:	北京清华大学学研大厦 A 座　邮　编:100084
社 总 机:	010-83470000　邮　购:010-62786544
投稿与读者服务:	010-62776969, c-service@tup.tsinghua.edu.cn
质量反馈:	010-62772015, zhiliang@tup.tsinghua.edu.cn
印 装 者:	涿州市般润文化传播有限公司
经　　销:	全国新华书店
开　　本:	185mm×230mm　印　张:15　字　数:364 千字
版　　次:	2023 年 3 月第 1 版　印　次:2024 年 6 月第 3 次印刷
定　　价:	78.00 元

产品编号:087672-01

前　言

随着大数据时代的来临,数据分析的重要性不言而喻。早在两千六百多年前,春秋初期著名政治家管仲在《管子·七法》中有言:"不明于计数,而欲举大事,犹无舟楫而欲经于水险也。"我国著名数学家陈希孺院士曾预测:"新一轮的突破性进展正在孕育中,它也许就是数据分析?"英国数学家 Clive Humby 曾说过:"数据是新时代的石油,蕴藏着巨大的价值。"但同时,他也强调:"如果未经提炼和分析,那数据也无法展现自己的价值。"对于装备保障来说同样离不开数据,更离不开数据分析和应用。大数据时代,装备保障数据日趋丰富,但缺乏对数据分析相关理论及应用的研究,数据分析与应用能力相对不足,难以为装备保障提供有效的决策支持。同时,在装备保障工作中,对于各类问题和现象的分析,定性分析多,定量分析相对缺乏,也成为制约装备保障能力和管理水平进一步提升的瓶颈问题。因此,特别需要运用数据分析技术对各类装备保障数据资源进行快速融合、深度挖掘和分析利用,更好地满足信息化和智能化条件下装备保障快速化、精确化、智能化等新要求。

本书以装备保障为应用背景,系统论述了相关数据分析理论、技术、方法与应用。全书共分 7 章。第 1 章主要介绍数理统计分析的基本知识,重点论述假设检验、方差分析等基本理论方法及其在装备保障数据分析中的应用。第 2 章主要论述装备保障中常用可视化数据分析理论方法,包括直方图、因果图、排列图、散点图、3D 散点图、3D 曲面图等。第 3 章主要论述一元线性回归和多元线性回归理论及其在装备保障数据分析中的应用。第 4 章主要论述移动平均法、指数平滑法和 ARIMA 模型法等时间序列分析理论及其在装备保障数据分析中的应用。第 5 章主要论述在装备保障中使用频率较高的多因素分析理论方法,包括主成分分析、因子分析、聚类分析等。第 6 章主要论述可靠性的基本概念及度量指标,可靠性数据分析中常见故障分布,可靠性数据收集、整理,以及可靠性数据建模与分析等。第 7 章主要论述统计过程控制分析、过程能力分析以及抽样检验等理论及其在装备保障数据分析中的应用。为使读者能更好地理解和掌握装备保障数据分析理论及其应用,本书重点突出以下几个特色:

第一,立足装备保障实际,实现数据分析技术与装备保障工作的有机结合。德国哲学家叔本华(Arthur Schopenhauer)说:"智慧只是理论而不付诸实践,犹如一朵重瓣的玫瑰,虽然花色艳丽,香味馥郁,凋谢了却没有种子。"荀子曰:"见之不若知之,知之不若行之。"明代理学家、教育家王阳明认为"知者行之始,行者知之成。"本书在强调数据分析理论方法的基础上,紧密结合装备保障工作实际。书中所有实例原型或数据分析原始数据均源自装备保障工作一线，实现数据分析技术与装备保障工作实际的有机融合，旨在使理论与实际结合，力求在对典型问题的解决过程中领悟原理、理解技术、掌握方法，增强学习者在实践中分析和解决问题的能力，力求达到知行并重、学以致用。

第二，注重现代信息技术应用，实现数据分析方法与计算机技术有机结合。孔子曰："工欲善其事，必先利其器。"荀子曰："君子性非异也，善假于物也。"本书所涉及的数据分析方法、计算，均提供相应软件的解决方案，将数据分析中的定性分析思想与计算机技术在定量分析方面的优势有机结合，将数据分析复杂的理论计算融入分析软件的应用中，使读者在对典型问题的解决过程中领悟原理、掌握方法，并学会利用现代化信息分析手段对数据进行有效、快速处理。

第三，汲取新理论新技术新方法，充分体现人类文化知识积累和创新成果。《周易》有言"凡益之道，与时偕行。"唐代文学家、哲学家刘禹锡有诗句"以不息为体，以日新为道。"本书将大数据分析中聚类分析等新理论、新方法应用于装备保障数据分析中，并融合最新科研学术成果，体现数据分析理论应用的先进性和时代性。将统计过程控制理论和过程能力分析理论应用于装备质量控制工作，有效解决了对装备保障指标的动态控制，扩展了运用数据分析理论和方法解决装备保障中实际问题的应用领域。

第四，融入科学思维与人文思想，力求体现科技书籍的"高度"与"温度"。著名科学家、"两弹一星"功勋奖章获得者钱学森认为：科学与人文是一枚硬币的两个面，缺一不可。孔子曰："文质彬彬，然后君子。"尝试撰写兼具"科学思维"和"人文意蕴"的书一直是我的理想与追求。因此，本书理论技术注重背景与思想解读，应用实例注重思路与方法分析，着力加强数据分析思想和科学思维的培养；每一章开篇配有精心挑选的与数据分析相关的古今中外名人名言，富有文化内涵和人文气息，让读者领略其中的"微言大义"，体悟人文思想和人生哲理；从文化角度增加了一些中国传统文化元素，如我国古代经典和诗词中蕴涵的科学思维和人生哲理等；适度添加了"温馨提示"和"经验分享"等版块。

"大海之阔，非一流之归也。"本书在撰写过程中，参阅了大量的文献资料，借鉴吸收了相关领域专家学者的研究成果；书中涉及中外著名人物的基本信息主要参考《辞海》（第七版，上海辞书出版社，2020），人物图片均选自互联网；我的同事张锐丽、方平、孙璐璐、许成斌等老师在部分案例梳理、文稿校对诸方面亦给予了无私襄助，付梓之际一并致以诚挚的谢意！作者竭尽所能，力求内容准确、翔实、晓畅、实用，然囿于个人知识学养与实践经验，拙作疏漏及不当之处恐在所难免，敬祈同仁时彦和读者朋友斧正，将不胜感激！

杨彦明

2023 年 2 月于青岛

目 录

第1章 装备保障数理统计分析理论与应用 ·································· 1

  1.1 描述性统计量 ··· 1
    1.1.1 表示数据集中趋势的统计量 ································· 1
    1.1.2 表示数据离散程度的统计量 ································· 3
    1.1.3 表示数据分布形状的统计量 ································· 6
    1.1.4 多维样本数据的统计量 ······································· 7
    1.1.5 应用实例 ·· 9
  1.2 数理统计分析基本方法 ··· 11
    1.2.1 参数估计 ·· 11
    1.2.2 假设检验 ·· 12
    1.2.3 方差分析 ·· 13
    1.2.4 相关分析 ·· 13
    1.2.5 回归分析 ·· 14
    1.2.6 相关分析与回归分析的关系 ································· 14
  1.3 假设检验 ··· 15
    1.3.1 假设检验简介 ·· 15
    1.3.2 假设检验的步骤 ··· 16
    1.3.3 假设检验的两类错误 ·· 17
    1.3.4 正态性检验 ·· 18
  1.4 方差分析 ··· 22
    1.4.1 方差分析简介 ·· 22
    1.4.2 单因素方差分析 ··· 23
    1.4.3 双因素方差分析 ··· 26
    1.4.4 考虑交互作用的方差分析 ································· 29

第2章 装备保障可视化分析理论与应用 ·································· 32

  2.1 直方图 ·· 32

	2.1.1	直方图的概念	32
	2.1.2	直方图的形态	33
	2.1.3	直方图的绘制	34
	2.1.4	应用实例	35
2.2	因果图		37
	2.2.1	因果图的概念	37
	2.2.2	因果图的结构	37
	2.2.3	因果图的绘制	38
	2.2.4	绘制因果图的注意事项	38
	2.2.5	应用实例	39
2.3	排列图		40
	2.3.1	排列图的概念	40
	2.3.2	排列图的结构	41
	2.3.3	排列图的绘制	42
	2.3.4	绘制排列图的注意事项	42
	2.3.5	排列图的应用	42
	2.3.6	排列图和因果图的比较	43
	2.3.7	应用实例	43
2.4	散点图		45
	2.4.1	散点图的概念	46
	2.4.2	散点图的形态	46
	2.4.3	散点图的分析	47
	2.4.4	散点图的绘制	48
	2.4.5	绘制散点图的注意事项	49
	2.4.6	应用实例	49
2.5	3D散点图		51
	2.5.1	3D散点图的概念及用途	51
	2.5.2	应用实例	51
2.6	3D曲面图		54
	2.6.1	3D曲面图的概念及用途	54
	2.6.2	应用实例	54

第3章 装备保障回归分析理论与应用 57

3.1 一元线性回归 57
    3.1.1 回归模型 57

3.1.2　参数估计 ··· 58
　　　3.1.3　模型检验 ··· 58
　　　3.1.4　非线性问题的线性化 ·· 59
　　　3.1.5　应用实例 ··· 60
　3.2　多元线性回归 ·· 66
　　　3.2.1　回归模型 ··· 66
　　　3.2.2　参数估计 ··· 66
　　　3.2.3　模型检验 ··· 68
　　　3.2.4　应用实例 ··· 69

第4章　装备保障时间序列分析理论与应用 ···································· 75

　4.1　时间序列平滑方法 ·· 75
　　　4.1.1　移动平均平滑法 ·· 75
　　　4.1.2　单参数指数平滑法 ··· 77
　　　4.1.3　双参数指数平滑法 ··· 79
　　　4.1.4　三参数指数平滑法 ··· 80
　　　4.1.5　应用实例 ··· 81
　4.2　ARIMA 模型 ··· 95
　　　4.2.1　ARIMA 的数学模型 ··· 95
　　　4.2.2　ARIMA 的建模过程 ··· 96
　　　4.2.3　应用实例 ··· 99

第5章　装备保障多因素分析理论与应用 ······································ 106

　5.1　多因素分析概述 ·· 106
　　　5.1.1　多因素分析的基本思想 ·· 106
　　　5.1.2　多因素分析方法的应用 ·· 107
　5.2　主成分分析 ·· 108
　　　5.2.1　主成分分析简介 ··· 108
　　　5.2.2　主成分分析的数学模型 ·· 109
　　　5.2.3　主成分分析的计算步骤 ·· 110
　　　5.2.4　应用实例 ··· 113
　5.3　因子分析 ··· 120
　　　5.3.1　因子分析简介 ··· 120
　　　5.3.2　因子分析的数学模型 ··· 121
　　　5.3.3　因子分析模型的参数估计 ··· 122

5.3.4　公共因子个数的确定 ………………………………………… 123
　　5.3.5　因子旋转和因子解释 ………………………………………… 124
　　5.3.6　因子得分 ……………………………………………………… 126
　　5.3.7　因子分析步骤 ………………………………………………… 127
　　5.3.8　因子分析与主成分分析的区别 ……………………………… 129
　　5.3.9　应用实例 ……………………………………………………… 129
　5.4　聚类分析 …………………………………………………………… 137
　　5.4.1　聚类分析简介 ………………………………………………… 137
　　5.4.2　样品间的相似性度量——距离 ……………………………… 138
　　5.4.3　变量间的相似性度量——相似系数 ………………………… 140
　　5.4.4　类间距离与递推公式 ………………………………………… 141
　　5.4.5　系统聚类 ……………………………………………………… 143
　　5.4.6　动态聚类 ……………………………………………………… 145
　　5.4.7　应用实例 ……………………………………………………… 147

第6章　装备保障可靠性数据分析理论与应用 ……………………………… 158

　6.1　可靠性的基本概念及其度量 ……………………………………… 158
　　6.1.1　可靠性和故障的概念 ………………………………………… 158
　　6.1.2　可靠性的度量指标 …………………………………………… 160
　　6.1.3　可靠性度量指标之间的关系 ………………………………… 164
　　6.1.4　可靠性度量指标在装备可靠性分析中的意义 ……………… 166
　6.2　可靠性数据分析中常用故障/寿命分布 …………………………… 166
　　6.2.1　故障/寿命分布的作用 ………………………………………… 166
　　6.2.2　常用故障/寿命分布 …………………………………………… 167
　　6.2.3　常用故障/寿命分布的寿命特征 ……………………………… 169
　　6.2.4　常用故障/寿命分布的适用范围 ……………………………… 170
　6.3　可靠性数据的收集 ………………………………………………… 170
　　6.3.1　可靠性数据的来源与特点 …………………………………… 170
　　6.3.2　可靠性数据的分类 …………………………………………… 171
　　6.3.3　可靠性数据收集的必要性和要求 …………………………… 173
　6.4　可靠性数据初步整理与分析 ……………………………………… 174
　　6.4.1　故障数据的直方图分析 ……………………………………… 174
　　6.4.2　故障数据的经验分布函数分析 ……………………………… 175
　6.5　可靠性数据建模与分析 …………………………………………… 177
　　6.5.1　可靠性数据建模与分析流程 ………………………………… 177

6.5.2　故障分布类型的推断 178
　　6.5.3　分布拟合优度检验 179
　　6.5.4　故障分布参数估计 183
6.6　应用实例 187
　　6.6.1　问题描述 187
　　6.6.2　分布类型识别 188
　　6.6.3　分布拟合优度检验 192
　　6.6.4　分布参数估计 194
　　6.6.5　故障/寿命特征分析 196

第7章　装备保障质量控制分析理论与应用 200

7.1　统计过程控制分析 200
　　7.1.1　控制图的概念及用途 200
　　7.1.2　控制图的结构 201
　　7.1.3　控制图的分类 201
　　7.1.4　控制图的原理 202
　　7.1.5　控制图的判读 203
　　7.1.6　控制图的绘制 205
　　7.1.7　应用实例 206
7.2　过程能力分析 212
　　7.2.1　过程能力的基本概念 212
　　7.2.2　过程能力指数 212
　　7.2.3　过程能力分析与评价 213
　　7.2.4　非正态过程能力分析 215
　　7.2.5　应用实例 217
7.3　抽样检验 220
　　7.3.1　抽样检验的基本原理 220
　　7.3.2　抽样检验的基本类型 222
　　7.3.3　应用实例 223

参考文献 227

管仲
（？—前645）

不明于计数，而欲举大事，

犹无舟楫而欲经于水险也。

——《管子·七法》

第1章　装备保障数理统计分析理论与应用

　　数理统计分析是以概率论为基础，运用统计学的方法对数据进行分析，主要研究随机现象中局部与整体之间，以及各有关因素之间相互联系的规律性。数理统计分析是装备保障数据分析的基本方法，主要包括描述性统计分析、参数估计、假设检验、方差分析、相关分析、回归分析等。本章主要介绍数理统计分析的基本知识以及假设检验、方差分析等基本方法及其在装备保障数据分析中的应用。

1.1　描述性统计量

　　所谓描述性统计量就是在数理统计中用来表示统计数据分布及其某些特性的特征量。以一维样本数据为例，表示数据集中趋势的统计量主要有样本均值、中位数、分位数和众数等；表示数据离散程度的统计量主要有极差、方差、标准差以及变异系数等；表示数据分布形状的统计量主要有偏度、峰度等。描述性统计是通过图表或数学方法，对统计数据进行整理、分析，并对数据的分布状态、数字特征和随机变量之间的关系进行估计和描述的方法。描述性统计的任务就是描述随机变量的统计规律。

1.1.1　表示数据集中趋势的统计量

　　数据的集中趋势是指一组数据向其中心值靠拢的倾向，刻画集中趋势就是要确定可代表数据一般水平的代表值或中心值。对于一组样本数据,可以用样本均值、中位数、分位数和众数等来描述数据集中趋势,这几个统计量各有特点,并适用于不同的场合。众数、中位数和分位数是根据数据的特定位置确定的,统称为位置平均数。

1. 均值

样本均值(Mean)亦称样本平均数,它是一组样本数据 $x_1, x_2, \cdots, x_n$ 的算术平均值,记为 $\bar{x}$。

$$\bar{x} = \frac{1}{n} \sum_{i=1}^{n} x_i \tag{1-1}$$

样本均值是使用最广泛的、反映数据集中趋势的统计量,其计算简单,但受极端值的影响比较大,同时亦会影响它对集中趋势测度的准确性。

经验分享:为了解决均值容易受到极端值影响的问题,通常采用切尾均值。即从全部数据中去掉指定比率的较大与较小数值,然后再计算算术平均值。切尾均值常用于比赛时裁判或评委的打分中。

2. 中位数

样本中位数(Median)是数据集中趋势的另一种重要度量。在确定样本中位数时,需将样本数据按数值从小到大顺序排列,构成有序样本:$x_{(1)} \leqslant x_{(2)} \leqslant \cdots \leqslant x_{(n)}$,位于中间位置的数值就是中位数,也叫中值,记为 M_e 或 $\tilde{x}$。

$$M_e = \begin{cases} x_{((n+1)/2)}, & n \text{ 为奇数} \\ (x_{(n/2)} + x_{(n/2+1)})/2, & n \text{ 为偶数} \end{cases} \tag{1-2}$$

与样本均值相比,中位数的一个显著特点是不受极端值影响,具有较好的稳定性和抗扰性。在某些场合,中位数比均值更能代表一组数据的中心位置,是描述数据集中趋势的另一个较好的统计量。

温馨提示:中位数不会受到极端值影响,数据中的极大值或极小值不会改变中位数的大小。

3. 分位数

分位数(Quantile)亦称分位点,是指将一组样本数据按从小到大顺序排列后分为几等份的数值点。在确定样本分位数时,同样需将样本数据按数值从小到大顺序排列,构成有序样本:$x_{(1)} \leqslant x_{(2)} \leqslant \cdots \leqslant x_{(n)}$。对 $0 < p < 1$,有序样本数据 $x_{(1)}, x_{(2)}, \cdots, x_{(n)}$ 的 p 分位数为

$$M_p = \begin{cases} x_{([np]+1)}, & np \text{ 非整数} \\ (x_{(np)} + x_{(np+1)})/2, & np \text{ 是整数} \end{cases} \tag{1-3}$$

式中,$[np]$ 为 np 的整数部分。当 $p = 0$ 时,定义 $M_0 = x_{(0)}$;当 $p = 1$ 时,定义 $M_1 = x_{(n)}$。

大体上整批数据的$100np\%$的观测值不超过p分位数,中位数是特殊的分位数(即0.5分位数,亦称二分位数)。在实际应用中,0.75分位数与0.25分位数比较重要,分别称为上、下四分位数,并分别记为

$$Q_3 = M_{0.75}, \quad Q_1 = M_{0.25}$$

温馨提示:与中位数不同,中位数反映所有数据的集中趋势,而分位数反映的是某部分数据的集中趋势。比如下四分位数反映的是比中位数小的所有数据的集中趋势,而上四分位数反映的是比中位数大的所有数据的集中趋势。

4. 众数

众数(Mode)是一组数据中出现次数(频数)最多的数值,记为M_o或Mod。简言之,就是一组数据中占比例最多的数。众数不受极端值影响,但有时众数在一组数中可能有好几个,有时也可能不存在众数。

温馨提示:如果数据不是离散型数据,而是连续型数据,那么中位数的意义就是累积概率分布函数值为0.5的点,该点前的概率密度函数积分等于0.5;而众数的意义则是使概率密度函数值最大的点,即最大峰值对应的数据点。

5. 均值、中位数及众数的关系

均值、中位数和众数之间的大小关系与数据的分布形态有关,当数据为对称分布(如正态分布)时,三者相等;当数据为右偏分布时,均值最大,中位数次之,众数最小;当数据为左偏分布时,众数最大,中位数次之,均值最小。因此利用三者的大小关系可以初步判断数据的分布形态。在图1-1中,(a)为对称分布,(b)为右偏或正偏分布,(c)为左偏或负偏分布。

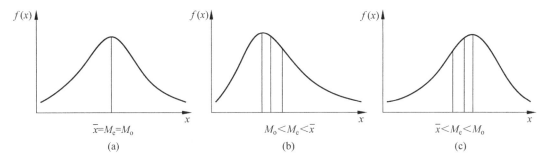

图1-1 均值、中位数和众数数量关系与分布形态

1.1.2 表示数据离散程度的统计量

找到数据的"中心"后,单纯以"中心"来刻画数据并非尽善尽美,还应考察所有数据相对

于"中心"分布的疏密程度(离散程度)。因为集中趋势只是数据分布特征的一个方面,集中趋势测度值相同时,数据分布仍可能存在很大差异。数据离散程度可以通过极差、方差、标准差和变异系数等进行度量。

1. 极差与四分位极差

极差(Range)是样本数据中最大值与最小值的差值,也称为全距或范围误差,记为 R。

$$R = x_{\max} - x_{\min} \tag{1-4}$$

极差计算简便,广泛应用于控制质量的差异,但它有一定的局限性,因为它只利用了样本中最大和最小数据,中间数据的信息利用不充分。统计学中,描述数据离散程度应用最多的是方差和标准差。

温馨提示:虽然极差计算简单且容易理解,但由于极差仅由两个极端数值决定,因此会受到极端值的影响而不能准确反映大部分数据的离散程度。

上、下四分位数 Q_3、Q_1 之差称为四分位极差,记为 R_q。

$$R_q = Q_3 - Q_1 \tag{1-5}$$

四分位极差也是度量数据分散性的一个重要数字特征。由于分位数的抗扰性,四分位极差亦具有对异常数据的抗扰性。

2. 方差

数据的分散程度可以用每个数据 x_i 偏离其平均值 $\bar{x}$ 的差 $x_i - \bar{x}$ 来表示,$x_i - \bar{x}$ 称为 x_i 的离差。方差(Variance)是观测值与其均值离差平方和的均值,记为 s^2。

$$s^2 = \frac{1}{n-1} \sum_{i=1}^{n} (x_i - \bar{x})^2 \tag{1-6}$$

式中,分母 $n-1$ 表示自由度。因为 n 个离差的总和必为 0,所以对于 n 个独立数据,独立的离差个数只有 $n-1$ 个,因此样本方差是用 $n-1$ 而不是 n 除以离差平方和。方差的单位为测定单位的平方。

3. 标准差

样本标准差(Standard Deviation)是样本方差的正平方根,记为 s。

$$s = \sqrt{s^2} = \sqrt{\frac{1}{n-1} \sum_{i=1}^{n} (x_i - \bar{x})^2} \tag{1-7}$$

式中,x_i 是第 i 个观测值;$\bar{x}$ 是样本的均值。标准差的单位与测定单位相同。

【例 1-1】 某部向 A、B 两个厂家订购同一种装备部件,要求订货后 10 天左右交付,并希望交付时间前后不超过 2 天。A、B 两个厂家一年内交付时间记录如表 1-1 所列。比较哪一个厂家绩效较好。

表1-1 A、B两厂家一年内交付时间记录　　　　　　　　　　　（单位：天）

供货批次	1	2	3	4	5	6	7	8	9	10	均值	标准差
A厂家	11	9	12	10	13	7	6	12	12	8	10	2.404
B厂家	10	9	11	12	10	10	9	8	10	11	10	1.155

解：根据表1-1可以绘制出如图1-2所示的交付时间波动图，从表1-1和图1-2中可见，虽然两厂家航材交付时间的均值是一样的（均为10天），但A厂家交付时间的标准差比B厂家大，这说明A厂家交付时间的波动比B厂家大，而且有的交付时间超出许可要求，因此B厂家的绩效好于A厂家。

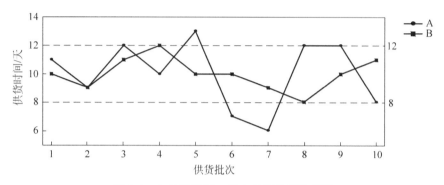

图1-2 A、B两厂家一年内交付时间波动图

4. 变异系数

样本变异系数（Coefficient of Variation）是样本标准差与样本均值之比，用来刻画数据相对分散的程度，亦称为相对标准差或者离散系数，记为C_v。

$$C_v = \frac{s}{\bar{x}} = 100 \times \frac{s}{\bar{x}} (\%) \tag{1-8}$$

式中，$\bar{x}$是样本的均值；s是样本的标准差。

温馨提示：标准差是反映样本数据的绝对波动状况，当测量较大的量值时，绝对误差一般较大；而测量较小的量值时，绝对误差一般较小。因此，用相对波动的大小，即变异系数更能反映样本数据的波动性。同时，样本变异系数消除了量纲的影响，是样本分散程度的另一种度量。

【**例1-2**】 统计两组装备部件的寿命，如表1-2所列，比较哪一组部件的寿命差异比较小。

表1-2 装备部件寿命统计数据　　　　　　　　　　　　（单位：h）

A组	1660	1690	1720	1770	1800	1710	1720	1740	1680	1730
B组	680	690	680	700	710	730	720	730	740	750

解：两组部件寿命值的变异系数计算如表 1-3 所列。

表 1-3 两组装备部件寿命变异系数比较

	均值	方差	标准差	变异系数
A 组	1722	1728.9	41.6	2.41%
B 组	713	623.33	24.97	3.5%

【结果分析】

结果表明，虽然 A 组部件寿命的标准差比 B 组大，但 A 组部件寿命的变异系数更小，说明 A 组部件的寿命差异比 B 组小，具有较好的工作稳定性，同时也说明 A 组部件平均寿命比 B 组部件平均寿命的代表性好。

1.1.3 表示数据分布形状的统计量

偏度和峰度是表示数据分布形态的两个重要特征，虽然可以通过图形（如直方图）来大致观察数据分布的形态，但要定量加以测度则需计算偏度和峰度系数指标。

1. 偏度

偏度(Skewness)用于描述数据分布的不对称程度。理论上偏度为 0 时，分布是对称的；偏度大于 0 时，为正偏（右偏）；偏度小于 0 时，为负偏（左偏）。在图 1-1 中，形态(a)为对称分布，形态(b)为右偏分布，形态(c)为左偏分布。偏度计算公式为

$$\text{SK} = \frac{n}{(n-1)(n-2)} \sum_{i=1}^{n} \left(\frac{x_i - \bar{x}}{s} \right)^3 \tag{1-9}$$

式中，x_i 是第 i 个观测值；$\bar{x}$ 是样本的均值；s 是样本的标准差。

2. 峰度

峰度(Kurtosis)用于描述数据分布的尖锐程度，可使用峰度确定数据的波峰相对于正态曲线的尖锐程度。以标准正态分布为比较标准，如果数据分布形态比标准正态分布更尖，则称为尖峰分布，如图 1-3(a)所示；如果比标准正态分布更平，则称为平峰分布，如图 1-3(b)所示。即标准正态分布的峰值为 0；峰值大于 0 时，为尖峰分布；峰值小于 0 时，为平峰分布。峰度计算公式为

$$K = \frac{n(n+1)}{(n-1)(n-2)(n-3)} \sum_{i=1}^{n} \left(\frac{x_i - \bar{x}}{s} \right)^4 - \frac{3(n-1)^2}{(n-2)(n-3)} \tag{1-10}$$

式中，x_i 是第 i 个观测值；$\bar{x}$ 是样本的均值；s 是样本的标准差。

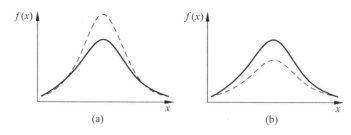

图 1-3 数据分布的峰度对比

(a) 尖峰分布；(b) 平峰分布

1.1.4 多维样本数据的统计量

以上介绍的是一维样本数据的基本统计量，但在实际应用中，遇到的许多问题是多维的。对于多维数据，除了按前述一维数据的描述性分析方法分析各分量取值的数字特征，更重要的是分析各个分量之间的关系。多维样本数据的统计量主要有：样本均值向量、样本协方差矩阵、样本相关系数矩阵等。

设总体为 p 维向量 $(X_1, X_2, \cdots, X_p)$，从中抽取样本容量为 n 的样本，第 i 个样本观测值为 $(x_{i1}, x_{i2}, \cdots, x_{ip})$，$(i=1,2,\cdots,n)$，记

$$\boldsymbol{X} = \begin{bmatrix} x_{11} & x_{12} & \cdots & x_{1p} \\ x_{21} & x_{22} & \cdots & x_{2p} \\ \vdots & \vdots & & \vdots \\ x_{n1} & x_{n2} & \cdots & x_{np} \end{bmatrix} \tag{1-11}$$

称 $\boldsymbol{X}$ 为样本数据矩阵。为了方便起见，$\boldsymbol{X}$ 的第 j 列向量记为 $\boldsymbol{X}_j = (x_{1j}, x_{2j}, \cdots, x_{nj})^\mathrm{T}$。

显然，$\boldsymbol{X}$ 的第 j 列向量是 $\boldsymbol{X}_j$ 的 n 个观测值。通常由样本数据矩阵 $\boldsymbol{X}$ 出发，构造以下统计量来分析总体的特征。

1. 样本均值向量

样本数据矩阵 $\boldsymbol{X}$ 的第 j 列观测值 $\boldsymbol{X}_j$ 的均值为

$$\bar{x}_j = \frac{1}{n} \sum_{i=1}^{n} x_{ij} \quad (j=1,2,\cdots,p) \tag{1-12}$$

称 $\bar{\boldsymbol{x}} = (\bar{x}_1, \bar{x}_2, \cdots, \bar{x}_p)^\mathrm{T}$ 为 p 维样本均值向量。$\bar{\boldsymbol{x}}$ 表示 p 维样本数据的集中位置。

2. 样本协方差矩阵

样本数据矩阵 $\boldsymbol{X}$ 的第 j 列数据 $\boldsymbol{X}_j$ 的方差为

$$s_j^2 = \frac{1}{n-1} \sum_{i=1}^{n} (x_{ij} - \bar{x}_j)^2 \quad (j=1,2,\cdots,p) \tag{1-13}$$

样本数据矩阵 X 的第 j 列与第 k 列数据的协方差为

$$s_{jk} = \frac{1}{n-1} \sum_{i=1}^{n} (x_{ij} - \bar{x}_j)(x_{ik} - \bar{x}_k) \quad (j,k=1,2,\cdots,p) \tag{1-14}$$

易知有

$$s_j^2 = s_{jj} (j=1,2,\cdots,p) \tag{1-15}$$

称 s_{jk} 为 X_j 与 X_k 的样本协方差。记

$$S = \begin{bmatrix} s_{11} & s_{12} & \cdots & s_{1p} \\ s_{21} & s_{22} & \cdots & s_{2p} \\ \vdots & \vdots & & \vdots \\ s_{p1} & s_{p2} & \cdots & s_{pp} \end{bmatrix} \tag{1-16}$$

称 S 为样本协方差矩阵。S 的对角线元素分别是各个变量观测值的方差，非对角线元素是两两变量观测值之间的协方差。易知有

$$S = \frac{1}{n-1} \sum_{i=1}^{n} (x_i - \bar{x})(x_i - \bar{x})^T \tag{1-17}$$

3. 样本相关系数矩阵

样本数据矩阵 X 的第 j 列与第 k 列的相关系数为

$$r_{jk} = \frac{s_{jk}}{\sqrt{s_{jj}} \sqrt{s_{kk}}} = \frac{s_{jk}}{s_j s_k} \quad (j,k=1,2,\cdots,p) \tag{1-18}$$

r_{jk} 是无量纲的量，总有 $r_{jj}=1, |r_{jk}| \leqslant 1$。又记

$$R = \begin{bmatrix} r_{11} & r_{12} & \cdots & r_{1p} \\ r_{21} & r_{22} & \cdots & r_{2p} \\ \vdots & \vdots & & \vdots \\ r_{p1} & r_{p2} & \cdots & r_{pp} \end{bmatrix} = \begin{bmatrix} 1 & r_{12} & \cdots & r_{1p} \\ r_{21} & 1 & \cdots & r_{2p} \\ \vdots & \vdots & & \vdots \\ r_{p1} & r_{p2} & \cdots & 1 \end{bmatrix} \tag{1-19}$$

称 R 为样本相关系数矩阵。

不难验证，样本相关系数矩阵与协方差矩阵存在如下关系：

$$R = D^{-1} R D^{-1} \tag{1-20}$$

其中，$D = \text{diag}(\sqrt{s_{11}}, \sqrt{s_{22}}, \cdots, \sqrt{s_{pp}}) = \text{diag}(s_1, s_2, \cdots, s_p)$。

相关矩阵 R 也是 p 维样本数据的最重要的数字特征之一，它刻画了变量观测值之间的线性相关的密切程度。R 往往是多维数据分析的出发点。S 与 R 总是非负定的，在实际应用中，S 与 R 通常是正定的。

4. 样本标准化矩阵

对样本数据矩阵 $\boldsymbol{X}$ 的数据进行标准化,即

$$x_{ij}^* = \frac{x_{ij} - \bar{x}_j}{s_j} \quad (i=1,2,\cdots,n;\ j=1,2,\cdots,p) \tag{1-21}$$

记

$$\boldsymbol{X}^* = (x_{ij}^*)_{n\times p} = \begin{bmatrix} x_{11}^* & x_{12}^* & \cdots & x_{1p}^* \\ x_{21}^* & x_{22}^* & \cdots & x_{2p}^* \\ \vdots & \vdots & & \vdots \\ x_{n1}^* & x_{n2}^* & \cdots & x_{np}^* \end{bmatrix} \tag{1-22}$$

称 $\boldsymbol{X}^*$ 为样本矩阵 $\boldsymbol{X}$ 的标准化矩阵。易知从样本标准化矩阵 $\boldsymbol{X}^*$ 计算得到的协方差矩阵 $\boldsymbol{S}^*$ 是由原样本数据矩阵 $\boldsymbol{X}$ 计算得到的相关矩阵 $\boldsymbol{R}$,即原样本数据矩阵的相关矩阵为

$$\boldsymbol{R} = \boldsymbol{S}^* = \frac{1}{n-1} \sum_{i=1}^{n} \boldsymbol{x}_i^* (\boldsymbol{x}_i^*)^{\mathrm{T}} = \frac{1}{n-1} \boldsymbol{X}^* (\boldsymbol{X}^*)^{\mathrm{T}} \tag{1-23}$$

1.1.5 应用实例

【例1-3】 统计某型装备部件故障间隔时间,如表1-4所列,利用 Minitab 软件给出其数据描述性统计分析,并初步判断该装备部件故障间隔时间分布是否为正态分布。

表1-4 某型装备部件故障间隔时间统计数据　　　　（单位：h）

序号	故障间隔时间	序号	故障间隔时间	序号	故障间隔时间
1	83.6	11	94.5	21	99.9
2	84.5	12	95.1	22	100.2
3	87.5	13	95.3	23	100.3
4	89.4	14	95.4	24	100.5
5	89.6	15	95.8	25	102.3
6	90.5	16	96.2	26	102.4
7	91.3	17	97.0	27	105.2
8	92.6	18	97.1	28	105.8
9	92.8	19	99.5	29	107.5
10	93.1	20	99.6	30	108.3

【思路与方法】

利用 Minitab 软件描述性统计功能得到如下结果,故障间隔时间的主要描述性统计量如表1-5所列,直方图如图1-4所示,箱线图如图1-5所示。

表 1-5 某型装备部件故障间隔时间描述性统计量

变量	总计数	均值	均值标准误	调整均值	标准差	方差	变异系数
故障间隔时间	30	96.43	1.16	96.50	6.35	40.27	6.58

变量	和	平方和	最小值	下四分位数	中位数	上四分位数	最大值
故障间隔时间	2892.80	280110.80	83.60	92.27	96.00	100.35	108.30

变量	极差	间距	众数	众数的 N	偏度	峰度	均方递差
故障间隔时间	24.70	8.08	*	0	−0.07	−0.39	0.71

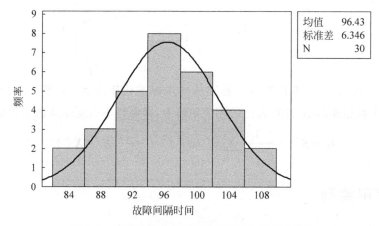

图 1-4 故障间隔时间的直方图(包含正态曲线)

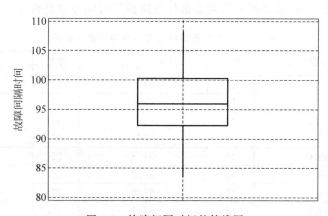

图 1-5 故障间隔时间的箱线图

温馨提示：箱线图(Box-plot)是一种用作显示一组数据分散情况资料的统计图。它主要用于反映原始数据分布的特征，还可以进行多组数据分布特征的比较。矩形下底高度＝下四分位数 Q_1，矩形上底高度＝上四分位数 Q_3，矩形中间横线高度＝中位数，两条竖直线段分别称为上须触线和下须触线。下须触线最下端的高度＝max(最小值, $Q_1 - 1.5 \times$

IQR),上须触线最上端的高度＝min(最大值,$Q_3+1.5\times$IQR),其中 IQR＝Q_3-Q_1。中位数显示样本位置;矩形的高度＝Q_3-Q_1,显示样本分散程度。箱线图能够发现异常点,如果有点落在须触线之外,则该点是异常点。出现异常点一定要查明原因。利用箱线图判断分布情况:观察矩形位置和中位数,若矩形位于中间位置且中位数位于矩形中间位置,则分布较为对称,否则为偏态分布。

【结果分析】

表 1-5 给出了故障间隔时间的主要描述性统计量的具体数值,箱线图则可以比较直观地显示中位数、上四分位数、下四分位数等统计量,同时矩形大致位于中间位置且中位数位于矩形中间位置,初步判断很可能服从正态分布。根据包含正态曲线的直方图可以初步判断该装备部件故障时间大致服从正态分布(均值为 96.43,标准差为 6.346),若要进一步确定是否服从正态分布,可以利用假设检验进行定量分析。另外,描述性统计量偏度(−0.07)和峰度(−0.39)的绝对值较小,可以认为是来自正态总体的数据。

1.2 数理统计分析基本方法

数理统计分析基本方法主要包括参数估计、假设检验、方差分析、相关分析、回归分析等。

1.2.1 参数估计

参数估计(Parameter Estimation)即根据从总体中抽取的样本估计总体分布中包含的未知参数的方法。它是统计推断的一种基本形式,是数理统计学的一个重要分支。参数估计具体方法将在第 7 章详细论述,本章只做简要介绍。参数估计有两种常用形式:一种是点估计,就是用一个具体的数值去估计一个未知参数;另一种是区间估计,就是把未知参数估计在某两个界限(上限、下限)之间。例如,估计一批装备部件的平均直径为 10 mm,这是一个点估计;若估计装备部件的平均直径在 9~11 mm,则是一个区间估计。

1. 点估计

点估计(Point Estimation)是依据样本估计总体分布中所含的未知参数或未知参数函数。通常它们是总体的某个参数值,如均值、方差和相关系数等。点估计问题就是要构造一个只依赖于样本的量,作为未知参数或未知参数的函数估计值。例如,设一批产品的废品率为 θ,从这批产品中随机地抽出 n 个进行检查,以 X 记其中的废品个数,用 X/n 估计 θ,这就是一个点估计。构造点估计常用的方法有以下几种:

(1) 矩估计法。用样本矩估计总体矩,如用样本均值估计总体均值。

(2) 极大似然估计法。1912 年由英国统计学家、遗传学家、数理统计学科的奠基人之一费希尔(Ronald Aylmer Fisher,1890—1962)提出,利用样本分布密度函数构造似然函数来求出参数的极大似然估计。

(3) 最小二乘法。主要用于线性统计模型中的参数估计问题。

(4) 贝叶斯估计法。这是基于贝叶斯学派的观点而提出的估计法。

可以用来估计未知参数的估计量很多,于是产生了怎样选择一个优良估计量的问题。即估计的优良性,如无偏性估计、最小方差无偏估计、有容许性准则、最小化最大准则、最优同变准则、相合性、最优渐近正态估计和渐近有效估计等。

2. 区间估计

区间估计(Interval Estimation)是依据抽取的样本,根据一定的正确度与精确度的要求,构造出适当的区间,作为总体分布的未知参数或未知参数函数的真值所在范围的估计。例如人们常说的有百分之多少的把握保证某值在某个范围内,就是区间估计的最简单的应用。目前已经形成严格的区间估计理论。求置信区间常用的方法有以下几种:

(1) 利用已知的抽样分布。

(2) 利用区间估计与假设检验的联系。

(3) 利用大样本理论。

1.2.2 假设检验

1. 假设检验的概念

假设检验(Hypothesis Testing)是一种基本的统计推断形式,又称显著性检验,是数理统计学的一个重要分支。为判断一个统计假设是否正确,需要从总体中抽取样本,据此做出判断。假设检验采用类似"反证法"的推理过程。先假定某项假设成立,再由此推出会有什么样的结果产生。如果导致了不合理现象产生,表明原先假设不能接受;如果没有导致不合理现象产生,则应接受假设。这里的所谓不合理现象是基于人们长期实践中所采取的一个原则,即小概率原理:小概率事件在一次试验中几乎是不会发生的。

2. 常用的假设检验

常用的假设检验包括 U 检验、t 检验、F 检验等。

(1) U 检验。若总体服从正态分布,方差已知,检验总体均值是否等于(大于等于或小于等于)某个值时,使用 U 检验。

(2) t 检验。若总体服从正态分布,方差未知,检验总体均值是否等于(大于等于或小于等于)某个值时,使用 t 检验。

(3) F 检验。若两个总体均服从正态分布,检验这两个总体的方差是否相等(大于等于或小于等于)时,使用 F 检验。在方差分析中广泛使用 F 检验。

1.2.3 方差分析

方差分析(Analysis of Variance,ANOVA),又称"变异数分析"或"F 检验"。方差分析是检验多个总体的均值是否有显著性差异的最常用的统计方法。在方差分析中,我们将那些影响试验指标的条件称为因素,试验中发生变化的因素称为因子,各因子在试验中所处的条件(状态)称为水平。方差分析通过对观测数据变异的分析,来确定一项试验中有无条件变差存在。

应用方差分析,可以判定因素对试验结果有无显著影响,并估计在此试验中有多少误差。如在工艺改进时,就要先试验一下新工艺方案是否比原工艺优化,产品质量是否有显著提高。试制一个新产品,可提出几种不同方案,一般要先做试验,根据试验数据判断哪个方案最佳。在装备质量管理中,方差分析可以用于试验数据的分析,确定哪些因子的哪些水平或水平组合影响质量特性,从而优选出最佳装备、流程等。

1.2.4 相关分析

相关分析(Correlation Analysis)是研究随机变量之间相关关系的一种统计方法。相关关系是一种非确定性的关系。例如,以 X 和 Y 分别记一个人的身高和体重,则 X 与 Y 显然有关系,而又没有确切到可由其中的一个去精确地决定另一个的程度,这就是相关关系。

相关关系的分类:依据涉及变量的多少,分为单相关、复相关和偏相关;依据相关形式,分为线性相关和非线性相关;依据相关现象的变化方向,分为正相关和负相关;依据相关程度,还可以分为完全相关、不完全相关和不相关等。

相关关系的程度可以通过相关系数(通常记为 r)来表示。相关系数这个统计量表示两个变量线性相关的密切程度,r 的绝对值越大,两个变量之间的相关程度越强。

设变量 (x,y) 的一组样本为 $(x_1,y_1),(x_2,y_2),\cdots,(x_n,y_n)$,则其相关系数的计算公式为

$$r = \frac{\sum_{i=1}^{n}(x_i-\bar{x})(y_i-\bar{y})}{\sqrt{\sum_{i=1}^{n}(x_i-\bar{x})^2 \sum_{i=1}^{n}(y_i-\bar{y})^2}} \tag{1-24}$$

式中,$\bar{x}=\frac{1}{n}\sum_{i=1}^{n}x_i$,为变量 x 的均值;$\bar{y}=\frac{1}{n}\sum_{i=1}^{n}y_i$,为变量 y 的均值。

当 $r=\pm1$ 时,n 个点完全在一条直线上,两个变量完全线性相关。

当 $r=0$ 时，n 个点完全不在一条直线上，两个变量线性不相关，不过可能存在某种曲线关系。

当 $0<r<1$ 时，两个变量正相关，当 x 值增大时，y 值也增大。

当 $-1<r<0$ 时，两个变量负相关，当 x 值增大时，y 值减小。

1.2.5 回归分析

回归分析(Regression Analysis)是确定两种或两种以上变量间相互依赖的定量关系的一种统计分析方法。其主要任务是通过回归方程确定一个或几个变量(一般称为自变量或解释变量)的变化对另一个特定变量(一般称为因变量或响应变量)的影响程度。简言之，就是利用一个或几个自变量的数据预测或解释一个因变量。回归分析运用十分广泛，可用于预测、质量控制等方面。

回归分析有不同的类型：按照涉及的自变量的多少，可分为一元回归分析和多元回归分析；按照自变量和因变量之间的关系类型，可分为线性回归分析和非线性回归分析。如果在回归分析中，只包括一个自变量和一个因变量，且二者的关系可用一条直线近似表示，这种回归分析称为一元线性回归分析；如果回归分析中包括两个或两个以上的自变量，且因变量和自变量之间是线性关系，则称为多元线性回归分析。

回归分析的主要内容如下：

(1) 从一组数据出发确定某些变量之间的定量关系式，即建立数学模型并估计其中的未知参数。估计参数的常用方法是最小二乘法。

(2) 对这些关系式的可信程度进行检验。

(3) 在许多自变量共同影响着一个因变量的关系中，判断哪些自变量的影响是显著的，哪些自变量的影响是不显著的，将影响显著的自变量选入模型中，而剔除影响不显著的变量，通常用逐步回归、向前回归和向后回归等方法。

(4) 利用所求的关系式对某一生产过程进行预测或控制。

回归分析的应用广泛，一般统计分析软件包括各种回归方法，计算起来十分方便。

1.2.6 相关分析与回归分析的关系

1. 相关分析和回归分析的联系

相关分析和回归分析都是对客观事物数量依存关系的分析，在实际应用中二者有密切联系。二者不仅具有共同的研究对象，而且在具体应用时，常常互相补充。相关分析和回归分析在一些统计学的书籍中被合称为相关关系分析。

(1) 相关分析是回归分析的基础和前提，没有对现象间是否存在相关关系及密切程度做出判断,就不能进行回归分析。

(2) 回归分析是相关分析的深入和继续,只有进行了回归分析,建立了回归方程,相关分析才有实际意义。

2. 相关分析和回归分析的区别

相关分析与回归分析两者在研究目的和方法等方面有明显区别。

(1) 研究目的不同:相关分析研究变量之间相关方向、相关程度及相关形式等相关特征;回归分析研究变量之间相互关系的具体形式,即当一个变量发生数量上的变化时,另一个变量会发生什么样的变化。

(2) 研究方法不同:相关分析是通过计算相关系数或相关指数来判断变量之间的相关关系;回归分析是通过数学模型来确定变量之间具体的数量关系,所关心的是一个因变量 Y 对另一个(或一组)自变量 X 依赖关系的函数形式。

(3) 变量的性质不同:在相关分析中,所讨论变量的地位一样,不用确定谁是自变量和谁是因变量,而且所有变量都是随机变量;在回归分析中,必须事先确定在具体相关关系的变量中,谁是自变量和谁是因变量。一般来说,自变量被设定为非随机变量(一般变量),因变量是随机变量。

1.3 假 设 检 验

假设检验是根据一定随机样本所提供的信息,判断总体未知参数事先所作的假设是否可信的一种统计分析方法,也称为显著性检验(Significance Test)。在假设检验中的样本统计量称为检验统计量。假设检验的目的在于判断原假设的总体和现在实际的总体是否发生了显著差异,从而决定应接受还是否定原假设。

1.3.1 假设检验简介

1. 基本思想

为了判断总体的某个特征,先根据决策要求,对总体特征作出一个原假设,然后从总体中抽取一定容量的随机样本,计算和分析样本数据,对总体的原假设作假设检验,如果这个假设导致了一个不合理的现象,就有理由拒绝该假设,反之,则接受原假设;这里的不合理,是指根据小概率原理,即发生概率很小的随机事件(通常把概率不超过 0.05 的事件当作小概率事件)在一次试验中几乎不可能发生。

2. 原假设与备择假设

所谓假设,是指需要进行验证的统计结论。假设检验一般有两个相互对立的假设,即原假设和备择假设。原假设就是指通过样本信息来推断正确与否的命题,也称为零假设,用 H_0 表示;备择假设是在原假设不成立的情况下所接受的假设,是与原假设相互排斥的假设,用 H_1 表示。原假设(H_0)和备择假设(H_1)不是随意提出的,要根据所检验问题的具体情况来定。一般采取"不轻易拒绝原假设"的原则,即把没有充分理由不能轻易否定的命题作为原假设,而相应把没有足够把握就不能轻易肯定的命题作为备择假设。原假设一般是稳定的,但这并不能保证原假设总是正确的,不会被否定。在检验过程中,如果抽样调查分析的结果表明有充分的理由否定原假设的真实性,那么拒绝接受原假设,接受备择假设。

3. 显著性水平 α

显著性水平(Significance Level) α 是指正确的原假设遭到拒绝的错误发生的概率。它是确定一个事件是否是小概率事件的数量界限。显著性水平通常取 $\alpha=0.05$ 或 $\alpha=0.01$ 等数值。显著性水平的具体数值是根据研究目的、有关条件、假设检验量等具体情况由人们主观确定的。也就是说,当 $\alpha=0.05$ 时,在 95% 的可靠程度上对假设进行检验;当 $\alpha=0.01$ 时,在 99% 的可靠程度上进行检验。无论采用哪一种界限,都存在犯错误的可能性,所以统计分析方法是以误差为前提的。一般情况下,为了尽量减少犯错误的风险,会选择一个较小的 α 值。

1.3.2 假设检验的步骤

一个完整假设检验包括以下四个步骤:

(1) 建立原假设 H_0 和备择假设 H_1。

① $H_0: \mu = \mu_0$; $H_1: \mu \neq \mu_0$

这种假设形式检验称为双侧检验,也称为双尾检验。当我们关心的问题是样本估计值与假设的总体参数有没有显著性的差异而不问差异方向时,应当采用这种假设形式。

② $H_0: \mu \leq \mu_0$; $H_1: \mu > \mu_0$

这种假设形式检验称为右单侧检验,也称为右单尾检验。如果要检验的是样本所取的总体其参数值是否大于某个特定值,应采用右单侧检验。

③ $H_0: \mu \geq \mu_0$; $H_1: \mu < \mu_0$

这种假设形式检验称为左单侧检验,也称为左单尾检验。如果要检验的是样本所取的总体其参数值是否小于某个特定值,应采用左单侧检验。

(2) 选择合适的检验统计量。

检验统计量是根据样本数据计算得到的、对原假设进行判断的样本统计量。不同的假设需要选择不同的统计量作为检验统计量。确立了样本统计量,要根据样本数据计算出实际值。

（3）规定显著性水平 α。

显著性水平 α 表示 H_0 为真时拒绝 H_0 的概率,即拒绝原假设所冒的风险用 α 表示。α 是小概率,通常取 $\alpha=0.05$ 和 $\alpha=0.01$ 等数值。

（4）将实得值与临界值比较,得出结论。

如果检验统计量的值落在拒绝区域内,并说明样本所描述的情况与原假设检验有显著性差异,应拒绝原假设;反之,则接受原假设。

1.3.3　假设检验的两类错误

按照概率的观点,假设检验作为一种涉及随机变量的统计推断,不可能得到绝对正确的结论,事实上小概率事件有时也有可能发生,接受原假设是因为拒绝它的理由不充分,并非认为它绝对正确,因此有可能犯两种错误:"弃真"与"纳伪"。

1. 弃真错误

H_0 为真时,却拒绝 H_0,称为第Ⅰ类错误(Type Ⅰ Error)"弃真错误"。我们认为一次抽样中小概率事件发生是不合理的,从而作出拒绝原假设的结论。但事实上样本具有随机性,小概率事件只是发生的概率很小,并非绝对不发生。犯第Ⅰ类错误的概率,亦称弃真概率,即前面提到的显著性水平 α。

2. 纳伪错误

H_0 为假时,却接受 H_0,称为第Ⅱ类错误(Type Ⅱ Error)"纳伪错误"。由于样本的随机性使样本统计量落入接受区域,这时的判断是接受原假设。接受原假设时,只是因为小概率事件没有发生,还没有充足的理由拒绝它,并非肯定原假设就是正确的,其含义是"不否定原假设"或"保留原假设",即意味着原假设可能为真,尚需要进一步检验。第Ⅱ类错误概率用 β 表示。事实上用假设检验的方法来对原假设的真实性作出拒绝或接受的判断,并不能保证不犯错误,做不到百分之百正确,而总要承担一定的风险。

在假设检验中,人们总是希望能够进行正确的判断,犯这两类错误的概率越小越好。然而,在样本容量一定的前提下,犯这两类错误的概率是互为消长的。对于同一个样本来说,"有得必有失",减小 α 将会导致 β 的增加;增大 α,则会使 β 减小,两者不能兼顾,只有增加样本容量,即增加信息量,才可能使 α 和 β 同时减小。通常人们只对犯第Ⅰ类错误的概率 α 加以限制,而不考虑犯第Ⅱ类错误的概率,这种假设检验称为显著性检验。当人们宁愿"以真为假",而不愿"以假为真"时,则把 α 取得很小;反之,则可把 α 取得大些。如在装备质量检验中,必须严格控制标值在规定范围内,若原假设代表产品不合格,则应把 α 定得很小,宁愿把合格品当不合格品,也不能把不合格品当合格品。当然,不管在什么情况下,都要保证 α 是小概率。

1.3.4 正态性检验

利用观测数据判断总体是否服从正态分布的检验称为正态性检验,它是统计判决中一种重要的特殊的拟合优度假设检验。常用的正态性检验方法有正态概率图法、Anderson-Darling 检验法、Kolmogorov-Smirnov 检验法、Shapiro-Wilk 检验法、Ryan-Joiner 检验法、偏度-峰度检验法等。

1. Anderson-Darling 正态性检验

此检验将样本数据的经验累积分布函数与数据为正态时所预期的分布进行比较。如果观测到的差值足够大,则将否定总体正态性的原假设。该检验统计量为

$$\mathrm{AD} = -n - \frac{1}{n}\sum_{i=1}^{n}(2i-1)\left\{\ln\Phi\left(\frac{X_i - \overline{X}}{s}\right) + \ln\left[1 - \Phi\left(\frac{X_{n+1} - \overline{X}}{s}\right)\right]\right\} \qquad (1\text{-}25)$$

式中,n 为非缺失观测值个数;X_i 为排序观测值;$\Phi(\cdot)$ 为标准正态分布的累积分布函数;s 为样本的标准差。

2. Kolmogorov-Smirnov 正态性检验

此检验将样本数据的经验累积分布函数与数据为正态时所预期的分布进行比较。如果观测到的差值足够大,检验将否定总体正态性的原假设。如果此检验的 P 值小于所选择的显著性水平 α,则可以否定原假设并得出总体是非正态的结论。该检验统计量为

$$\mathrm{KS} = \max\left\{\max_{i}\left\{\frac{i}{n} - F(X_i)\right\}, \max_{i}\left\{F(X_i) - \frac{i-1}{n}\right\}\right\} \qquad (1\text{-}26)$$

式中,n 为非缺失观测值个数;X_i 为排序观测值;$F(\cdot)$ 为正态分布的概率分布函数。

3. Ryan-Joiner 正态性检验

此检验通过计算数据和数据的正态评分之间的相关性来评估正态性。如果相关系数接近 1,则总体可能是正态的。Ryan-Joiner 统计量评估此相关的强度;如果它小于相应的临界值,则将否定总体正态性的原假设。该检验统计量为

$$\mathrm{RJ} = \frac{\sum_{i=1}^{n}(X_i - \overline{X})b_i}{\sqrt{s^2(n-1)\sum_{i=1}^{n}b_i^2}} \qquad (1\text{-}27)$$

式中,n 为非缺失观测值个数;X_i 为排序观测值;b_i 为排序数据的正态评分;s 为样本的标准差。

4. 三种正态性检验的比较

Anderson-Darling 和 Kolmogorov-Smirnov 检验基于经验分布函数。Ryan-Joiner 检验基于回归和相关。这三个检验都会在分布偏斜时将分布很好地标识为非正态。当基础分布是 t 分布且非正态性源自峰度时,三个检验的区别不大。一般来说,在基于经验分布函数的检验之间,Anderson-Darling 检验在检测分布尾部的偏离方面更有效。通常,如果在尾部偏离正态性是大问题,许多统计人员将使用 Anderson-Darling 检验作为第一选择。对于检测数据分布尾部的非正态性而言,Anderson-Darling 检验通常比其他两种检验更有效。Kolmogorov-Smirnov 检验对于正态分布中的小偏差较不敏感。对于检测非正态性而言,Ryan-Joiner 检验与 Anderson-Darling 检验具有类似的功能。

5. 应用实例

【例 1-4】 抽样调查某型装备部件发生故障间隔时间,如表 1-6 所列,试在 0.05 的显著性水平下分析该型装备部件故障间隔发生时间分布是否为正态分布。

表 1-6 某型装备部件发生故障间隔时间　　　　　　　　　　(单位:h)

序号	故障间隔时间	序号	故障间隔时间	序号	故障间隔时间
1	70.85	12	83.12	23	77.45
2	81.45	13	73.71	24	63.95
3	89.22	14	82.78	25	73.35
4	76.00	15	76.15	26	91.60
5	76.32	16	81.19	27	81.45
6	59.05	17	69.63	28	87.65
7	76.90	18	67.25	29	79.25
8	75.15	19	66.45	30	73.16
9	73.37	20	79.35	31	82.55
10	73.55	21	89.47	32	66.05
11	91.63	22	61.24	33	87.25

【思路与方法】

为更好地表示分布拟合,并进一步定量分析,可使用概率图来评估统计意义显著性的拟合。如果指定的理论分布能够很好地拟合数据,则点将沿着直线紧密分布。本例借助 Minitab 软件的正态性检验功能,分别采用 Anderson-Darling 检验、Kolmogorov-Smirnov 检验和 Ryan-Joiner 检验的正态分布概率图如图 1-6、图 1-7 和 1-8 所示。从图 1-6、图 1-7 和图 1-8 可以看出,三种正态性检验统计量值和 P 值如表 1-7 所列。要确定数据是否服从假定

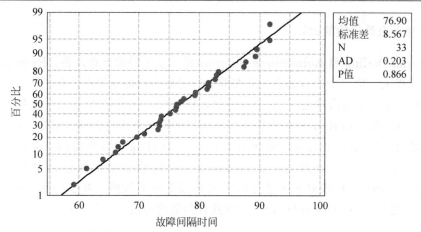

图 1-6　故障间隔时间的正态分布概率图（Anderson-Darling 检验）

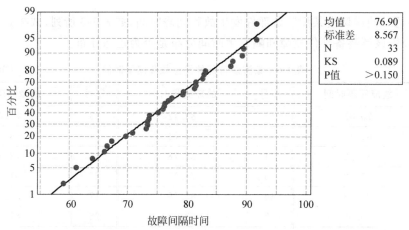

图 1-7　故障间隔时间的正态分布概率图（Kolmogorov-Smirnov 检验）

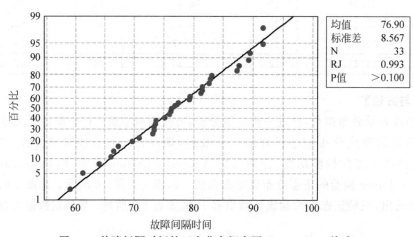

图 1-8　故障间隔时间的正态分布概率图（Ryan-Joiner 检验）

分布,将 P 值与显著性水平进行比较。通常,取显著性水平为 0.05。P 值均大于显著性水平 0.05,无法否定原假设(数据服从正态分布),即无法得出数据不服从正态分布的结论。因此,初步判定该设备故障数据服从正态分布。

表 1-7　正态性检验结果

正态性检验	检验统计量值	P 值
Anderson-Darling	AD=0.203	P 值=0.866
Kolmogorov-Smirnov	KS=0.089	P 值>0.150
Ryan-Joiner	RJ=0.993	P 值>0.100

经验分享：上述检验的 P 值如果低于设定的 α 水平,则可拒绝原假设。如果对相同的数据同时进行三种正态性检验,任何一种检验方法都拒绝原假设,则可以认为该数据不服从原假设分布。

为了显示更详细的信息,可以利用 Minitab 软件正态性检验的图形化汇总功能得到如图 1-9 所示检验结果。该图给出了变量的汇总信息,包括 AD 统计量和 P 值,其结果和前面方法所得结果是一样的。另外,还包括常用描述性统计量、置信区间估计等信息。

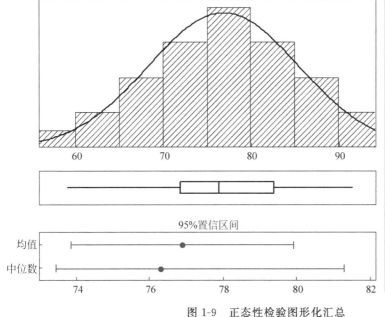

图 1-9　正态性检验图形化汇总

【结果分析】

根据检验结果,样本数据的均值为 76.895(73.857 和 79.933 的 95% 置信区间)。标准差为 8.567(6.89 和 11.332 的 95% 置信区间)。

使用 0.05 的显著性水平,Anderson-Darling 正态性检验(A 平方为 0.2,P 值为 0.866),由于 P 值>显著水平 $\alpha=0.05$,所以接受 H_0,即该型装备部件故障间隔时间数据服从正态分布。

1.4 方差分析

方差分析是检验多个总体均值是否相等的一种统计方法,它所研究的是分类型自变量对数值型因变量的影响,比如它们之间有没有关系、关系的强度如何等,所采用的方法就是通过检验各总体的均值是否相等来判断分类型自变量对数值型因变量是否有显著影响。当方差分析只涉及一个分类型自变量时,称为单因素方差分析(One-Way ANOVA);当涉及两个分类型自变量时,称为双因素方差分析(Two-Way ANOVA)。在方差分析中,所要检验的对象称为因素或因子,因素的不同表现称为水平,在每个因子水平下得到的样本数据称为观测值。

1.4.1 方差分析简介

1. 方差分析中的基本假定

方差分析中有三个基本的假定:

(1) 每个总体(Population)都应服从正态分布。也就是说,对于引述的每一个水平,其观测值是来自正态分布总体的简单随机样本。

(2) 各个总体的方差必须相同。也就是说,对于各组观察数据,是从具有相同方差的状态总体中抽取的。

(3) 观测值(Observational Value)是独立的。在上述假定成立的前提下,要分析自变量对因变量是否有影响,实际上也就是要检验自变量的各水平(总体)的均值是否相等。

2. 问题的一般提法

设因素有 k 个水平,每个水平的均值分别用 $\mu_1,\mu_2,\cdots,\mu_k$ 表示,要检验 k 个水平(总体)的均值是否相等,需要提出如下假设:

$H_0: \mu_1=\mu_2=\cdots=\mu_k$　　自变量对因变量没有显著差异;

$H_1: \mu_1,\mu_2,\cdots,\mu_k$ 不全相等　　自变量对因变量有显著差异。

与假设检验方法相比,方差分析能够提高检验的效率,同时由于它是将所有样本信息结合在一起,也增加了分析的可靠性。

1.4.2 单因素方差分析

1. 基本概念

在方差分析中,我们将要考察的对象的某种特征称为试验指标,影响试验指标的条件称为因素。每个因素又有若干个状态可供选择,因素可供选择的每个状态称为该因素的水平。根据影响试验指标条件的个数可以区分为单因素方差分析、双因素方差分析和多因素方差分析。当要检验的因素只有一个时,称为单因素方差分析,它所研究的是一个分类型自变量对一个数值型因变量的影响。

2. 数学模型

设 Y_{ij} 表示第 i 个水平的第 j 次观测值,则有数学模型 $Y_{ij} = \mu_i + \varepsilon_{ij}$。其中,$\mu_i$ 表示第 i 个水平响应变量的均值;ε_{ij} 称为"误差",一般假设 ε_{ij} 均值是 0,而有相同的方差:$\varepsilon_{ij} \sim N(0, \sigma^2)$。由于因子的影响,在不同的水平下 μ_i 是否相同?如果 μ_i 显著不同,因子的影响就显著了。从假设检验角度考虑,这就是进行假设检验,其数学模型为

$$\begin{cases} Y_{ij} = \mu_i + \varepsilon_{ij} \\ \varepsilon_{ij} \sim N(0, \sigma^2) \end{cases} \tag{1-28}$$

$H_0: \mu_1 = \mu_2 = \cdots;$

$H_1: \mu_1, \mu_2, \cdots$ 不全相等。

3. 应用实例

【例 1-5】 抽样调查某类装备 4 种不同型号的有寿件 X1、X2、X3、X4,测得其使用寿命如表 1-8 所列。试在 0.05 的显著性水平下,分析 4 种不同型号的有寿件使用寿命有无显著性的差异。

表 1-8 某型装备部件使用寿命检测结果统计表

有寿件	使用寿命/h							
X1	1600	1610	1650	1680	1700	1700	1780	1620
X2	1500	1640	1400	1700	1750	1680	1780	1790
X3	1640	1550	1600	1620	1640	1600	1740	1800
X4	1510	1520	1530	1590	1650	1670	1850	1900

【思路与方法】

在进行分析之前,首先要明确总体样本数据特征,根据数据特征选择分析方法。数据服从正态分布时,适用方差分析。本例中,同一型号有寿件在同一生产工艺下,有寿件的使用

寿命应该有一个理论上的均值,而实测寿命数据与均值的偏离为随机误差,此误差服从正态分布,分析目标是有寿件的生产工艺对其使用寿命的效应,因此适用单因素方差分析。

设定如下假设:

H_0:4 种型号有寿件的使用寿命无显著差异;

H_1:4 种型号有寿件的使用寿命有显著差异。

利用 Minitab 软件方差分析功能得到如下分析结果(如表 1-9 和表 1-10 所列)和方差分析单值图(如图 1-10 所示)、方差分析箱线图(如图 1-11 所示)、方差分析残差图(如图 1-12 所示)。

表 1-9　某型装备部件使用寿命方差分析表

来源	自由度	Adj SS	Adj MS	F 值	P 值
因子	3	1584	528.1	0.04	0.989
误差	28	364188	13006.7		
合计	31	365772			

表 1-10　均值与标准差

因子	N	均值	标准差	95%置信区间
X1	8	1667.5	60.2	(1584.9,1750.1)
X2	8	1655.0	138.8	(1572.4,1737.6)
X3	8	1648.8	81.7	(1566.2,1731.3)
X4	8	1652.5	149.9	(1569.9,1735.1)

合并标准差=114.047

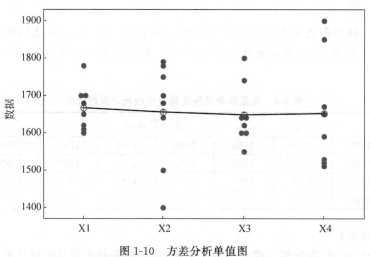

图 1-10　方差分析单值图

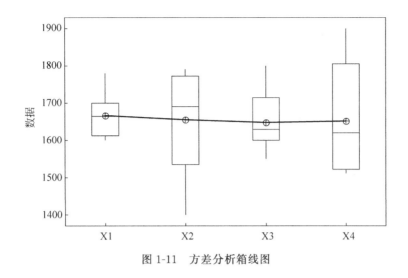

图 1-11 方差分析箱线图

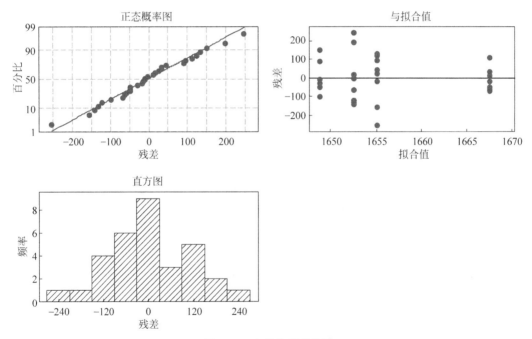

图 1-12 方差分析残差图

【结果分析】

根据方差分析表(表 1-9)中的 P 值 $=0.989>$ 显著水平 $\alpha=0.05$,没有理由拒绝 H_0,即有 95% 的把握认为 4 种不同型号的有寿件使用寿命没有显著差异。从图 1-10、图 1-11、图 1-12 也可直观看出 4 种有寿件使用寿命没有显著差异。

1.4.3 双因素方差分析

1. 基本概念

单因素方差分析只是考虑一个分类型自变量对数值型因变量的影响。在对实际问题的研究中,有时需要考虑几个因素对试验结果的影响。比如,分析影响装备故障的因素时,需要考虑速度、高度、温度、湿度等多个因素的影响。

当研究两个因素对试验结果的影响时称为双因素方差分析。在双因素方差分析中,如果这两个因素对因变量的影响是相互独立的,这时的双因素方差分析称为无交互作用的双因素方差分析,或称为无重复双因素分析;如果除了这两个因素对因变量的单独影响外,两个因素的搭配还会对因变量产生一种新的影响效应(即两个因素结合后产生的新效应),这时的双因素方差分析称为有交互作用的双因素方差分析,或称为可重复双因素分析。

与单因素方差分析类似,双因素方差分析也包括提出假设、确定检验的统计量、决策分析等步骤。

2. 数学模型

双因素方差分析数学模型为

$$\begin{cases} Y_{ij} = \mu + \alpha_i + \beta_j + \varepsilon_{ij} \\ \sum_{i=1}^{r} \alpha_i = 0, \quad \sum_{j=1}^{s} \beta_j = 0, \quad \varepsilon_{ij} \sim N(0, \sigma^2) \end{cases} \quad (1\text{-}29)$$

式中,α_i 称为第一个因子的主效应;β_j 称为第二个因子的主效应;ε_{ij} 称为误差。要进行两个假设检验,分别检验两个主效应是否为 0,即

$$H_{10}: \alpha_i = 0, i = 1, 2, \cdots, r, \quad H_{11}: \alpha_i \text{ 不全为 } 0;$$
$$H_{20}: \beta_j = 0, j = 1, 2, \cdots, s, \quad H_{21}: \beta_j \text{ 不全为 } 0。$$

多因素方差分析(Multi-Way ANOVA)的数学模型类似。

3. 应用实例

【例 1-6】有 4 条生产线在 5 种温度下生产同一装备部件,为了解温度和生产线这两个因素分别对该部件断裂强度是否有影响,进行了 20 次试验,所得断裂强度如表 1-11 所列。试在 0.05 的显著性水平下,分析温度和生产线这两个因素分别对该部件断裂强度是否有显著影响。

表 1-11 某装备部件抗断裂强度数据

温度/℃	1 号生产线	2 号生产线	3 号生产线	4 号生产线
700	88.6	89.5	95.7	90.6
750	86.0	88.0	86.6	92.6
800	87.0	89.1	88.8	92.4
850	89.3	91.9	93.1	91.8
900	81.2	84.0	85.7	95.1

【思路与方法】

该问题中我们关心的指标是"部件的断裂强度",它就是响应变量;它受到 2 个因子"生产线"和"温度"的影响;这两个因子的每一组合只试验一次,没有重复试验,称为"重复数"=1。建立数学模型

$$\begin{cases} Y_{ij} = \mu + \alpha_i + \beta_j + \varepsilon_{ij}, & i=1,2,3,4,5, \quad j=1,2,3,4 \\ \sum_{i=1}^{5} \alpha_i = 0, \sum_{j=1}^{4} \beta_j = 0, \quad \varepsilon_{ij} \sim N(0, \sigma^2) \end{cases}$$

式中,α_i 称为因子"温度"的主效应,即 700℃,750℃,800℃,850℃,900℃时部件强度均值的增加量;β_j 称为因子"生产线"的主效应,即 1~4 号生产线造成的部件强度均值的差异。我们关心的是这两个因子的主效应是否显著?这就要进行如下假设检验:

$$H_{10}: \alpha_i = 0, \quad i=1,2,\cdots,5, \quad H_{11}: \alpha_i \text{ 不全为 } 0;$$

$$H_{20}: \beta_j = 0, \quad j=1,2,\cdots,4, \quad H_{21}: \beta_j \text{ 不全为 } 0。$$

利用 Minitab 软件方差分析功能得到如下分析结果和方差分析残差图(如图 1-13 所示)。

一般线性模型:部件强度与温度、生产线

因子	类型	水平数	值
温度	固定	5	700℃,750℃,800℃,850℃,900℃
生产线	固定	4	1号,2号,3号,4号

部件强度的方差分析,在检验中使用调整的 SS

来源	自由度	Seq SS	Adj SS	Adj MS	F	P
温度	4	68.075	68.075	17.019	2.25	0.124
生产线	3	98.134	98.134	32.711	4.33	0.028
误差	12	90.621	90.621	7.552		
合计	19	256.830				

S = 2.74804   R-Sq=64.72%   R-Sq(调整) = 44.13%

部件强度的异常观测值

观测值	部件强度	拟合值	拟合值标准误	残差	标准化残差
20	95.1000	89.6500	1.7380	5.4500	2.56 R

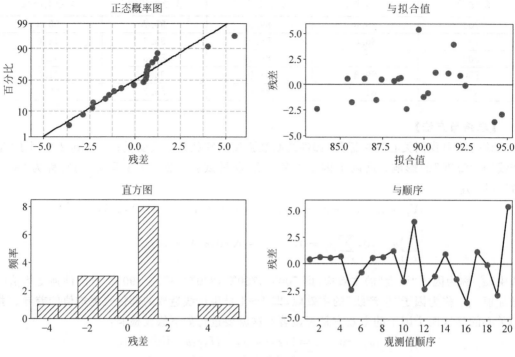

图 1-13 方差分析残差图

【结果分析】

由分析结果可以得出方差分析表,如表 1-12 所列。其中,左边第一列说明每行所代表的"效应"是"温度"和"生产线";"温度"因子的 P 值=0.124>0.05,说明温度的主效应不显著,从而温度的变化对该部件强度影响不大;"生产线"对应的 P 值=0.028<0.05,说明生产线的主效应显著,生产线对该部件强度影响较大。从异常观测值结果可见:第 20 个部件(4 号生产线,900)是异常值。进一步分析:既然温度影响不大,就应当不考虑它的影响,只考虑生产线的影响。这时可以像例 1-5 那样进行单因素方差分析,结论仍是生产线对部件断裂强度影响很大。

表 1-12 装备部件抗断强度方差分析表

来源	自由度	Seq SS	Adj SS	Adj MS	F 值	P 值
温度	4	68.075	68.075	17.019	2.25	0.124
生产线	3	98.134	98.134	32.711	4.33	0.028
误差	12	90.621	90.621	7.552		
合计	19	256.830				

1.4.4 考虑交互作用的方差分析

1. 数学模型

实际问题中因子间的搭配对响应有影响,这种影响称为交互作用效应。两个因子交互作用的方差分析的数学模型为

$$Y_{ijk} = \mu + \alpha_i + \beta_j + \gamma_{ij} + \varepsilon_{ijk} \tag{1-30}$$

式中,α_i、β_j 是主效应,满足 $\sum_{i=1}^{r}\alpha_i = 0$,$\sum_{j=1}^{s}\beta_j = 0$;$\gamma_{ij}$ 是两个因素交互作用效应,表示第 1 个因子第 i 个水平,第 2 个因子第 j 个水平搭配后对"响应变量"的影响,满足 $\sum_{i=1}^{r}\gamma_{ij} = 0$,$\sum_{j=1}^{s}\gamma_{ij} = 0$;$\varepsilon_{ijk}$ 称为误差,均值为 0,方差为 σ^2。

要进行三个假设检验:第 1 主效应是否为 0,第 2 主效应是否为 0,交互作用效应是否为 0,用数学式表示如下。

假设检验问题 1:

$$H_{10}:\alpha_i = 0, \quad i = 1,2,\cdots,r, \quad H_{11}:\alpha_i \text{ 不全为 } 0;$$

假设检验问题 2:

$$H_{20}:\beta_j = 0, \quad j = 1,2,\cdots,s, \quad H_{21}:\beta_j \text{ 不全为 } 0;$$

假设检验问题 3:

$$H_{30}:\gamma_{ij} = 0, \quad i = 1,2,\cdots,r, \quad j = 1,2,\cdots,s, \quad H_{31}:\gamma_{ij} \text{ 不全为 } 0。$$

2. 应用实例

【例 1-7】 对某型火箭试验 3 种推进器(M1,M2,M3)和 4 种燃料(F1,F2,F3,F4),两个因子各种水平搭配试验两次,测试其射程的统计数据,如表 1-13 所列,分析推进器和燃料对射程的影响。

表 1-13 某型火箭射程影响数据 (单位:n mile)

燃料	推进器					
	M1	M1	M2	M2	M3	M3
F1	58.2	52.6	56.2	41.2	65.3	60.8
F2	49.1	42.8	54.1	50.5	51.6	48.4
F3	60.1	58.3	70.9	73.2	39.2	40.7
F4	75.8	71.5	58.2	51.0	48.7	41.4

【思路与方法】

该问题是方差分析问题:射程作为响应,推进器和燃料作为因子。如果不考虑交互作用,方差分析结果是:推进器和燃料的作用都不显著。实际情况不是这样的,从表 1-13 中可见,燃料和推进器搭配不同时,射程会相差较多:F4 和 M1 搭配射程远,F3 和 M3 搭配射程近。因此,必须考虑推进器和燃料搭配的影响,也就是考虑交互作用的方差分析。于是建立数学模型如下:

$$Y_{ijk} = \mu + \alpha_i + \beta_j + \gamma_{ij} + \varepsilon_{ijk}, \quad i=1,2,3,4, \quad j=1,2,3, \quad k=1,2$$

式中,α_i 是燃料的主效应;β_j 是推进器的主效应;γ_{ij} 是燃料和推进器的交互作用效应。对两个因子水平每一"搭配"重复试验了 2 次,"重复数"都是 2。

利用 Minitab 软件方差分析功能得到如下分析结果和方差分析残差图(如图 1-14 所示)。

一般线性模型:射程与燃料、推进器

因子	类型	水平数	值
燃料	固定	4	F1,F2,F3,F4
推进器	固定	3	M1,M2,M3

射程的方差分析,在检验中使用调整的 SS

来源	自由度	Seq SS	Adj SS	Adj MS	F	P
燃料	3	261.68	261.68	87.23	4.42	0.026
推进器	2	370.98	370.98	185.49	9.39	0.004
燃料*推进器	6	1768.69	1768.69	294.78	14.93	0.000
误差	12	236.95	236.95	19.75		
合计	23	2638.30				

$S = 4.44363 \quad R-Sq = 91.02\% \quad R-Sq(调整) = 82.79\%$

射程的异常观测值

观测值	射程	拟合值	拟合值标准误	残差	标准化残差
9	56.2000	48.7000	3.1421	7.5000	2.39 R
13	41.2000	48.7000	3.1421	−7.5000	−2.39 R

R 表示此观测值含有大的标准化残差

【结果分析】

由分析结果可以得出方差分析表,如表 1-14 所列。左边第一列说明每行所代表的"效

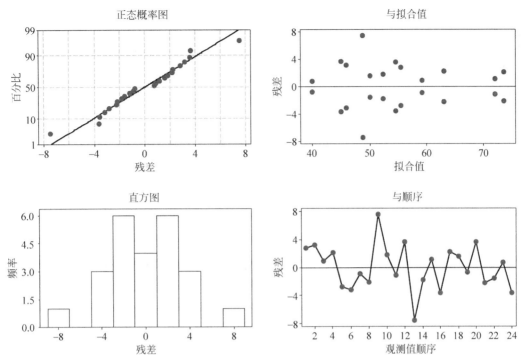

图 1-14 方差分析残差图

应"分别是燃料、推进器、燃料*推进器(它们的交互作用);最后一列燃料的 P 值=0.026<0.05,说明燃料的主效应是显著的。推进器的 P 值=0.004<0.05,说明推进器的主效应是显著的。燃料*推进器的 P 值 0.000<0.05,说明燃料与推进器的交互作用效应是显著的。射程的异常值表显示:第 9、13 个观测值异常,从分析结果中可以查到第 9 次实测射程 56.2 比预报值 48.7 大得太多;第 13 次实测射程 41.2 比预报值 48.7 小得太多,从工作表上可以查出它们的试验条件。

表 1-14 火箭射程方差分析表

来源	自由度	Seq SS	Adj SS	Adj MS	F 值	P 值
燃料	3	261.68	261.68	87.23	4.42	0.026
推进器	2	370.98	370.98	185.49	9.39	0.004
燃料*推进器	6	1768.69	1768.69	294.78	14.93	0.000
误差	12	236.95	236.95	19.75		
合计	23	2638.30				

Edward Tufte
(1942—）

展现数据高于一切。

——［美］塔夫特

第 2 章　装备保障可视化分析理论与应用

唐代伟大的浪漫主义诗人李白用"云想衣裳花想容，春风拂槛露华浓"的曼妙诗句来形容杨贵妃的绝世芳华。可视化分析亦如给枯燥抽象的数据穿上美丽的"衣裳"、化上动人的"花容"，使之直观鲜活。可视化分析将数据以视觉的形式表现出来，利用人们视觉通道的快速感知能力去观察、识别和加工信息，以增强数据呈现效果，让用户以直观交互的方式实现对数据的认识，从而发现数据中隐藏的特征、关系和模式。本章主要介绍装备保障中常用的数据可视化分析方法，包括直方图、因果图、排列图、散点图、曲面图等。

2.1　直　方　图

诚如美国耶鲁大学教授塔夫特所说："图形可以作为推理的工具，这是对它们最佳的利用。"直方图是装备保障数据分析中常用的一种统计分析工具。直方图通过对大量质量数据的收集、整理与分析，找出质量的分布情况和统计规律，以便于对其总体的分布特征进行判断，从而对过程质量水平及其变化情况做出推断。

2.1.1　直方图的概念

直方图（Histogram）又称质量分布图、频数分布图，由英国哲学家、数学家、现代统计学创始人之一皮尔逊（Karl Pearson，1857—1936）提出。它是用一系列宽度相等、高度不等的矩形来表示数据分布的一种图形,矩形宽度表示数的范围的间隔(组距),矩形的高度表示指定组距内的数据数(频数),变化的高度表示数据的分布情况。它亦是一个连续变量的概率分布的估计。通过对数据分布形态和公差的相对位置的研究,可以掌握过程的波动情况。

直方图适用于连续性数据,是用来整理数据。找出其规律性的一种常用方法,其作用可以概括为以下三点:

(1) 显示各种质量特性值出现的频率;
(2) 揭示质量数据的位置、离散程度和分布形状;
(3) 初步判断质量数据的分布。

2.1.2 直方图的形态

常见直方图的基本形态如表 2-1 所列。

表 2-1 直方图的基本形态与分析

直方图形态	分析和判断
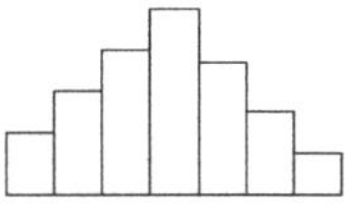 标准型	标准型直方图具有"中间高,两边低,左右对称"的特征。数据大体上呈正态分布,这时可判定工序处于稳定状态
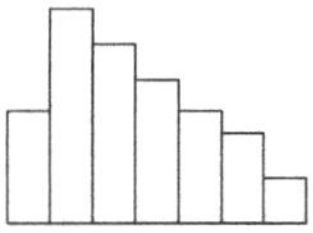 偏态型	偏态型直方图是指图的顶峰有时偏向左侧、有时偏向右侧。由于某种原因使下限受到限制时,容易发生偏左型。如用标准值控制下限或由于工作习惯都会造成偏左型。由于某种原因使上限受到限制时,容易发生偏右型。如用标准尺控制上限或由于工作习惯都会造成偏右型
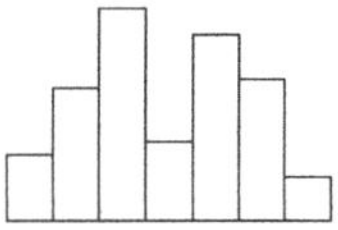 双峰型	直方图中出现了两个峰,这是由于观测值来自两个总体、两个分布的数据混合在一起造成的。如两种有一定差别的原料所生产的产品混合在一起,或者就是两种产品混在一起,此时应当加以分层
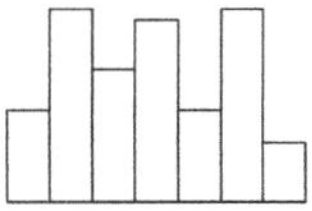 锯齿型	直方图出现凹凸不平的形状,这是由于作图时数据分组太多,测量仪器误差过大或观测数据不准确等造成的,此时应重新收集数据和整理数据
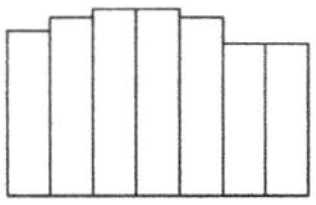 平顶型	直方图没有突出的顶峰,呈平顶型,形成这种情况一般有三种原因:①与双峰型类似,由于多个总体、多种分布混在一起;②由于生产过程中某种缓慢的倾向在起作用,如工具的磨损、操作者的疲劳等;③质量指标在某个区间中均匀变化

续表

直方图形态	分析和判断
孤岛型	在主体直方图的左侧或右侧出现孤立的小块,像一个孤立的小岛。出现孤岛型直方图,说明有特殊事件发生(测量有误等)

2.1.3 直方图的绘制

直方图的绘制通常包括以下几个步骤:

(1) 收集数据。一般都要随机抽取 50 个以上的质量特性数据,最少不得少于 30 个。

(2) 求极差。找出数据中的最大值 $x_{\max}$、最小值 $x_{\min}$,并计算出极差 $R=x_{\max}-x_{\min}$。

(3) 确定组数。组数通常用 k 表示,k 与数据量 n(样本容量)有关。通常,组数 k 可参照表 2-2 确定。在 n 很大时,亦可按斯特科(Sturges)经验公式 $k=1+3.3\lg n$ 或 $k=\sqrt{n}$ 来确定组数。

表 2-2 样本数和组数参考值

样本数	50 以内	50~100	100~250	250 以上
组 数	5~7	6~10	7~12	10~20

经验分享:分组过少会掩盖数据的波动分布情况,不能准确绘出数据分布规律;分组过多会过分突出数据的随机性,可能使各子区间的数据频数参差不齐,亦不能准确反映整体的统计规律。由于正态分布是对称的,故常取组数为奇数。

(4) 计算组距。组距(Class Width)即组与组之间的间隔量,等于极差除以组数,即 $h=R/k$。

(5) 确定组限。组的上下界限值称为组限值,从含有最小值的直方起到含有最大值的直方为止,依次确定直方界限值。为了避免一个数据可能同时属于两个组,不妨规定各组区间为左闭右开(当然亦可规定左开右闭),并保证最小值落在第一组内,最大值落在最末一组内:$[a_0,a_1),[a_1,a_2),\cdots,[a_{k-1},a_k)$。

在等距分组时,$a_1=a_0+h,a_2=a_1+h,\cdots,a_k=a_{k-1}+h$。

首先确定第一组的组限值,不妨取最小值 $x_{\min}$ 为第一组下限值,$x_{\min}+h$ 即为第一组上限值,同时,成为第二组的下限值,依此类推。

经验分享:为了避免数据落在组限上,组限值的最小单位可选取最小单位的一半。如本例中最小单位为 1,故可取组限的最小单位为 0.5,于是第一组的下限值可取 $x_{\min}-0.5$。

(6) 统计各组的频数。确定分组和组限后,统计每组的频数(Frequency),即落在每组中数据的个数,并列入表中。

(7) 画出直方图。以纵坐标为频数(或频率),横坐标为组距,画出一系列的直方形就是直方图,图中直方形的高度为数据落入该直方形范围的个数(或频率)。

2.1.4 应用实例

【例 2-1】 某型装备部件在 200 h 工作时间内,100 个发生故障的时间如表 2-3 所列。根据表中数据绘制频数直方图。

表 2-3　某型装备部件故障时间　　　　　　　（单位：h）

71	152	82	50	175	133	99	161	181	28
110	126	92	155	48	88	22	153	126	110
155	134	91	73	89	54	149	127	138	15
64	45	99	123	87	125	125	76	12	10
170	116	148	93	56	144	106	87	95	24
151	102	59	64	137	48	91	68	136	35
37	51	105	88	133	33	65	98	63	79
112	95	43	190	39	53	53	141	39	77
61	75	115	91	127	86	39	102	75	101
179	115	109	112	102	158	147	146	162	119

【思路与方法】

(1) 收集数据。收集数据见表 2-3。

(2) 求极差(R)。从表中数据可以看出 $x_{max}=190, x_{min}=10$,则 $R=x_{max}-x_{min}=190-10=180$。

(3) 确定组数(k)。本例 $n=100$,不妨取 $k=9$。

(4) 计算组距(h)。组距 $h=\dfrac{R}{k}=\dfrac{180}{9}=20$。

(5) 确定组限。采用等距分组,$[a_0,a_1), [a_1,a_2), \cdots, [a_{k-1},a_k]$,本例中样本数据最小值 $x_{min}=10$,不妨取 $a_0=x_{min}=10$,则依据 $a_1=a_0+h, a_2=a_1+h, \cdots, a_k=a_{k-1}+h$,依次类推 $a_1=30, a_2=50, \cdots$。各组组限值见表 2-4。

(6) 统计各组的频数。即统计落在每组中数据的个数,如表 2-4 所列。

表 2-4　频数统计表

组序	分组区间	频数	组序	分组区间	频数
1	10~30	6	6	110~130	15
2	30~50	10	7	130~150	12
3	50~70	13	8	150~170	8
4	70~90	14	9	170~190	5
5	90~110	17			

(7) 画直方图。纵坐标为频数,横坐标为组限值,画出直方图,如图 2-1 所示。

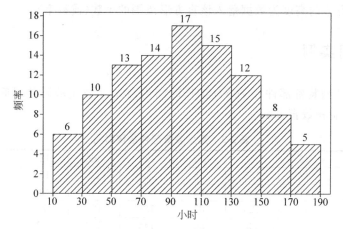

图 2-1　某型装备部件发生故障时间频率直方图

【结果分析】

由图 2-1 可以看出,该型装备部件发生故障的时间很可能服从正态分布或威布尔分布,利用 Minitab 软件进一步拟合的效果如图 2-2、图 2-3 所示,为进一步推断准确分布提供了线索。

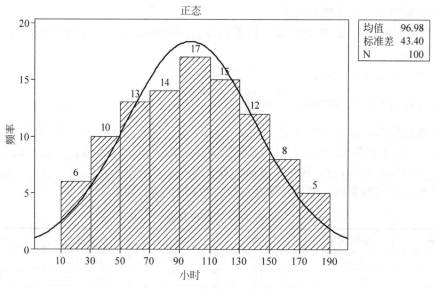

图 2-2　正态拟合直方图

借助直方图,可以判断出装备质量是否在可控状态,是否存在问题,但若要分析原因,确定存在的各种问题,需要应用因果分析图、散点图等。

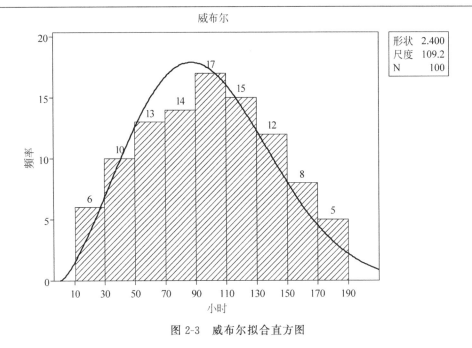

图 2-3 威布尔拟合直方图

2.2 因 果 图

在装备保障中,对故障或维修中发生的问题,常用因果图从错综复杂的影响因素中全面查找原因,并从大到小,追根溯源地找出问题产生的直接原因。

2.2.1 因果图的概念

因果图(Cause & Effect Diagram)是由日本著名质量管理专家石川馨(Kaoru Ishikawa,1915—1985)提出的,故又名石川图,亦称为特性因素图、鱼刺图、鱼骨图、树枝图。因果图是表示质量特性与原因的关系的图,主要用于寻找质量问题产生的原因,并分析原因与结果之间的关系。即通过层层深入的分析研究来找出影响质量的原因,从交错复杂的大量影响因素中理出头绪,逐渐地把影响质量的主要的、关键的、具体的原因找出来,从而明确所要采取的措施。

2.2.2 因果图的结构

因果图由质量问题和影响因素两部分组成。图中主干箭头所指的为质量问题,主干上的大枝表示大原因,中枝、小枝、细枝等表示原因的依次展开。其基本图形如图2-4所示。在实际应用中,大部分问题的原因可归纳为六大类,即人(Man)、机(Machine)、料(Material)、法(Method)、测(Measurement)、环(Environment),简称5M1E。

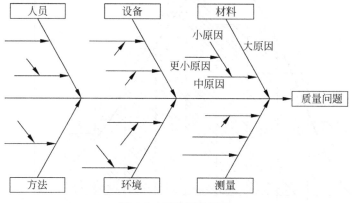

图 2-4　因果图示意图

2.2.3　因果图的绘制

因果图的绘制步骤如下:
(1) 确定待分析的质量问题,将其写在图右侧的方框内,画出主干,箭头指向右端。
(2) 确定该问题中影响质量原因的分类方法。一般对于工序质量问题,常按5M1E进行分类。对应每一类原因画出大枝,箭头方向从左到右斜指向主干,并在箭头尾端写上原因分类项目。
(3) 将各分类项目分别展开,每个大枝上分出若干中枝表示各项目中造成质量问题的一个原因。中枝平行于主干箭头,指向大枝。
(4) 将中枝进一步展开成小枝。小枝是造成中枝的原因,依次展开,直至细到能采取措施为止。
(5) 找出主要原因,并用符号明显地标出,作为质量改进的重点。

2.2.4　绘制因果图的注意事项

绘制因果图的注意事项如下:
(1) 分析大原因时,主要采用5M1E方法。但在实际使用时,应根据具体情况适当增减项目,不限于5M1E。
(2) 最后细分出来的原因应是具体的,便于采取措施。

(3) 发扬民主、集思广益、畅所欲言。一般以开展质量分析会的形式,对原因进行分析,力求分析结果无遗漏。

(4) 如果主要原因不是特别明显,可以用排列图等方法来确定主要原因。

(5) 针对主要原因可列出措施表,以便解决问题。

2.2.5 应用实例

【例 2-2】 以某部发生的 89 次机务责任飞行事故征候为研究对象作因果图,原因分类统计如表 2-5 所列,绘制其因果图。

表 2-5 机务责任飞行事故征候原因

错装忘装(52次)	带外来物(18次)	超寿使用(11次)	排故不彻底(8次)
技术上不懂	岗位职责不明确	查阅文件不认真	技术水平低
交接不清	外部干扰	业务水平低	检查不全面
分工不具体	粗枝大叶		
工作不认真			
未按规定检查复查			
业务水平低包括不知道寿命件、不会算寿命期			

解:根据给出的数据绘制的因果图如图 2-5 所示。

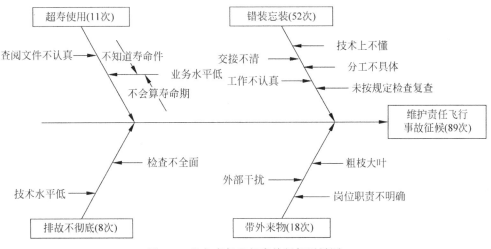

图 2-5 机务责任飞行事故征候因果图

【结果分析】

从维修责任事故因果分析图可以看出,影响维修责任事故征候各层次的原因可以直观展现,为进一步从多角度、多侧面分析原因提供了用力的工具。利用 Minitab 软件生成的因果图如图 2-6 所示。

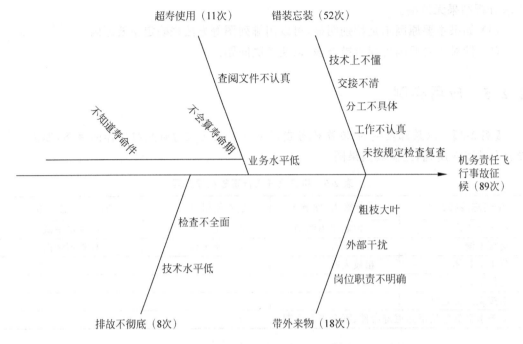

图 2-6　Minitab 软件生成的机务责任飞行事故征候因果图

2.3　排　列　图

在装备保障过程中,影响维修质量的因素是多种多样的,但是,影响较大的,一般只有少数几个。因此,排列图可以帮助我们找出那些对维修质量影响较大的原因,以便有针对性地采取措施,解决问题,提高效率。

2.3.1　排列图的概念

排列图(Pareto Diagram)又称为主次因素分析图或帕累托图。它是将质量改进项目从最重要到最次要进行排队的一种简单的图形分析技术,是一种从影响产品质量的许多因素中找出主要因素的有效方法。排列图最早由意大利经济学家、社会学家帕累托(Vilfredo Pareto,1848—1923)在分析社会财富分布状况时提出,他发现少数人占有大量财富,即所谓"关键的少数,次要的多数"的这一客观规律。也就是我们通常所说的"二八原则",80%的结果源于20%的原因。后来被美国管理学家朱兰(Joseph Moses Juran,1904—2008)把这个原理运用到质量管理中,使其成为解决产品质量主要问题的一种常用方法。

排列图有两个主要作用:一是按重要顺序显示出每个质量改进项目对整个质量问题的影响和作用;二是找出"关键的少数",抓住关键问题,识别质量改进的机会。排列图的目的是比较不同问题原因和问题类型所导致缺陷产生的频率及其产生的影响,选出最重要的改进项目中的优先项目,设置优先权,定义问题,确定关键变量或决定主要原因。

2.3.2 排列图的结构

排列图的基本图形如图 2-7 所示。排列图由一个横坐标、两个纵坐标、若干个高低顺序排列的直方块和一条累计百分比折线组成。横坐标表示影响质量的因素或项目,左边的纵坐标表示频数(如不合格品件数等),右边的纵坐标表示频率(如不合格品率等);直方块表示项目,其高度表示项目的频数(影响作用的大小)。折线由各个因素的累计频率连接而成,称为帕累托曲线。将影响因素按其重要性程度从大到小排列。某个因素累计频率是指前面所有因素的累计频率。

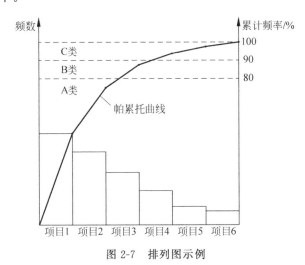

图 2-7 排列图示例

在实际应用中,通常把影响质量的因素分为以下三类:

(1) 主要因素。累计频率在 0~80% 的若干因素。它们是影响质量的关键原因,又称为 A 类因素。其个数为 1~2 个,一般不超过 3 个。

(2) 次要因素。累计频率在 80%~90% 的若干因素。它们对质量有一定影响,又称为 B 类因素。

(3) 一般因素。累计频率在 90% 以上的若干因素。它们对质量仅有轻微影响,又称为 C 类因素。

2.3.3 排列图的绘制

(1) 确定分析对象。一般是指故障次数、器材消耗、维修质量、不合格率、废品件数、消耗工时等。

(2) 确定问题分类的项目。可按故障项目、缺陷项目、废品项目、零件项目、不同操作者等进行分类。

(3) 搜集整理数据,列出频数统计表。先按照不同的项目进行数据分类,最后一项是无法进一步细分或明确划分的项目统一称为"其他"。然后列表汇总每个项目发生的数量,即频数,按照频数的大小进行项目排列,并计算频率、累计频率,一并列入表中。

(4) 画图。在坐标系的横轴上按频数大小从左向右依次标出各个原因;在横坐标的两端画两个纵坐标轴,在左边纵坐标轴上标上频数,在右边纵坐标轴的相应位置标上累计频率;然后在图上每个原因项的上方画一个矩形,其高度等于相应的频数;最后在每一个矩形的右侧或右侧延长线上打点,其高度为到该原因止的累计频率,以原点为起点,依次连接上述各点,所得到的折线即为累计频率折线(帕累托曲线)。

(5) 依据排列图,确定主要因素、次要因素和一般因素。

2.3.4 绘制排列图的注意事项

(1) 做好因素的分层。一个排列图上的分层项目应该是同一层次的并列关系。不要把不同层次的项目(因素)混杂在一起,以免造成分析错误。

(2) 主要因素不要过多。一般最终找出的主要因素最好是 1～2 项,最多不要超过 3 项,否则将失去"找主要因素"的意义。

(3) 适当合并一般因素。可以将不太重要的因素合并为"其他"项,其频数通常以不超过总数的 10% 为宜。

(4) 注意与因果图的结合使用。对比较复杂的问题,要注意把排列图和因果图结合使用,以便分层次逐步展开,直到抓住能采取措施的主要项目为止。

(5) 循环进行,反复使用。采取相关措施后,应重新收集数据作排列图,并将其与原排列图对比,以检验分析采取的措施是否确实有效。

2.3.5 排列图的应用

(1) 排列图指明了改善装备质量特性的重点。在装备质量管理中,为了获取更好的效果,应合理地确定所采取措施的对象。从排列图可以看出,直方块高的前两三项对质量影响大,对它们采取措施,装备质量改善效果显著。

（2）排列图可以反复应用。在解决装备质量问题的过程中，排列图可以而且应该反复应用，以使问题逐步深化。例如，从排列图中发现维修事故征候的主要原因是错装和忘装机件，但无法采取具体措施，此时需要分析错装和忘装的原因，然后再作错装和忘装的原因排列图(第二层次的排列图)。一旦采取对策措施后，应重新收集数据再作排列图，并将其与原来的排列图对比，从而分析验证所采取措施的有效性。

2.3.6 排列图和因果图的比较

因果图和排列图都可用于分析质量问题产生的原因，但两者又各有侧重。因果图主要用于找出大中小各个层次的原因，一张图可以包含多层次的原因，排列图则主要是从某个层次的原因中找出主要原因，因此，通常需将两者配合使用。仍以前述的 89 次机务责任飞行事故征候为例，如果再从机务人员的素质来分析，可以发现，机务责任飞行事故征候与人员的工作作风状况有重要关系，也与人员业务技术素质密切相关。为了有效地找出措施，该部又按专业和问题性质分别给出排列图，如图 2-8 和图 2-9 所示。由排列图可看出，要降低维护责任飞行事故征候，应重点抓机械专业，并以抓维护工作作风为主，同时应设法迅速提高机务人员的业务技术水平。

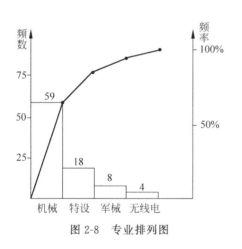

图 2-8 专业排列图

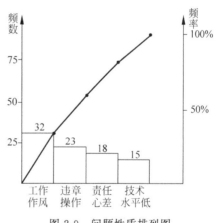

图 2-9 问题性质排列图

2.3.7 应用实例

【例 2-3】 某部为了找出飞机维修停飞的主要因素，对一年间因维修原因造成的 721 架日飞机不完好情况，按五个方面进行了分类统计，如表 2-6 所列。利用排列图分析造成飞机维修停飞的主要原因。

表 2-6 维修停飞原因统计表

原因	频数(维修停飞架日)	频率/%	累计频率/%
定检	362	50.2	50.2
故障	201	27.9	78.1
特定检查	85	11.8	89.9
修理	49	6.8	96.7
维护影响	24	3.3	100.0
合计	721	100	

【思路与方法】

(1) 收集一定的维修质量数据,并将其分成不同的项目或类别(见表2-6)。

(2) 计算各类别的频数(维修停飞架日)、频率与累计频率(见表2-6)。

(3) 根据表2-6中数据,绘制出的排列图如图2-10所示。

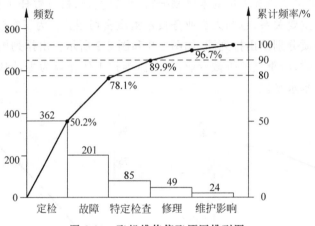

图 2-10 飞机维修停飞原因排列图

【结果分析】

从图2-10中可以看出,定检和故障是造成飞机维修停飞的主要原因。具体分析有以下方面的原因:一是定检工作组织不合理,统筹安排不紧凑,工作流程不科学,拖拉时间长;二是部队维修人员自身水平所限。维修人员缺少系统的理论学习,维修技能不过硬,排故多凭经验,不能从原理分析,排故时间长。解决了这方面的问题便可大大减少因维修原因造成的飞机不完好架日。

【例 2-4】 某型歼击机三年内记录的机载电子设备故障有150次,按各装备分类的主次表如表2-7所列。绘制排列图并分析造成机载电子设备故障的主要原因。

表 2-7 某型歼击机电子设备故障统计表

机载电子设备	故障频数	累计故障频数	故障频率/%	累计故障频率/%
电台	40	40	26.7	26.7
高度表	32	72	21.3	48.0

续表

机载电子设备	故障频数	累计故障频数	故障频率/%	累计故障频率/%
护尾器	20	92	13.3	61.3
无线电罗盘	18	110	12.0	73.3
信标机	16	126	10.7	84.4
应答机	10	136	6.7	90.7
雷达	8	144	5.3	96.0
其他	6	150	4.0	100.0

解：利用 Minitab 软件生成的排列图如图 2-11 所示。

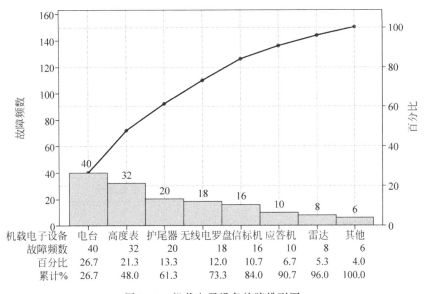

图 2-11 机载电子设备故障排列图

【结果分析】

从排列图 2-11 可以看出，某型歼击机机载电子设备发生故障的主要因素是电台、高度表、护尾器和无线电罗盘。虽然实际雷达的故障率很高，但未从本图得到反映，估计原因是雷达开机次数少，使用时间短。

2.4 散 点 图

散点图是通过分析研究代表两种因素的数据之间的关系，来控制影响质量的相关因素的一种有效方法。在装备保障数据分析中，散点图可用于分析诸如预防性维修与维修质量变化、维修费用趋势、备件储备趋势以及装备可用性趋势等领域。

2.4.1 散点图的概念

散点图(Scatter Diagram)又称为相关图,它是用来研究两个变量之间是否存在相关关系的一种图形。在质量问题的原因分析中,常会接触各个质量因素之间的关系。这些变量之间的关系往往不能进行解析描述,不能由一个(或几个)变量的数值精确地求出另一个变量的值,这称为非确定性关系(或相关关系)。

2.4.2 散点图的形态

如果我们通过分析得出两个变量 x 和 y 之间存在某种相关关系,其中 y 的值随着 x 的值变化而变化,那么我们称 x 为自变量(Independent Variable),称 y 为因变量(Dependent Variable)。然后,可以通过绘制关于 x 和 y 的散点图来分析它们之间的相关关系。简言之,散点图的形式就是一个直角坐标系,它是以自变量 x 的值为横坐标,以因变量 y 的值为纵坐标,通过描点作图的方法在坐标系内形成一系列的点状图形。根据散点图中点的分布形状,可以归纳为六种类型,如表 2-8 所列。

表 2-8 散点图的基本形态与分析

图形	x 与 y 的关系	主要结论
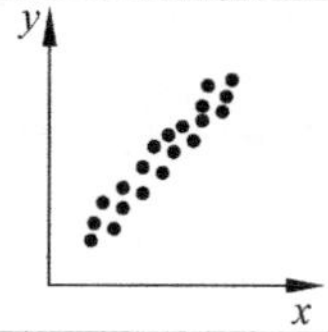 (散点图)	强正相关 x 变大时,y 变大	x 是质量指标 y 的重要因素。通过控制因素 x,可达到控制结果 y 的目的(用于因素分析); 代用质量指标 x 能很好地反映真实质量指标 y(用于分析质量指标间的关系); 两因素 x、y 有密切联系(用于因素间关系分析)
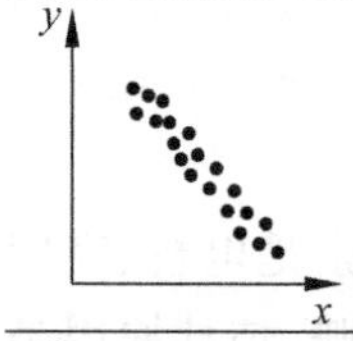 (散点图)	强负相关 x 变大时,y 变小	
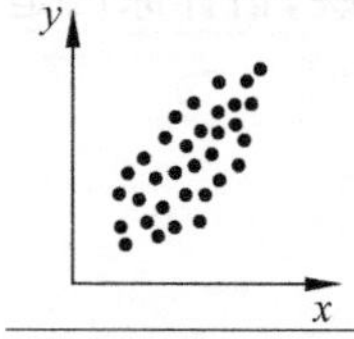 (散点图)	弱正相关 x 变大时,y 大致变大	x 是影响质量指标 y 的因素,同时还应考虑其他因素(用于因果关系分析); 代用质量指标 x 能在一定程度上反映真实质量指标 y 的情况,应当再考察其他代用质量指标(用于分析质量指标间的关系); 两因素 x、y 有一定联系(用于因素关系分析)
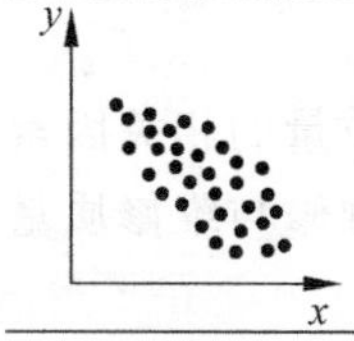 (散点图)	弱负相关 x 变大时,y 大致变小	

续表

图形	x 与 y 的关系	主要结论
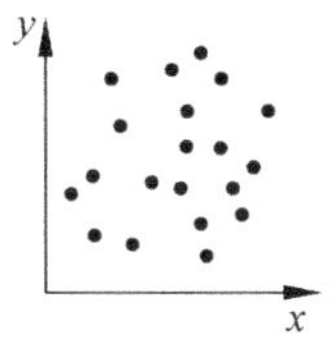	不相关 x 与 y 无任何关系	x 不是影响质量指标 y 的影响因素(用于因果分析); x 不能成为真实质量指标的代用质量指标(用于分析质量指标间的关系); 两因素 x、y 无关(用于因素关系分析)
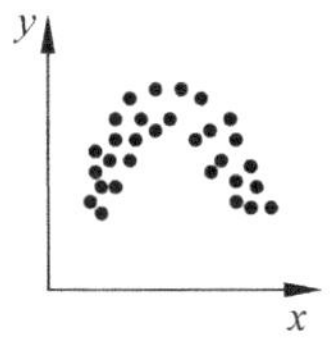	非线性相关	不存在相关系数 r,但是可以通过数学方法作相关变换,转化成线性相关的关系后,再作散点图

2.4.3 散点图的分析

1. 求相关系数,进行相关性判断

对照散点图的基本形态进行定性分析虽然简单直观,但它是很粗略的方法。为了更精确地进行相关判断,可以计算出相关系数。相关系数用 r 表示,其计算公式为

$$r = \frac{L_{xy}}{\sqrt{L_{xx}L_{yy}}} = \frac{\sum_{i=1}^{n}(x_i - \bar{x})(y_i - \bar{y})}{\sqrt{\sum_{i=1}^{n}(x_i - \bar{x})^2 \cdot \sum_{i=1}^{n}(y_i - \bar{y})^2}} \tag{2-1}$$

式中,$L_{xy} = \sum_{i=1}^{n}(x_i - \bar{x})(y_i - \bar{y}) = \sum_{i=1}^{n}x_i y_i - \frac{1}{n}\left(\sum_{i=1}^{n}x_i\right)\left(\sum_{i=1}^{n}y_i\right)$;

$L_{xx} = \sum_{i=1}^{n}(x_i - \bar{x})^2 = \sum_{i=1}^{n}x_i^2 - \frac{1}{n}\left(\sum_{i=1}^{n}x_i\right)^2$;

$L_{yy} = \sum_{i=1}^{n}(y_i - \bar{y})^2 = \sum_{i=1}^{n}y_i^2 - \frac{1}{n}\left(\sum_{i=1}^{n}y_i\right)^2$。

温馨提示:当样本容量 n 值不大时,由相关系数计算公式算出的 r 值与真实的 r 的误差一般较大,作研究分析参考还是可以的。若要确切知道相关或不相关,应进行相关性检验或不相关性检验。

可以根据相关系数 r 的值来判断散点图中两个变量之间的关系,如表2-9所列。

表 2-9　相关系数 r 的取值说明

r 值	两变量之间的关系
$r=1$	完全正相关
$0<r<1$	正相关(越接近 1,正相关性越强；越接近 0,正相关性越弱)
$r=0$	不相关
$-1<r<0$	负相关(越接近 -1,负相关性越强；越接近 0,负相关性越弱)
$r=-1$	完全负相关

在实际进行相关关系分析时,一般来说相关关系密切程度等级如表 2-10 所列。

表 2-10　相关关系密切程度

相关系数绝对值 $|r|$	0.3 以下	0.3~0.5	0.5~0.8	0.8 以上
相关密切程度等级	不相关	低度相关	显著相关	高度相关

温馨提示：相关系数 r 值所表示的两个变量之间的相关关系是指线性相关。因此,当 r 的绝对值很小甚至等于 0 时,并不表示 x 与 y 之间就不存在任何关系,只能说明它们之间不存在线性相关关系。

2. 求线性回归方程

设回归方程为直线方程：$y=ax+b$。根据给定公式有

$$a=\frac{\sum_{i=1}^{n}(x_i-\bar{x})(y_i-\bar{y})}{\sum_{i=1}^{n}(x_i-\bar{x})^2}, \quad b=\bar{y}-a\bar{x}=\frac{\sum_{i=1}^{n}y_i}{n}-a\frac{\sum_{i=1}^{n}x_i}{n} \tag{2-2}$$

2.4.4　散点图的绘制

(1) 选定分析对象。分析对象可以是质量特性值与影响因素之间的关系,也可以是质量特性值之间的关系,或者是影响因素之间的关系。

(2) 收集数据。所要研究的两个变量如果一个为原因,另一个为结果,则一般取原因变量为自变量,取结果变量为因变量。通过抽样检测得到两个变量的一组数据序列。为保证必要的判断精度,数据一般不少于 30 对。

(3) 在坐标上描点。在直角坐标系中,把上述对应的数据组序列以点的形式一一描出(当两对数据值相同,即数据点重合时,可围绕数据点画同心圆表示,或在该点最近处画点)。一般来说,横轴与纵轴的长度单位选取要使两个变量的散点范围大致相等,以便分析两变量之间的相关关系。

2.4.5 绘制散点图的注意事项

(1) 绘制散点图时,首先要注意对不同性质的数据进行正确的分层,否则可能导致不正确的判断结论。

(2) 对于图中出现明显偏离群体的点,要查明原因。对于被确定为异常的点应删除。

(3) 坐标轴的划分刻度要适当,否则,图形变化太大,将使判断失误。

(4) 散点图相关性规律的应用范围一般局限于观测值数据的范围内,不能任意扩大相关判断范围。在取值范围不同时,应再作相应的试验与分析。

2.4.6 应用实例

【例 2-5】 统计某部飞机 12 个月的飞行小时与故障数的数据,如表 2-11 所列。试绘出散点图,并进行相关性分析。

表 2-11 飞行小时与故障数的统计数据

月份	1	2	3	4	5	6	7	8	9	10	11	12
飞行小时	255	257	332	277	286	245	218	202	283	313	305	234
故障数	39	42	45	45	44	36	33	34	42	46	44	40

解:将飞行小时视作 x,故障数视作 y,根据表 2-11 中数据,在坐标系中描点得到散点图,如图 2-12 所示。

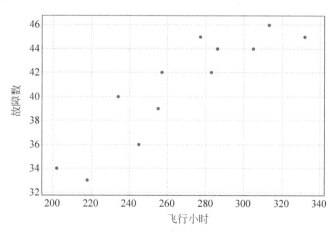

图 2-12 飞行小时和故障数散点图

【结果分析】

根据散点图观察分析两个变量之间有无相关关系。从图中可以大致看出点围绕某直线方向散布,其中随着飞行时间的增长,故障数有增加趋势。

按表 2-11 的数据,由式(2-1)计算其相关系数 $r=0.892$,说明故障数与飞行小时之间具有高度正相关关系。值得注意的是,由式(2-1)计算出的相关系数,当样本容量较小(例如 $n<20$)时,与母体真实相关系数的误差一般较大,故只能将 r 值作参考。当样本容量 n 相当大(例如 $n>50$)时,将其作为母体真实相关系数的近似值才比较合适。

利用 Minitab 软件可以绘制含拟合直线的散点图,如图 2-13 所示,同时可以绘制含拟合直线、置信区间和预测区间的散点图,如图 2-14 所示,并方便地求出拟合直线方程为 $y=0.1016x+13.68$。

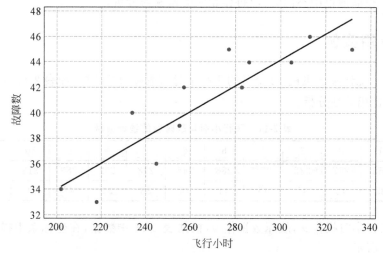

图 2-13 飞行小时和故障数散点图(含拟合直线)

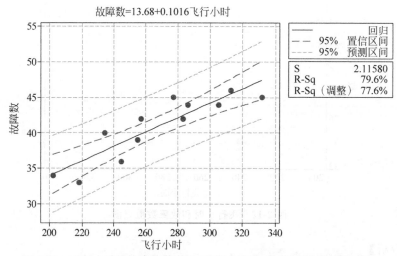

图 2-14 飞行小时和故障数散点图(含拟合直线、置信区间和预测区间)

2.5 3D散点图

在装备保障数据分析中,经常需要展示多个影响因素(变量)之间的关系,3D散点图可以直观展示三个变量之间的相关关系。

2.5.1 3D散点图的概念及用途

3D散点图是用于研究成对出现的三组数据之间相关关系的三维立体图形。一个数据(x,y,z)就是三维空间中的一个点,很多个数据就构成了三维空间中的点集,观察点集的分布状态便可判别三组数据两两之间的相关程度,或是推断其中两组数据对另一组数据的影响程度。绘制3D散点图时,首先应建立与三组数据相对应的x轴、y轴和z轴,然后找出x、y和z的最大值和最小值,以这些值为参考界定三个坐标轴,并定义各个坐标轴的刻度,最后在这个三维坐标系中进行描点即可,必要时还可以画投影线。

2.5.2 应用实例

【例2-6】 现有某部1997—2012年的飞机轮胎消耗量与飞行小时、飞行起落的统计数据,如表2-12所列,试绘制3D散点图分析飞行小时与飞行起落对轮胎消耗量的影响。

表2-12 某型轮胎1997—2012年的消耗数量及相关飞行参数统计表

年份	飞行小时	飞行起落	消耗数量	年份	飞行小时	飞行起落	消耗数量
1997	2596	1982	112	2005	3246	2442	133
1998	2798	1996	114	2006	3321	2515	137
1999	3033	2005	117	2007	3546	2616	142
2000	3053	2169	122	2008	3496	2596	141
2001	3088	2246	125	2009	3683	2768	149
2002	3106	2277	127	2010	3607	2722	146
2003	3256	2436	133	2011	3802	2824	152
2004	3189	2383	131	2012	3895	2923	156

解:利用Minitab软件生成的3D散点图如图2-15和图2-16所示。
【结果分析】
从图中可以看出,各点大致在一条直线上,说明轮胎消耗量与飞行小时、飞行起落基本存在线性关系,轮胎消耗量随着飞行小时、飞行起落的增大而增加。因此,可以用线性回归进行拟合。

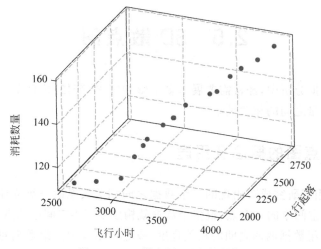

图 2-15　3D 散点图(不含投影线)

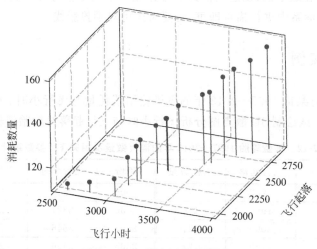

图 2-16　3D 散点图(含投影线)

为了简化问题,可以使用等值线图将测量值映射为两个其他变量的函数。在等值线图中,相似的 Z 值在 X-Y 平面上以等值线和色带表示。利用 Minitab 软件生成的等值线图如图 2-17 所示。

当需要同时考察多个变量间的相关关系时,若一一绘制它们间的简单散点图,十分麻烦,可以通过创建一个散点图矩阵(也称矩阵图)来同时评估许多变量对之间的关系。矩阵图一般最多接受 20 个变量,为每个可能的组合创建一个图。如果有很多变量,并且希望查看变量对之间的关系,则使用散点图矩阵会很有效。利用 Minitab 软件生成的矩阵图如图 2-18 所示。

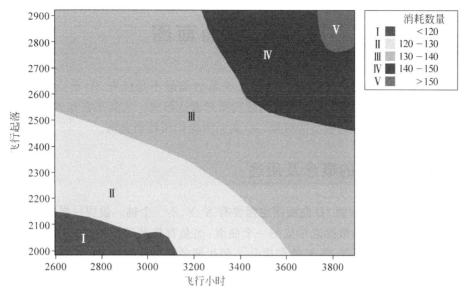

图 2-17 消耗数量与飞行起落、飞行小时的等值线图

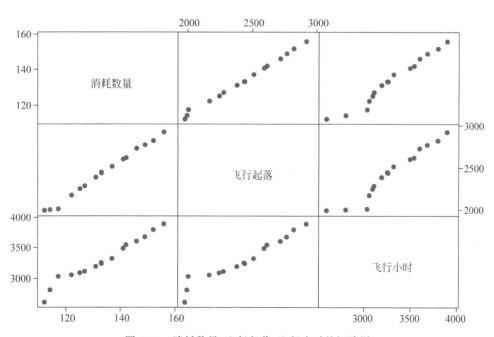

图 2-18 消耗数量、飞行起落、飞行小时的矩阵图

2.6 3D 曲面图

用于研究成对出现的三组数据之间相互关系的图形不是仅有 3D 散点图,3D 曲面图 (3D Surface Plot) 是另一种能够达到此功效的图形表达形式。尤其是在探索如何用因素变量对响应变量构建一个合适模型的时候,3D 曲面图的作用特别突出。

2.6.1 3D 曲面图的概念及用途

与 3D 散点图类似,绘制 3D 曲面图也需要有 X、Y、Z 三个轴。值得一提的是,图形中的曲面不是直接连接原始的数据点形成的一个曲面,而是首先基于原始的三维数据用插值法生成拟合 Z 值,然后再用 X 值、Y 值和拟合 Z 值生成的一个平滑连续的曲面图。

利用 Minitab 软件可以生成常用曲面的网格数据,然后根据网格数据就可以方便地绘制曲面图。利用 Minitab 软件绘制的典型曲面图如图 2-19 和图 2-20 所示。

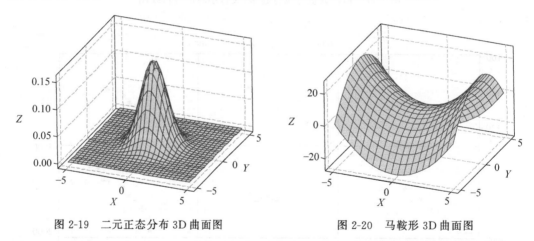

图 2-19 二元正态分布 3D 曲面图　　　　图 2-20 马鞍形 3D 曲面图

2.6.2 应用实例

【例 2-7】 某种设备材料的加工温度和时间会对其强度产生影响,为了进一步了解温度和时间影响该材料强度的总体规律和趋势,收集了一批现场数据,如表 2-13 所列。试用 3D 曲面图进行分析。

表 2-13 某材料强度与温度、时间统计表

温度/℃	时间/min	强度	温度/℃	时间/min	强度	温度/℃	时间/min	强度
350	24	0.1	400	24	0	450	24	0.4
350	26	0.2	400	26	0.7	450	26	1.9
350	28	1.1	400	28	1.4	450	28	5.0
350	30	1.5	400	30	3.8	450	30	7.2
350	32	3.8	400	32	6.8	450	32	7.8
350	34	5.4	400	34	8.0	450	34	7.2
350	36	6.9	400	36	7.4	450	36	5.7
350	38	6.6	400	38	7.2	450	38	3.9
375	24	0.2	425	24	0.2	475	24	0.3
375	26	0.2	425	26	0.2	475	26	4.4
375	28	0.7	425	28	1.8	475	28	6.7
375	30	2.9	425	30	4.8	475	30	6.9
375	32	5.2	425	32	6.5	475	32	5.8
375	34	6.9	425	34	8.5	475	34	4.1
375	36	7.0	425	36	8.4	475	36	0.4
375	38	6.9	425	38	7.3	475	38	0.2

解：利用 Minitab 软件生成的 3D 线框曲面图如图 2-21 所示。

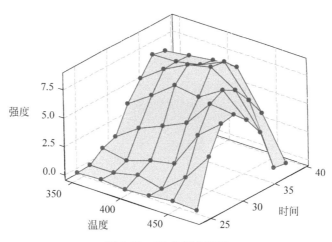

图 2-21 3D 线框曲面图

【结果分析】

从图中可以看出，该曲面能够较好地表现温度和时间对材料强度的影响关系，强度实际值与拟合值的误差较小。加热时间太短会使火候不够，导致材料强度较低。但是，如果在太高的温度下加热时间过长，也会因为火候过度而导致材料强度偏低。最佳设置应该是在

400～450℃加热30～36min。

旋转图形可以从不同角度查看曲面以便直观看到曲面的峰谷。为了得到光滑的曲面图，也可选择"曲面"模式，并添加适当的光照效果，如图2-22所示。

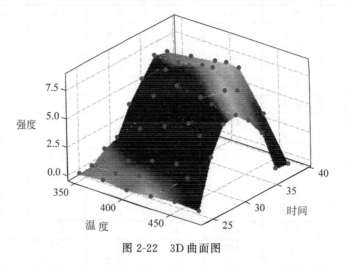

图2-22　3D曲面图

子思
（前 483—前 402）

凡事预则立，不预则废。

——《礼记·中庸》

第 3 章　装备保障回归分析理论与应用

回归分析是在分析自变量和因变量之间相关关系的基础上，建立变量之间的回归方程，并将回归方程作为预测模型的一种预测方法。依据相关关系中自变量个数的不同分类，回归分析可分为一元回归分析和多元回归分析。依据自变量和因变量之间的相关关系不同，可分为线性回归分析和非线性回归分析。回归分析在装备保障数据分析中应用广泛。本章主要介绍一元线性回归和多元线性回归理论及其在装备保障数据分析中的应用。

3.1　一元线性回归

一元线性回归(Univariate Linear Regression)是描述两个变量之间相关关系最简单的回归模型。一元线性回归分析是最基本的回归分析方法，也是掌握其他回归分析方法的基础。一元线性回归虽然简单，但通过一元线性回归模型的建立过程，我们可以了解现代统计分析及其回归分析方法的基本思想以及它在实际问题研究中的应用原理。

3.1.1　回归模型

一元线性回归模型是针对一个自变量和一个因变量之间的近似线性关系，用一元线性方程去拟合，进而用得到的线性方程去预测。一元线性回归模型为

$$y = a + bx \tag{3-1}$$

式中，y 为预测对象，称为因变量或被解释变量；x 为影响因素，称为自变量或解释变量；a、b 为待定的回归系数。

3.1.2 参数估计

模型中参数 a、b 的估计，从曲线拟合的角度讲，可采用最小二乘法。假设收集到预测对象 y 和影响因素 x 的 n 对数据：$(x_i, y_i)(i=1,2,\cdots,n)$，经过分析历史数据，假设 y 和 x 之间呈现近似的线性关系，则可以采用式(3-1)所示的回归模型。应用最小二乘法得

$$\begin{cases} b = \dfrac{n\sum\limits_{i=1}^{n} x_i y_i - \sum\limits_{i=1}^{n} x_i \sum\limits_{i=1}^{n} y_i}{n\sum\limits_{i=1}^{n} x_i^2 - \left(\sum\limits_{i=1}^{n} x_i\right)^2} \\ a = \dfrac{\sum\limits_{i=1}^{n} y_i - b\sum\limits_{i=1}^{n} x_i}{n} \end{cases} \tag{3-2}$$

离差形式公式为

$$\begin{cases} b = \dfrac{\sum\limits_{i=1}^{n}(x_i - \bar{x})(y_i - \bar{y})}{\sum\limits_{i=1}^{n}(x_i - \bar{x})^2} \\ a = \bar{y} - b\bar{x} \end{cases} \tag{3-3}$$

式中，$\bar{x} = \dfrac{1}{n}\sum\limits_{i=1}^{n} x_i$，称为 x 的均值；$\bar{y} = \dfrac{1}{n}\sum\limits_{i=1}^{n} y_i$，称为 y 的均值。

3.1.3 模型检验

回归模型建立后，能否用模型进行预测，还需要进行模型的检验。常用的统计检验有标准离差检验、相关系数检验等。

1. 标准离差检验

标准离差 s 用来检验回归预测模型的精度，计算公式为

$$s = \sqrt{\dfrac{1}{n-1}\sum_{i=1}^{n}(y_i - \hat{y}_i)^2} \tag{3-4}$$

式中，$\hat{y}_i$ 为预测对象实际值 y_i 的估计值(或称模拟值)。

标准离差 s 反映了回归预测模型所得到的估计值 $\hat{y}_i$ 与实际值 y_i 之间的平均误差,所以希望 s 的值越小越好。一般要求 $s/\bar{y}$ 的值在 10%～15% 为宜。

2. 相关系数检验

相关系数用来检验两个变量之间线性相关的显著程度,计算公式为

$$r = \sqrt{1 - \frac{\sum_{i=1}^{n}(y_i - \hat{y}_i)^2}{\sum_{i=1}^{n}(y_i - \bar{y})^2}} \tag{3-5}$$

相关系数还有一种计算方法:积差法。该方法是利用自变量和因变量的离差乘积和离差平方来计算的,计算公式为

$$r = \frac{L_{xy}}{\sqrt{L_{xx}L_{yy}}} = \frac{\sum_{i=1}^{n}(x_i - \bar{x})(y_i - \bar{y})}{\sqrt{\sum_{i=1}^{n}(x_i - \bar{x})^2 \cdot \sum_{i=1}^{n}(y_i - \bar{y})^2}} \tag{3-6}$$

一般情况下,通过相关系数判断变量间相关程度的标准如下:

当 $r = 0$ 时,y 与 x 之间不相关或不存在线性相关关系;
当 $0 < |r| \leq 0.3$ 时,y 与 x 为微弱相关;
当 $0.3 < |r| \leq 0.5$ 时,y 与 x 为低度相关;
当 $0.5 < |r| \leq 0.8$ 时,y 与 x 为中度相关;
当 $0.8 < |r| < 1$ 时,y 与 x 为高度相关;
当 $r = 1$ 时,y 与 x 完全相关,实际值完全落在回归直线上。

一般只有当 r 接近 1 时,才能用一元线性回归预测模型描述 y 与 x 之间的关系。r 大到什么程度,回归预测模型才有实际意义呢?实际检验中是通过与临界相关系数 r_a(一般取显著性水平 $\alpha = 0.05$)的比较来判断的,这个过程称为相关性检验。

3.1.4 非线性问题的线性化

在实际问题中,有时 y 与 x 之间并不一定是线性关系,而是某种曲线关系。对于这类问题,一般应该用曲线回归来描述,但是直接求回归曲线比较困难,对一些特殊情况,可以通过变量置换转化为线性回归问题来处理。

要把一个非线性回归问题转化为线性回归问题,首先要确定(或近似确定)非线性函数的类型,然后看能否用变量置换使之线性化。一般来说,确定非线性函数的类型是不容易的,但有些问题可凭专业知识和经验确定,或者用数学方法估计出来。如果实测数据的散点图大致围绕下列某一曲线散布,即大致呈现某一曲线,就可以采取相应的置换,转化为线性

回归问题来处理。几种常用曲线的线性化方法如下：

(1) 幂函数 $y=ax^b$。两边取对数得 $\ln y=\ln a+b\ln x$；再令 $y'=\ln y, a'=\ln a, x'=\ln x$，得线性方程 $y'=a'+bx'$。

(2) 指数曲线 $y=ae^{bx}$。两边取对数得 $\ln y=\ln a+bx$；再令 $y'=\ln y, a'=\ln a$，得线性方程 $y'=a'+bx$。

(3) 对数曲线 $y=a+b\lg x$。令 $x'=\lg x$，得线性方程 $y=a+bx'$。

(4) 双曲线函数 $\dfrac{1}{y}=a+\dfrac{b}{x}$。令 $y'=\dfrac{1}{y}, x'=\dfrac{1}{x}$，得线性方程 $y'=a+bx'$。

(5) s 曲线函数 $y=\dfrac{1}{a+bc^{-x}}$。令 $y'=\dfrac{1}{y}, x'=c^{-x}$，得线性方程 $y'=a+bx'$。

3.1.5 应用实例

1. 问题描述

【例 3-1】 某部 2005—2009 年飞机起落次数与主轮胎消耗量如表 3-1 所列，试建立一元线性回归模型，并对该部主轮胎消耗量进行预测。

表 3-1 飞机起落次数与主轮胎消耗量统计表

年份	飞机起落次数				主轮胎消耗量			
	一季度	二季度	三季度	四季度	一季度	二季度	三季度	四季度
2005	623	239	289	302	70	26	36	33
2006	504	656	405	462	54	54	48	51
2007	745	543	648	432	83	76	60	44
2008	346	294	448	316	48	39	49	33
2009	672	592	503	572	78	62	53	54

2. 模型构建

利用 Minitab 软件回归分析功能得到拟合线图如图 3-1 所示，含置信区间和预测区间的拟合线图如图 3-2 所示。

由拟合线图可知，回归方程为：轮胎消耗量 $=7.776+0.09337\times$ 起落次数，即 $y=7.776+0.09337x$。

3. 模型检验

回归方程拟合出来之后，还需要解决以下几个问题：

(1) 回归方程显著性检验——从总体上判定回归方程是否有效。

(2) 回归方程总效果度量——给出回归方程总效果好坏的度量标准。

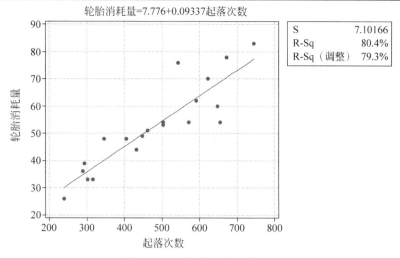

图 3-1　一元线性回归拟合线图

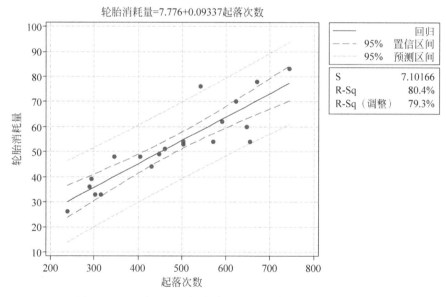

图 3-2　一元线性回归拟合线图(显示置信区间和预测区间)

(3) 各回归系数检验——当回归方程效果显著时,进行各个回归系数的显著性检验,判定回归方程中哪些自变量是显著的,将效应不显著的自变量删除,以优化模型,这点尤其在多元回归当中至关重要。

(4) 残差诊断——检验数据是否符合我们对于回归的基本假定,检验整个回归模型与数据拟合得是否很好,是否能进一步改进回归方程以优化我们的模型。

利用 Minitab 软件进行上述四项工作,输出如下结果和残差图(如图 3-3 所示)。

回归分析：轮胎消耗量与起落次数

回归方程为

轮胎消耗量＝7.776＋0.09337 起落次数

自变量	系数	系数标准误	T	P
常量	7.776	5.444	1.43	0.170
起落次数	0.09337	0.01086	8.60	0.000

S＝7.10166 R-Sq＝80.4% R-Sq(调整)＝79.3%

方差分析

来源	自由度	SS	MS	F	P
回归	1	3729.1	3729.1	73.94	0.000
残差误差	18	907.8	50.4		
合计	19	4636.9			

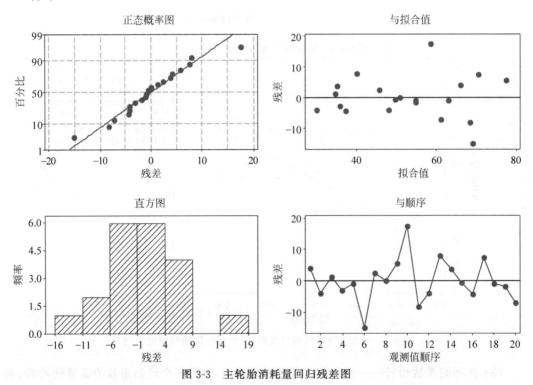

图 3-3　主轮胎消耗量回归残差图

结果分析如下：

(1) 回归方程的显著性检验：要先看方差分析表中的结果。其中对应 F 统计量 73.94 的 P 值＝0.000＜0.05，所以从整体上判定回归方程是显著有效的。

(2) 回归方程总效果的度量：R-Sq 与 R-Sq(调整)很接近，且 R-Sq(调整)＝79.3%，说明拟合的模型可以解释轮胎消耗量 y 中 79.3% 的变异，回归的效果还可以(但也不能说非常好),所以模型拟合总效果还可以。

(3) 回归方程显著时,进行回归系数的显著性检验:自变量 x 系数 P 值$=0<0.05$,说明自变量 x 是显著因子。常量 P 值$=0.170>0.05$,说明常量是不显著的,回归方程中应当不含常量。

(4) 残差诊断:残差图如图 3-3 所示。其诊断方法如下:

① 看右下角的"残差与观测值顺序":观察残差对于以观测值顺序为横轴的散点图,重点考察此图中残差值是否随机地在水平轴上下无规则地波动。若是随机波动,说明残差值间是相互独立的。本例中,残差值随机波动,彼此间是独立的。

② 看右上角的"残差与拟合值":重点考察此散点图中残差是否保持等方差性,即是否有"漏斗形"或"喇叭形"。若图形明显有漏斗形或喇叭形,说明对响应变量 y 需要做某种变换,变换后重新拟合模型,拟合效果会更好。本例中,图形正常,残差是等方差的。

③ 看左上角的"正态概率图":观察残差的正态概率图,看残差值是否符合正态分布。若残差呈正态分布,则此图中的点一般会形成一条直线。本例中,各点基本在一条直线上,可以认为残差是服从正态分布的。

④ 左下角的"残差直方图"可供辅助检查残差大致分布情况。如果有一个或两个条形与其他条形距离较远,这些点有可能是异常值。

4. 模型修正

由于本例回归系数的显著性检验中,常量是不显著的,故回归方程中应当不含常量。所以,应修正回归模型后再进行回归分析,得到下列输出结果和残差图(如图 3-4 所示)。

回归分析:轮胎消耗量与起落次数

回归方程为

轮胎消耗量 = 0.108 起落次数

自变量	系数	系数标准误	T	P
无常数项				
起落次数	0.108202	0.003253	33.26	0.000

S = 7.29353

方差分析

来源	自由度	SS	MS	F	P
回归	1	58856	58856	1106.41	0.000
残差误差	19	1011	53		
合计	20	59867			

由输出结果可知,修正后的回归方程为:轮胎消耗量 $=0.108\times$ 起落次数,即 $y=0.108x$。

5. 预测结果分析

为了对比两种回归方程的拟合效果,分别给出两种预测结果的对比图和对比表,对比图

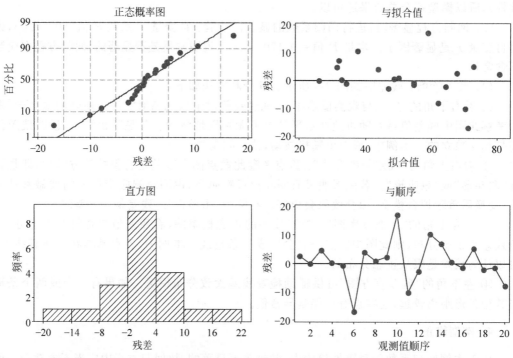

图 3-4 主轮胎消耗量回归残差图（修正后不含常数项模型）

如图 3-5 所示，对比表如表 3-2 和表 3-3 所列。

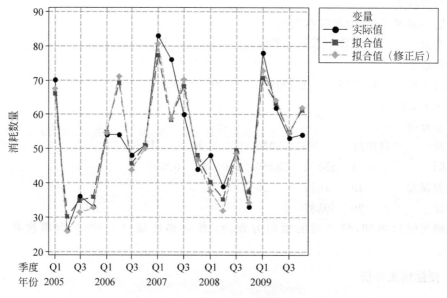

图 3-5 两种回归方程预测结果对比

表 3-2　轮胎消耗量预测表（回归方程：$y = 7.776 + 0.09337x$）

序号	起落次数	轮胎消耗量	拟合值	拟合值标准误	残差	标准化残差
1	623	70	65.94	2.22	4.06	0.6
2	239	26	30.09	3.06	−4.09	−0.64
3	289	36	34.76	2.61	1.24	0.19
4	302	33	35.97	2.5	−2.97	−0.45
5	504	54	54.83	1.61	−0.83	−0.12
6	656	54	69.02	2.49	−15.02	−2.26R
7	405	48	45.59	1.78	2.41	0.35
8	462	51	50.91	1.6	0.09	0.01
9	745	83	77.33	3.29	5.67	0.9
10	543	76	58.47	1.73	17.53	2.54R
11	648	60	68.28	2.42	−8.28	−1.24
12	432	44	48.11	1.67	−4.11	−0.6
13	346	48	40.08	2.15	7.92	1.17
14	294	39	35.23	2.57	3.77	0.57
15	448	49	49.6	1.62	−0.6	−0.09
16	316	33	37.28	2.38	−4.28	−0.64
17	672	78	70.52	2.62	7.48	1.13
18	592	62	63.05	2	−1.05	−0.15
19	503	53	54.74	1.61	−1.74	−0.25
20	572	54	61.18	1.88	−7.18	−1.05

表 3-3　轮胎消耗量预测表（回归方程：$y = 0.108x$）

序号	起落次数	轮胎消耗量	拟合值	拟合值标准误	残差	标准化残差
1	623	70	67.41	2.03	2.59	0.37
2	239	26	25.86	0.78	0.14	0.02
3	289	36	31.27	0.94	4.73	0.65
4	302	33	32.68	0.98	0.32	0.04
5	504	54	54.53	1.64	−0.53	−0.08
6	656	54	70.98	2.13	−16.98	−2.43R
7	405	48	43.82	1.32	4.18	0.58
8	462	51	49.99	1.5	1.01	0.14
9	745	83	80.61	2.42	2.39	0.35
10	543	76	58.75	1.77	17.25	2.44R
11	648	60	70.11	2.11	−10.11	−1.45
12	432	44	46.74	1.41	−2.74	−0.38
13	346	48	37.44	1.13	10.56	1.47
14	294	39	31.81	0.96	7.19	0.99
15	448	49	48.47	1.46	0.53	0.07
16	316	33	34.19	1.03	−1.19	−0.17

续表

序号	起落次数	轮胎消耗量	拟合值	拟合值标准误	残差	标准化残差
17	672	78	72.71	2.19	5.29	0.76
18	592	62	64.06	1.93	−2.06	−0.29
19	503	53	54.43	1.64	−1.43	−0.2
20	572	54	61.89	1.86	−7.89	−1.12

3.2 多元线性回归

如果研究对象受多个因素影响,而且各影响因素与被影响因素的关系是线性的,这时就需要建立多元线性回归(Multivariate Linear Regression)模型。

3.2.1 回归模型

假定因变量 Y 与自变量 $x_1, x_2, \cdots, x_p$ 具有线性关系,它们之间的线性回归模型可表示为

$$Y = \beta_0 + \beta_1 x_1 + \cdots + \beta_p x_p + \varepsilon \tag{3-7}$$

式中,ε 为随机项,$E(\varepsilon)=0$。

将 n 组观测值代入式(3-7)可得

$$\begin{cases} Y_1 = \beta_0 + \beta_1 x_{11} + \cdots + \beta_p x_{1p} + \varepsilon_1 \\ Y_2 = \beta_0 + \beta_1 x_{21} + \cdots + \beta_p x_{2p} + \varepsilon_2 \\ \vdots \\ Y_n = \beta_0 + \beta_1 x_{n1} + \cdots + \beta_p x_{np} + \varepsilon_n \end{cases} \tag{3-8}$$

设

$$\boldsymbol{Y} = \begin{bmatrix} Y_1 \\ Y_2 \\ \vdots \\ Y_n \end{bmatrix}, \quad \boldsymbol{X} = \begin{bmatrix} 1 & x_{11} & x_{12} & \cdots & x_{1p} \\ 1 & x_{21} & x_{22} & \cdots & x_{2p} \\ \vdots & \vdots & \vdots & & \vdots \\ 1 & x_{n1} & x_{n2} & \cdots & x_{np} \end{bmatrix}, \quad \boldsymbol{\beta} = \begin{bmatrix} \beta_0 \\ \beta_1 \\ \vdots \\ \beta_p \end{bmatrix}, \quad \boldsymbol{\varepsilon} = \begin{bmatrix} \varepsilon_1 \\ \varepsilon_2 \\ \vdots \\ \varepsilon_n \end{bmatrix}$$

则方程组(3-8)可以表示为

$$\boldsymbol{Y} = \boldsymbol{X}\boldsymbol{\beta} + \boldsymbol{\varepsilon} \tag{3-9}$$

3.2.2 参数估计

回归系数 β 的最小二乘法估计。根据最小二乘法原理,多元回归方程应使模型剩余离

差平方和最小

$$Q(\beta) = \sum_{i=1}^{n} \varepsilon_i^2 = \sum_{i=1}^{n} (y_i - \beta_0 - \beta_1 x_{i1} - \cdots - \beta_p x_{ip})^2 \tag{3-10}$$

根据多元函数的极值原理可得

$$\begin{cases} \dfrac{\partial Q}{\partial \beta_0} = -2\sum_{i=1}^{n}(y_i - \beta_0 - \beta_1 x_{i1} - \cdots - \beta_p x_{ip}) = 0 \\ \dfrac{\partial Q}{\partial \beta_1} = -2\sum_{i=1}^{n}(y_i - \beta_0 - \beta_1 x_{i1} - \cdots - \beta_p x_{ip}) x_{i1} = 0 \\ \vdots \\ \dfrac{\partial Q}{\partial \beta_p} = -2\sum_{i=1}^{n}(y_i - \beta_0 - \beta_1 x_{i1} - \cdots - \beta_p x_{ip}) x_{ip} = 0 \end{cases} \tag{3-11}$$

即

$$\begin{cases} n\beta_0 + (\sum_{i=1}^{n} x_{i1})\beta_1 + (\sum_{i=1}^{n} x_{i2})\beta_2 + \cdots + (\sum_{i=1}^{n} x_{ip})\beta_p = \sum_{i=1}^{n} y_i \\ (\sum_{i=1}^{n} x_{i1})\beta_0 + (\sum_{i=1}^{n} x_{i1}^2)\beta_1 + (\sum_{i=1}^{n} x_{i1} x_{i2})\beta_2 + \cdots + (\sum_{i=1}^{n} x_{i1} x_{ip})\beta_p = \sum_{i=1}^{n} x_{i1} y_i \\ \vdots \\ (\sum_{i=1}^{n} x_{ip})\beta_0 + (\sum_{i=1}^{n} x_{ip} x_{i1})\beta_1 + (\sum_{i=1}^{n} x_{ip} x_{i2})\beta_2 + \cdots + (\sum_{i=1}^{n} x_{ip}^2)\beta_p = \sum_{i=1}^{n} x_{ip} y_i \end{cases} \tag{3-12}$$

其矩阵形式为

$$\begin{bmatrix} n & \sum_{i=1}^{n} x_{i1} & \sum_{i=1}^{n} x_{i2} & \cdots & \sum_{i=1}^{n} x_{ip} \\ \sum_{i=1}^{n} x_{i1} & \sum_{i=1}^{n} x_{i1}^2 & \sum_{i=1}^{n} x_{i1} x_{i2} & \cdots & \sum_{i=1}^{n} x_{i1} x_{ip} \\ \vdots & & & & \\ \sum_{i=1}^{n} x_{ip} & \sum_{i=1}^{n} x_{ip} x_{i1} & \sum_{i=1}^{n} x_{ip} x_{i2} & \cdots & \sum_{i=1}^{n} x_{ip}^2 \end{bmatrix} \begin{bmatrix} \beta_0 \\ \beta_1 \\ \beta_2 \\ \vdots \\ \beta_p \end{bmatrix} = \begin{bmatrix} 1 & 1 & 1 & \cdots & 1 \\ x_{11} & x_{21} & x_{31} & \cdots & x_{n1} \\ x_{12} & x_{22} & x_{32} & \cdots & x_{n2} \\ \vdots & \vdots & \vdots & & \vdots \\ x_{1p} & x_{2p} & x_{3p} & \cdots & x_{np} \end{bmatrix} \begin{bmatrix} y_1 \\ y_2 \\ \vdots \\ y_n \end{bmatrix} \tag{3-13}$$

亦即

$$\begin{bmatrix} 1 & 1 & 1 & \cdots & 1 \\ x_{11} & x_{21} & x_{31} & \cdots & x_{n1} \\ x_{12} & x_{22} & x_{32} & \cdots & x_{n2} \\ \vdots & \vdots & \vdots & & \vdots \\ x_{1p} & x_{2p} & x_{3p} & \cdots & x_{np} \end{bmatrix} \begin{bmatrix} 1 & x_{11} & x_{12} & \cdots & x_{1p} \\ 1 & x_{21} & x_{22} & \cdots & x_{2p} \\ 1 & x_{31} & x_{32} & \cdots & x_{3p} \\ \vdots & \vdots & \vdots & & \vdots \\ 1 & x_{n1} & x_{n2} & \cdots & x_{np} \end{bmatrix} \begin{bmatrix} \beta_0 \\ \beta_1 \\ \beta_2 \\ \vdots \\ \beta_p \end{bmatrix} = \begin{bmatrix} 1 & 1 & 1 & \cdots & 1 \\ x_{11} & x_{21} & x_{31} & \cdots & x_{n1} \\ x_{12} & x_{22} & x_{32} & \cdots & x_{n2} \\ \vdots & \vdots & \vdots & & \vdots \\ x_{1p} & x_{2p} & x_{3p} & \cdots & x_{np} \end{bmatrix} \begin{bmatrix} y_1 \\ y_2 \\ \vdots \\ y_n \end{bmatrix}$$

故矩阵式(3-13)可以表示为

$$\boldsymbol{X}^{\mathrm{T}} \boldsymbol{X} \boldsymbol{\beta} = \boldsymbol{X}^{\mathrm{T}} \boldsymbol{Y} \tag{3-14}$$

而回归系数列矩阵的计算公式为

$$\boldsymbol{\beta} = (\boldsymbol{X}^{\mathrm{T}} \boldsymbol{X})^{-1} \boldsymbol{X}^{\mathrm{T}} \boldsymbol{Y} \tag{3-15}$$

式中,$\boldsymbol{X}^{\mathrm{T}}$ 为矩阵 $\boldsymbol{X}$ 的转置矩阵;$(\boldsymbol{X}^{\mathrm{T}} \boldsymbol{X})^{-1}$ 为矩阵 $\boldsymbol{X}^{\mathrm{T}} \boldsymbol{X}$ 的逆矩阵。

3.2.3 模型检验

1. 拟合优度检验(R 检验)

确定回归方程后须测试相关性,以确保回归方程描述各种因素之间相关性的可靠性。多元线性回归方程的拟合检验的优劣基于相关系数 R 的大小,以反映拟合回归方程对实际数据的一般近似。多重相关系数 R 是自变量和一个因变量之间关联强度的度量。多重相关系数 R 表示为

$$R = \sqrt{1 - \frac{\sum_{i=1}^{n}(y_i - \hat{y}_i)^2}{\sum_{i=1}^{n}(y_i - \bar{y})^2}} \tag{3-16}$$

式中,$\hat{y}_i$ 是预测对象估计值;$\bar{y} = \frac{1}{n}\sum_{i=1}^{n} y_i$,称为 y 的均值。

多重相关系数 R 的值在[0,1]内。R 越接近 1,表明拟合效果越好。R 越接近 0,表明拟合效果越差。

2. 回归模型的显著性检验(F 检验)

与 R 检验相比,F 检验对回归方程的测试更为严格。假设 $H_0: \beta_1 = \beta_2 = \cdots = \beta_m = 0$。如果 H_0 被接受,则方程(3-7)用于表示 Y 与自变量 $x_1, x_2, \cdots, x_m$ 之间的关系是不合适的。统计变量 F 为

$$F = \frac{\sum_{i=1}^{n}(\hat{y}_i - \bar{y})^2 / (m-1)}{\sum_{i=1}^{n}(y_i - \hat{y}_i)^2 / (n-m)} \sim F(m-1, n-m) \tag{3-17}$$

式中，$m-1$ 是回归变差 $\sum_{i=1}^{n}(\hat{y}_i-\bar{y})^2$ 的自由度；$n-m$ 是剩余变差 $\sum_{i=1}^{n}(y_i-\hat{y}_i)^2$ 的自由度。

如果 $F>F_\alpha(m-1,n-m)$，则认为 Y 与自变量 $x_1,x_2,\cdots,x_m$ 之间存在显著的线性关系，在显著性水平 α 下，即回归方程是显著的；相反，该方程并不显著。

3. 回归模型系数的显著性检验（t 检验）

上述 R 检验和 F 检验都是将所有自变量作为一个整体来检验它们与因变量的相关程度以及回归效果，而 t 检验则是通过 t 统计量对所求回归模型的每一个系数逐一检验假设 $H_0:\beta_j=0,j=1,2,\cdots,m$ 是否成立的方法。如果假设 H_0 被接受，x_j 不显著，除此以外，x_j 是显著的，则检验统计量 t 为

$$t_j = \frac{\hat{\beta}_j}{\sqrt{C_{jj}}\sqrt{\dfrac{\sum_{i=1}^{n}(y_i-\hat{y}_i)^2}{n-m}}} \tag{3-18}$$

式中，C_{jj} 是矩阵 $(\boldsymbol{X}^\mathrm{T}\boldsymbol{X})^{-1}$ 主对角线上的第 j 个元素。

如果 $|t_j|>t_{\alpha/2}(n-m)$ 是真的，假设 H_0 被拒绝，表明 x_j 对 Y 有重大影响；否则，如果假设是正确的，并且 $\beta_j=0$ 被接受，表明 x_j 对 Y 没有重大影响，应删除。

3.2.4 应用实例

1. 问题描述

【例 3-2】 航材消耗与许多因素有关，但各种因素对航材消耗的影响程度不同。因此，应选出最主要的影响因素进行分析。如轮胎的消耗与飞机架数、飞行小时、飞行起落、跑道、气象、飞行员操纵等许多因素有关，但通过分析后得出影响轮胎消耗最主要的因素为飞机架数、飞行小时、飞行起落三种飞行参数。现有某场站 1997—2012 年的轮胎消耗量与飞机架数、飞行小时、飞行起落的统计数据，如表 3-4 所列，试建立多元回归模型，对轮胎消耗量进行预测。

表 3-4 某型轮胎 1997—2012 年的消耗量及相关飞行参数统计表

年份	飞机架数	飞行小时	飞行起落	消耗量
1997	28	2596	1982	112
1998	30	2798	1996	116
1999	30	3033	2005	118
2000	31	3053	2169	124
2001	31	3088	2246	126
2002	32	3106	2277	128

续表

年份	飞机架数	飞行小时	飞行起落	消耗量
2003	34	3256	2436	135
2004	33	3189	2383	133
2005	34	3246	2442	136
2006	35	3321	2515	139
2007	38	3546	2616	145
2008	38	3496	2596	143
2009	39	3683	2768	151
2010	38	3607	2722	149
2011	40	3802	2824	155
2012	42	3895	2923	159

2. 问题分析

把消耗量作为待预测变量，作出消耗量与其他参数的散点图，如图3-6所示。

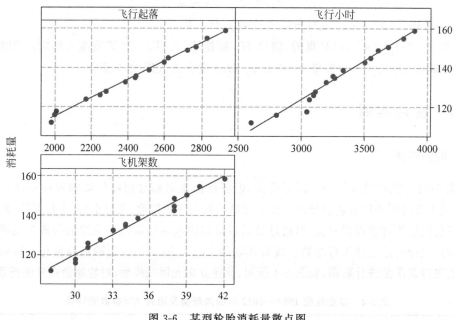

图3-6 某型轮胎消耗量散点图

从图3-6散点图中，我们可以看出消耗量与飞行起落、飞行小时、飞机架数都具有明显的线性关系，因此可采用多元线性回归方法来对轮胎消耗量进行预测。

3. 模型构建

利用Minitab软件回归分析功能得到如下输出结果和残差图（如图3-7所示）。

回归分析：消耗量与飞机架数，飞行小时，飞行起落

回归方程为

消耗量 = 5.8 + 0.189 飞机架数 + 0.0103 飞行小时 + 0.0326 飞行起落

自变量	系数	系数标准误	T	P
常量	15.799	1.251	12.63	0.000
飞机架数	0.1891	0.1868	1.01	0.331
飞行小时	0.010339	0.001812	5.71	0.000
飞行起落	0.032562	0.002153	15.13	0.000

S = 0.479831   R-Sq=99.9%   R-Sq(调整) = 99.9%

方差分析

来源	自由度	SS	MS	F	P
回归	3	3035.2	1011.7	4394.27	0.000
残差误差	12	2.8	0.2		
合计	15	3037.9			

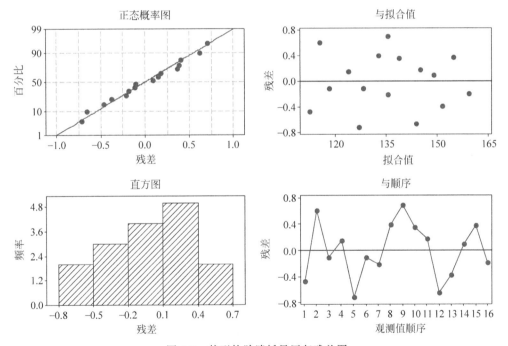

图 3-7 某型轮胎消耗量回归残差图

4. 模型检验

(1) 回归方程：消耗量=15.8+0.189×飞机架数+0.0103×飞行小时+0.0326×飞行起落，即 $y=15.8+0.189x_1+0.0103x_2+0.0326x_3$。

(2) 回归方程的显著性检验：要先看方差分析表中的结果。其中对应 F 统计量 4394.27 的 P 值 $=0.000<0.05$，所以从整体上判定回归方程是显著有效的。

(3) 回归方程总效果的度量：R-Sq 与 R-Sq（调整）相同，且 R-Sq（调整）$=99.9\%$，说明拟合的模型可以解释轮胎消耗量 y 中 99.9% 的变异，回归的效果非常好。

(4) 回归方程显著时，进行回归系数的显著性检验：估计系数"飞行小时"和"飞行起落"的 P 值均为 0.000，表明它们与"消耗量"显著相关。"飞机架数"的 P 值为 $0.331>0.05$，表明它在 α 水平为 0.05 时与"消耗量"不相关。这说明只有变量"飞行小时"和"飞行起落"的模型可能更合适。

(5) 残差诊断：残差图如图 3-7 所示。其诊断方法如下：

① 看右下角的"残差与观测值顺序"：残差值随机地在水平轴上下无规则地波动，彼此间是独立的，无异常。

② 看右上角的"残差与拟合值"：散点图中残差保持等方差性，图形正常。

③ 看左上角的"正态概率图"：各点基本在一条直线上，可以认为残差是服从正态分布的。

④ 左下角的"残差直方图"可供辅助检查残差大致分布情况，无异常值。

5. 模型修正

由于本例回归方程进行回归系数显著性检验时，变量"飞机架数"是不显著的，可从回归方程中删除该变量。所以，修正回归模型后再进行回归分析，得到如下输出结果和残差图，残差图如图 3-8 所示。

回归分析：消耗量与飞行小时，飞行起落

回归方程为

消耗量 $= 15.6 + 0.0114$ 飞行小时 $+ 0.0339$ 飞行起落

自变量	系数	系数标准误	T	P
常量	15.581	1.234	12.63	0.000
飞行小时	0.011431	0.001457	7.84	0.000
飞行起落	0.033860	0.001731	19.56	0.000

$S = 0.480289$ R-Sq$=99.9\%$ R-Sq（调整）$= 99.9\%$

方差分析

来源	自由度	SS	MS	F	P
回归	2	3034.9	1517.5	6578.32	0.000
残差误差	13	3.0	0.2		
合计	15	3037.9			

6. 预测结果分析

为了对比两种回归方程的拟合效果，分别给出两种预测结果的对比图和对比表，对比图

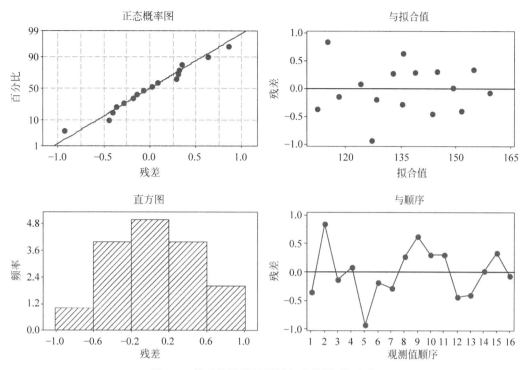

图 3-8　某型轮胎消耗量回归残差图（修正后）

如图 3-9 所示，对比表如表 3-5 和表 3-6 所列。

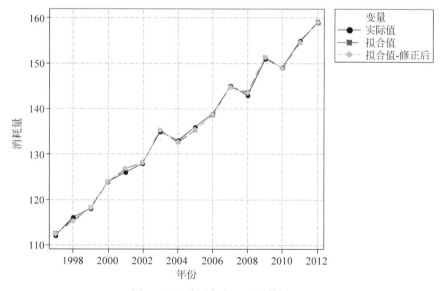

图 3-9　两种回归方程预测结果对比

表 3-5 某型轮胎消耗量预测结果与误差分析表

年份	实际值	拟合值	拟合值标准误	残差	标准化残差
1997	112	112.47	0.358	−0.47	−1.47
1998	116	115.392	0.324	0.608	1.72
1999	118	118.115	0.397	−0.115	−0.43
2000	124	123.851	0.196	0.149	0.34
2001	126	126.72	0.25	−0.72	−1.76
2002	128	128.105	0.157	−0.105	−0.23
2003	135	135.211	0.153	−0.211	−0.46
2004	133	132.603	0.183	0.397	0.89
2005	136	135.303	0.163	0.697	1.55
2006	139	138.644	0.17	0.356	0.79
2007	145	144.827	0.203	0.173	0.4
2008	143	143.658	0.255	−0.658	−1.62
2009	151	151.381	0.184	−0.381	−0.86
2010	149	148.909	0.185	0.091	0.21
2011	155	154.624	0.219	0.376	0.88
2012	159	159.188	0.264	−0.188	−0.47

表 3-6 某型轮胎消耗量预测结果与误差分析表(修正后)

年份	实际值	拟合值	拟合值标准误	残差	标准化残差
1997	112	112.365	0.343	−0.365	−1.08
1998	116	115.148	0.216	0.852	1.99
1999	118	118.139	0.397	−0.139	−0.51
2000	124	123.92	0.184	0.08	0.18
2001	126	126.927	0.143	−0.927	−2.02
2002	128	128.183	0.137	−0.183	−0.4
2003	135	135.281	0.136	−0.281	−0.61
2004	133	132.721	0.142	0.279	0.61
2005	136	135.37	0.15	0.63	1.38
2006	139	138.699	0.162	0.301	0.67
2007	145	144.691	0.153	0.309	0.68
2008	143	143.442	0.139	−0.442	−0.96
2009	151	151.403	0.183	−0.403	−0.91
2010	149	148.977	0.173	0.023	0.05
2011	155	154.66	0.216	0.34	0.79
2012	159	159.075	0.24	−0.075	−0.18

Viktor Mayer-Schönberger
（1966—）

大数据的核心就是预测。

——［英］维克托·迈尔-舍恩伯格《大数据时代》

第4章　装备保障时间序列分析理论与应用

时间序列是指随时间变化的、具有随机性的、前后又有关联的一些观测数据，具有趋势性、季节性、周期性、不规则性等特征。时间序列分析就是通过分析时间序列，根据时间序列所反映出来的发展过程、方向和趋势，进行类推或延伸，借以预测下一段时间或以后若干年内可能达到的水平。时间序列分析可用于短期预测、中期预测和长期预测。时间序列分析是短期预测最有效的方法，其优点是计算过程比较简单，预测时所需观测值不多，且能够对实际变化做出较为迅速的反应；缺点是预测步数越长预测精度越差，适用于序列变化比较均匀的短期预测。本章主要介绍移动平均法、指数平滑法和 ARIMA 模型法等时间序列分析理论及其在装备保障数据分析中的应用。

4.1　时间序列平滑方法

时间序列（Time Series）是同一现象在不同时间的相继观察值排列而成的序列。时间序列平滑方法有很多，主要包括移动平均平滑法、单参数指数平滑法、双参数指数平滑法、三参数指数平滑法等。

4.1.1　移动平均平滑法

移动平均法（Moving Average）是根据时间序列资料逐项推移，依次计算包含一定项数的时序平均数,以反映长期趋势的方法。当时间序列的数值由于受周期变动和不规则变动的影响,起伏较大,不易显示出发展趋势时,可用移动平均法消除这些因素的影响,然后分析、预测序列的长期趋势。

1. 简单移动平均预测法

简单移动平均法(Simple Moving Average)的基本思想是选择一定长度的移动间隔,对序列逐期移动求得平均数作为下一期的预测值,或将最近 k 期数据的平均数作为下一期的预测值。设时间序列为 $\{y_t\}$,取移动平均的项数为 k,则第 $t+1$ 期预测值计算公式为

$$\hat{y}_{t+1} = M_t^{(1)} = \frac{y_t + y_{t-1} + \cdots + y_{t-k+1}}{k} = \frac{1}{k}\sum_{j=1}^{k} y_{t-k+j} \quad (4-1)$$

式中,y_t 表示第 t 期实际值;$M_t^{(1)}$ 表示第 t 期一次移动平均数;$\hat{y}_{t+1}$ 表示第 $t+1$ 期预测值($t \geqslant k$)。

其预测标准误差为

$$S = \sqrt{\frac{\sum (y_{t+1} - \hat{y}_{t+1})^2}{n-k}} \quad (4-2)$$

式中,n 为时间序列为 $\{y_t\}$ 所含原始数据的个数;k 表示移动平均的项数。

项数 k 的数值,要根据时间序列的特点而定,不宜过大或过小。k 过大会降低移动平均数的敏感性,影响预测的准确性;k 过小,移动平均数易受随机变动的影响,难以反映实际趋势。一般取 k 的大小能包含季节变动和周期变动的时期,这样可消除其影响。对于没有季节变动和周期变动的时间序列,项数 k 的取值可取较大的数;若历史数据的类型呈上升(或下降)型的发展趋势,则项数 k 的数值应取较小的数,会取得较好的预测效果。

简单移动平均法只适合近期预测,而且是预测目标的发展趋势变化不大的情况。如果目标的发展趋势存在其他的变化,采用简单移动平均法就会产生较大的预测偏差和滞后。

2. 加权移动平均预测法

在简单移动平均公式中,每期数据求平均时的作用是等同的。但实际上,每期数据所包含的信息量不一样,近期数据包含着更多关于未来情况的信息。因此,把各期数据等同看待是不尽合理的,应考虑各期数据的重要性,对近期数据给予较大的权重,这就是加权移动平均法(Weighted Moving Average)的基本思想。其计算公式为

$$\hat{y}_{t+1} = \frac{W_1 y_t + W_2 y_{t-1} + \cdots + W_k y_{t-k+1}}{W_1 + W_2 + \cdots + W_k} = \frac{\sum\limits_{i=1}^{k} W_i y_{t-k+1}}{\sum\limits_{i=1}^{k} W_i} \quad (4-3)$$

式中,y_t 表示第 t 期实际值;$\hat{y}_{t+1}$ 表示第 $t+1$ 期预测值;W_i 表示权数;k 表示移动平均

的项数。

预测标准误差的公式与简单移动平均相同。

在加权移动平均法中,对 W_i 的选择,同样具有一定的经验性。一般的原则是:近期数据的权数大,远期数据的权数小。至于大到什么程度和小到什么程度,则需要按照预测者对序列的了解和分析来确定。

4.1.2 单参数指数平滑法

指数平滑法(Exponential Smoothing)是产生平滑时间序列的一种常用方法,也是曲线拟合的一种方法,同时还可以进行预测。指数平滑预测方法的基本思想是:在预测下一周期的数据时,既考虑本周期的数据,又考虑到前面的数据。将最近的观察数据赋予较高的权重,较远的数据赋予相对较低的权重,权重通常以一个常数的比率进行几何递减,使得最近的数据对将来的预测分析所起的作用更大一些,从而获得更好的拟合曲线和预测结果。

根据选择的参数不同,指数平滑可以分为单指数平滑和双指数平滑,其中单指数平滑适合于具有平稳特性的时间序列数据,双指数平滑适合具有趋势特性的时间序列数据。单指数平滑具有一个平滑参数,根据平滑次数不同,又包括一次指数平滑预测法、二次指数平滑预测法和三次指数平滑预测法等。

1. 一次指数平滑预测法

一次指数平滑预测法是以 $\alpha(1-\alpha)^i$ 为权数($0<\alpha<1$),对时间序列 $\{y_t\}$ 进行加权平均的一种预测方法。y_t 的权数为 α,y_{t-1} 的权数为 $\alpha(1-\alpha)$,y_{t-2} 的权数为 $\alpha(1-\alpha)^2$,…,依此类推,其计算公式为

$$\hat{y}_{t+1} = S_t^{(1)} = \alpha y_t + (1-\alpha) S_{t-1}^{(1)} \tag{4-4}$$

式中,y_t 表示第 t 期实际值;$\hat{y}_{t+1}$ 表示第 $t+1$ 期预测值;$S_{t-1}^{(1)}$、$S_t^{(1)}$ 分别表示第 $t-1$ 期和第 t 期单指数平滑值;α 表示平滑系数,$0<\alpha<1$。初值 $S_0^{(1)}$ 常用时间序列的首项(适用于历史数据个数较多时,如 50 个以上历史数据),若历史数据较少时,可以选择最初几期历史数据的平均值作为初值。

为了进一步理解指数平滑的实质,把式(4-4)依次展开,有

$$\begin{aligned}
\hat{y}_{t+1} = S_t^{(1)} &= \alpha y_t + (1-\alpha)[\alpha y_{t-1} + (1-\alpha) S_{t-2}^{(1)}] \\
&= \alpha y_t + \alpha(1-\alpha) y_{t-1} + (1-\alpha)^2 S_{t-2}^{(1)} \\
&\vdots \\
&= \alpha y_t + \alpha(1-\alpha) y_{t-1} + \alpha(1-\alpha)^2 y_{t-2} + \cdots + (1-\alpha)^t S_0^{(1)} \\
&= \alpha \sum_{j=0}^{t-1} (1-\alpha)^j y_{t-j} + (1-\alpha)^t S_0^{(1)}
\end{aligned} \tag{4-5}$$

由于 $0<\alpha<1$，当 $t\to\infty$ 时，$(1-\alpha)^t\to 0$，于是式(4-5)变为

$$\hat{y}_{t+1}=S_t^{(1)}=\alpha\sum_{j=0}^{\infty}(1-\alpha)^j y_{t-j} \tag{4-6}$$

由此可见，$\hat{y}_{t+1}$ 实际上为 $y_t,y_{t-1},\cdots,y_{t-j},\cdots$ 的加权平均。加权系数分别为 $\alpha,\alpha(1-\alpha)$，$\alpha(1-\alpha)^2,\cdots$，按几何级数衰减，越近的数据，权数越大，越远的数据，权数越小，且权数之和为 1。由于加权系数符合指数规律，又具有平滑数据的功能，故称之为指数平滑。

其预测标准误差为

$$S=\sqrt{\frac{\sum_{t=1}^{n-1}(y_{t+1}-\hat{y}_{t+1})^2}{n-1}} \tag{4-7}$$

式中，n 为时间序列为 $\{y_t\}$ 所含原始数据的个数。

平滑系数 α 的取值对预测值的影响很大，因此，利用指数平滑法进行预测时，α 的选值很关键，但目前还没有一个很好的统一的选值方法，一般是根据经验来确定。当时间序列数据是水平型的发展趋势类型时，α 可取较小的值，在 $0\sim 0.3$；当时间序列数据是上升(或下降)的发展趋势类型时，α 应取较大的值，在 $0.6\sim 1$。在进行实际预测时，可选不同的 α 值进行比较，从中选择一个比较合适的 α 值。

经验分享：如何选取 α 的值？通常取 $\alpha=0.2$ 效果会比较好，将兼顾到平滑和保真。当然，实际情况会很复杂，我们可以先用 $\alpha=0.2$ 试验一下，如果需要更加平滑，可将 α 再调小一些；如果需要更加保真，可将 α 再调大一些。

2. 二次指数平滑预测法

当时间序列呈现出线性趋势时，用一次指数平滑法进行预测，仍存在明显的滞后偏差。因此，可进行必要修正，在一次指数平滑数列的基础上用同一平滑系数再作一次指数平滑，这就是二次指数平滑。其计算公式为

$$\begin{cases}S_t^{(1)}=\alpha y_t+(1-\alpha)S_{t-1}^{(1)}\\ S_t^{(2)}=\alpha S_t^{(1)}+(1-\alpha)S_{t-1}^{(2)}\\ \hat{y}_{t+T}=a_t+b_t T\end{cases} \tag{4-8}$$

其中，

$$\begin{cases}a_t=2S_t^{(1)}-S_t^{(2)}\\ b_t=\dfrac{\alpha}{1-\alpha}[S_t^{(1)}-S_t^{(2)}]\end{cases} \tag{4-9}$$

式中，$S_t^{(1)}$ 表示第 t 期的一次指数平滑值；$S_t^{(2)}$ 表示第 t 期的二次指数平滑值；y_t 表示第 t 期实际值；$\hat{y}_{t+T}$ 表示第 $t+T$ 期预测值；α 表示平滑系数。初值 $S_0^{(2)}$ 的取值方法与 $S_0^{(1)}$ 的取值方法相同。其预测标准误差为

$$S = \sqrt{\frac{\sum_{t=1}^{n}(y_t - \hat{y}_t)^2}{n-2}} \tag{4-10}$$

式中,n 为时间序列为$\{y_t\}$所含原始数据的个数。

3. 三次指数平滑预测法

当时间序列呈现非线性趋势时,可以采用三次指数平滑法进行预测。其基本原理是在二次指数平滑的基础上再进行一次指数平滑,即三次指数平滑。其计算公式为

$$\begin{cases} S_t^{(1)} = \alpha y_t + (1-\alpha) S_{t-1}^{(1)} \\ S_t^{(2)} = \alpha S_t^{(1)} + (1-\alpha) S_{t-1}^{(2)} \\ S_t^{(3)} = \alpha S_t^{(2)} + (1-\alpha) S_{t-1}^{(3)} \\ \hat{y}_{t+T} = a_t + b_t T + c_t T^2 \end{cases} \tag{4-11}$$

其中,

$$\begin{cases} a_t = 3S_t^{(1)} - 3S_t^{(2)} + S_t^{(3)} \\ b_t = \dfrac{\alpha}{2(1-\alpha)^2} \left[(6-5\alpha) S_t^{(1)} - 2(5-4\alpha) S_t^{(2)} + (4-3\alpha) S_t^{(3)} \right] \\ c_t = \dfrac{\alpha}{2(1-\alpha)^2} \left[S_t^{(1)} - 2S_t^{(2)} + S_t^{(3)} \right] \end{cases} \tag{4-12}$$

式中,$S_t^{(1)}$ 表示第 t 期的一次指数平滑值;$S_t^{(2)}$ 表示第 t 期的二次指数平滑值;$S_t^{(3)}$ 表示第 t 期的三次指数平滑值;y_t 表示第 t 期实际值;$\hat{y}_{t+T}$ 表示第 $t+T$ 期预测值;α 表示平滑系数。一般来说,初值 $S_0^{(3)} = S_0^{(2)} = S_0^{(1)}$ 取时间序列的首项。

4.1.3 双参数指数平滑法

双参数指数平滑法又被称为霍特(Holt)指数平滑法,它是一种线性指数平滑方法。单参数指数平滑公式不适合于对具有趋势的时间序列进行拟合和预测。双参数指数平滑对此引入了新的参数,适合于对具有趋势的时间序列进行拟合和预测。其计算公式为

$$\begin{cases} S_t = \alpha y_t + (1-\alpha)(S_{t-1} + T_{t-1}) \\ T_t = \gamma(S_t - S_{t-1}) + (1-\gamma) T_{t-1} \\ \hat{y}_t = S_{t-1} + T_{t-1} \end{cases} \tag{4-13}$$

式中,S_t 为时间 t 处的水平;α 为水平的权重;T_t 为时间 t 处的趋势;γ 为趋势的权重;y_t 为时间 t 处的数据值;$\hat{y}_t$ 为时间 t 处的拟合值(即向前一步的预测值)。

在式(4-13)的第一个公式中,平滑值 S_t 将前一个时刻的趋势因子 T_{t-1} 加上最近的平

滑值,这样就消除了滞后,将 S_t 调整到一个合理的值。第二个公式是关于最新的两个相邻平滑值差的表达式,是一个表示趋势的更新公式。在平滑数据中加入趋势,可以对具有趋势的时间序列数据进行平滑。由此可见,当引入趋势分量对系统进行估计后,系统取值可避免单指数方法对系统上期状态的严重依赖,从而更真实地反映系统的运动特征。

4.1.4 三参数指数平滑法

双参数指数平滑虽然适合于具有趋势的时间序列数据的拟合和预测,但不适合具有季节(周期)特性的时间序列数据的拟合和预测,为了对具有季节(周期)特性的数据进行拟合和预测,需引入新的参数。三参数指数平滑具有 3 个参数,适合于对具有趋势和季节(周期)特性的时间序列进行拟合和预测。

三参数指数平滑法又被称为温特(Winters)指数平滑法,该方法对于存在可加的或是可乘的趋势和季节性成分时,都能够适用。当水平和季节因素是乘在一起的,温特模型就是乘法的;当它们是加在一起的,温特模型就是加法的。当数据中季节模型的振动幅度依赖于数据值时,最好选择乘法模型,即季节模型的振动幅度值随数据值的增长而增长,随数据值的减少而减少;当数据季节模型的振动幅度值不依赖于数据值时,最好选择加法模型,即季节模型的量值并不随序列的增长或减少而变化。

温特指数平滑模型包含三个平滑参数 α,γ,δ(取值均在 0~1)和 4 个方程,下面仅以乘法模型为例介绍其原理。

整体平滑:

$$S_t = \alpha \frac{Y_t}{I_{t-L}} + (1-\alpha)(S_{t-1} + T_{t-1}) \qquad (4-14)$$

式中,L 为季节周期的长度;I 为季节调整因子;$\dfrac{Y_t}{I_{t-L}}$ 是用季节调整因子 I_{t-L} 去除观测值 Y_t,以消除季节变动。

趋势平滑:

$$T_t = \gamma(S_t - S_{t-1}) + (1-\gamma)T_{t-1} \qquad (4-15)$$

用参数 γ 作为趋势增量 $(S_t - S_{t-1})$ 的加权系数,用 $(1-\gamma)$ 作为前期趋势值 T_{t-1} 的加权系数,以此对趋势值进行修正。

季节平滑:

$$I_t = \delta \frac{Y_t}{S_t} + (1-\delta)I_{t-L} \qquad (4-16)$$

式中,Y_t/S_t 是根据季节变动来调整实际值,用参数 δ 加权这一调整值;用 $(1-\delta)$ 加权前一个季节数据 I_{t-L},以此调整季节影响。

未来第 k 期的预测值:

$$F_{t+k} = (S_t + kT_t)I_{t-L+k} \qquad (4\text{-}17)$$

简单指数平滑模型适合于对平稳序列(没有趋势和季节成分)的预测;霍特指数平滑模型适合于含有趋势成分但不含季节成分序列的预测;如果时间序列中既含有趋势成分又含有季节成分,则可以使用温特指数平滑模型进行预测。温特方法要求数据是按一定的时间周期(如季度或月份等)收集的,而且至少需要4个季节周期以上的数据。

4.1.5 应用实例

1. 不含季节性特点的时间序列预测

【例4-1】 统计某部飞机12个月的飞机完好率数据,如表4-1所列。以前11个月的数据为已知样本、12月份数据为验证样本,采用时间序列预测中的移动平均法、单指数平滑法、双指数平滑法预测第12个月的飞机完好率,并比较其预测效果。

表 4-1 飞机完好率统计数据

月份	1	2	3	4	5	6
完好率	0.741	0.767	0.691	0.776	0.796	0.825
月份	7	8	9	10	11	12
完好率	0.783	0.826	0.829	0.839	0.857	0.856

【思路与方法】

利用统计分析软件 Minitab 的时间序列分析功能可以方便地得到如图4-1、图4-2、图4-3所示的预测结果。图中给出了飞机完好率的实际值、拟合值以及预测值的序列图,还包括平滑参数、准确度度量信息等。

三种拟合模型的准确度度量指标为:平均百分误差(MAPE)、平均绝对误差(MAD)和平均偏差平方和(MSD)。对于这三种度量,值越小,表示模型拟合得越好。

MAPE(Mean Absolute Percentage Error):平均百分误差,度量时间序列值拟合的准确度。它以百分比表示这种准确度。

$$\text{MAPE} = \frac{1}{n} \sum_{t=1}^{n} \left| \frac{y_t - \hat{y}_t}{y_t} \right| \times 100\% \quad (y_t \neq 0) \qquad (4\text{-}18)$$

式中,y_t 为时刻 t 的实际值;$\hat{y}_t$ 为拟合值;n 为观测值的个数。

MAD(Mean Absolute Deviation):平均绝对误差,度量时间序列值拟合的准确度。它以与数据相同的单位表示准确度,从而有助于使误差量概念化。

$$\text{MAD} = \frac{1}{n} \sum_{t=1}^{n} | y_t - \hat{y}_t | \qquad (4\text{-}19)$$

式中,y_t 为时刻 t 的实际值;$\hat{y}_t$ 为拟合值;n 为观测值的个数。

MSD(Mean Squared Deviation):平均偏差平方和,度量时间序列值拟合的准确度。它

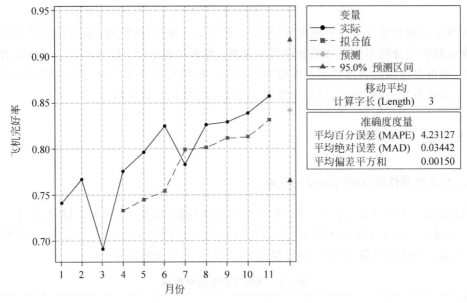

图 4-1　飞机完好率的移动平均图

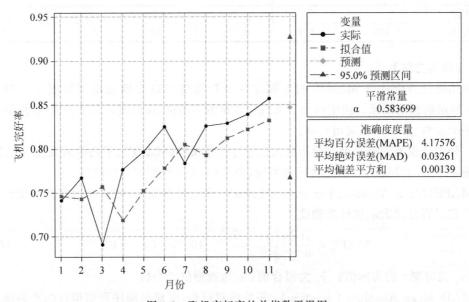

图 4-2　飞机完好率的单指数平滑图

以数据单位的平方量来表示准确度。MSD 比 MAD 对异常较大的预测误差更为敏感。

$$\text{MSD} = \frac{1}{n}\sum_{t=1}^{n} |y_t - \hat{y}_t|^2 \tag{4-20}$$

式中,y_t 为时刻 t 的实际值;$\hat{y}_t$ 为拟合值;n 为观测值的个数。

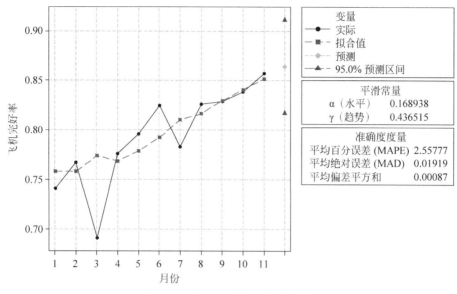

图 4-3　飞机完好率的双指数平滑图

温馨提示：实际应用中需要对于不同的模型比较拟合的优劣。这三个指标计算时都使用相同的分母 n，哪个模型的指标值低，则说明该模型好，因此可以用来比较不同模型，以选择较好的模型。

【结果分析】

从图中可以看出，移动平均法、单指数平滑法、双指数平滑法对 12 月份的飞机完好率预测值分别为 0.841667、0.846545、0.864411，预测效果比较如表 4-2、表 4-3 所列，易见双指数平滑法预测效果最好，单指数平滑法预测效果次之，移动平均法预测效果较差。

表 4-2　不同预测方法对 12 月份的预测值及预测区间

预测方法	预测值	95%正态置信区间	
		下限	上限
移动平均	0.841667	0.765737	0.917597
单指数平滑	0.846545	0.766648	0.926441
双指数平滑	0.864411	0.817407	0.911415

表 4-3　不同预测方法对 12 月份的预测效果比较

预测方法	真实值	预测值	误差
移动平均	0.856	0.841667	−0.014333
单指数平滑	0.856	0.846545	−0.009455
双指数平滑	0.856	0.864411	0.008411

就整体预测（拟合）效果而言，可通过残差图进一步对比，如图4-4所示。通过对比残差图易见：残差图形基本正常，双指数平滑法的残差＜单指数平滑法的残差＜移动平均法的残差。可见，双指数平滑法总体预测（拟合）效果最好。

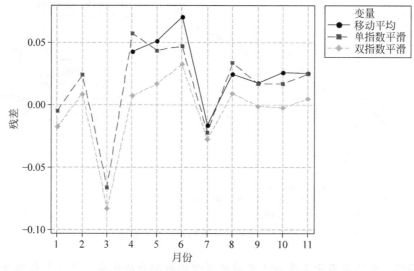

图4-4　不同预测方法的残差对比图

对于上述预测方法，三个准确度度量 MAPE、MAD 和 MSD 如表4-4所列，由于双指数平滑法的这些值较小，因此可以断定此方法对这些数据的拟合更好，这与前面的分析是一致的。

表4-4　不同预测方法的总体预测性能比较

预测方法	平均百分误差 MAPE	平均绝对误差 MAD	平均偏差平方和 MSD
移动平均	4.23127	0.03442	0.00150
单指数平滑	4.17576	0.03261	0.00139
双指数平滑	2.55777	0.01919	0.00087

温馨提示：各种预测方法并无优劣之分，针对不同数据其预测效果亦不同，需要根据具体情况选择合适的方法。即使同一种预测方法，通过调整其平滑参数也可有效提高其预测效果。

实例分析结果表明，采用时间序列分析技术，能充分合理利用历史数据，通过对宏观趋势的掌控和微观波动的刻画，实现对飞机完好率的准确预测，预测误差可控制在5%以内。同时，该方法不仅适用飞机完好率的预测，对其他具有时间序列特性的装备指标或参数同样适用，比如装备故障率、飞行安全事故率、航材备件消耗量等均能实现预测，为装备保障预测提供了科学的方法和手段。

2. 具有季节性特点的时间序列预测

【例 4-2】 2008—2012 年某部某型航材备件消耗量如表 4-5 所列,考虑季节对航材消耗的影响,试用温特方法预测 2013 年 4 个季度该备件的消耗量。

表 4-5 2008—2012 年某型航材备件消耗量统计表

季度 年份	一季度	二季度	三季度	四季度
2008	137	186	274	175
2009	142	198	265	183
2010	131	193	247	169
2011	157	200	283	194
2012	149	214	276	185

【思路与方法】

通过绘制序列图,如图 4-5 所示,可以看出该航材备件消耗量的历史数据呈现明显的季节(周期)特性,因此,可以采用温特方法进行预测。

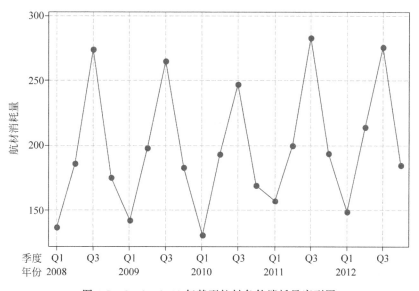

图 4-5 2008—2012 年某型航材备件消耗量序列图

利用 Minitab 软件时间序列分析功能(温特方法)得到如下预测结果(如表 4-6 所列)和预测图(如图 4-6 所示)。

表 4-6 不同预测方法对 12 月份的预测效果比较

时间	预测值	95%正态置信区间	
		下限	上限
2013 年第一季度	153.957	87.539	220.374
2013 年第二季度	210.244	142.786	277.703
2013 年第三季度	281.963	119.392	350.582
2013 年第四季度	189.285	119.39	259.178

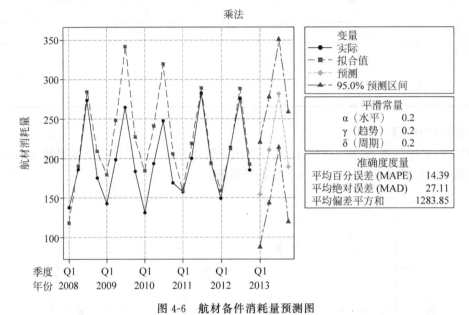

图 4-6 航材备件消耗量预测图

经验分享：适当调整平滑参数：α（水平）、γ（趋势）、δ（周期）的值可以提高预测精度，如图 4-7 所示为调整平滑参数后航材备件消耗量预测图。

【结果分析】

通过其残差图（如图 4-8 和图 4-9 所示），可以看出平滑参数 $\alpha=\gamma=0.5$、$\delta=0.2$ 的残差图比平滑参数 $\alpha=\gamma=\delta=0.2$ 的残差图有明显改善，这说明后者预测精度明显好于前者。

3. 飞机故障率预测应用实例

（1）问题描述。

【例 4-3】 飞机故障率是指在规定的使用和维修保障条件下，一个单位（机型）在一定时限内，故障数与飞行时间的比率。该指标是飞机使用可靠性的指标，用于衡量装备的制造、使用质量，它是分析装备使用规律、设置维修内容、确定维修时机和选定维修方式的基本

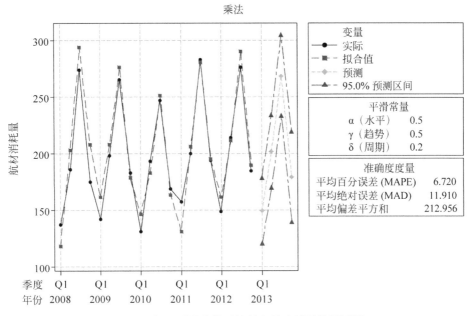

图 4-7 调整平滑参数后航材备件消耗量的预测图

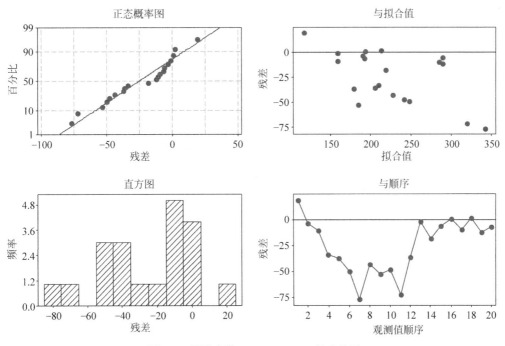

图 4-8 平滑参数 $\alpha=\gamma=\delta=0.2$ 的残差图

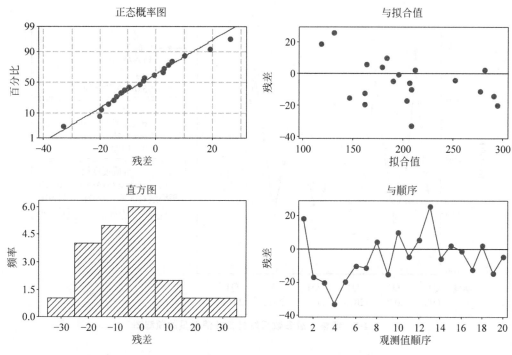

图 4-9 平滑参数 $\alpha=\gamma=0.5, \delta=0.2$ 的残差图

依据。计算公式为

$$飞机故障率 = \frac{飞机故障次数}{飞行时数} \times 100\%$$

统计某部飞机 2015—2018 年连续 48 个月的故障率数据，如表 4-7 所列。选择合适的方法预测 2019 年该机型每月故障率。

表 4-7 某型飞机 2015—2018 年的月故障率数据统计表

月份	飞机故障率/%			
	2015 年	2016 年	2017 年	2018 年
1	37.27	34.58	25.24	27.95
2	30.93	23.75	18.51	20.99
3	22.31	19.02	16.81	15.99
4	28.85	21.88	19.32	17.52
5	29.60	21.69	23.12	21.31
6	44.75	33.33	35.87	26.11
7	55.82	43.43	44.23	40.25
8	31.37	26.13	27.74	21.56
9	28.48	21.36	24.16	17.88

续表

月份	飞机故障率/%			
	2015年	2016年	2017年	2018年
10	30.85	23.99	27.14	19.90
11	26.11	19.61	22.69	16.78
12	48.56	40.27	40.68	27.95

温馨提示：数据应当至少具有4个或5个完整的季节性周期。如果没有足够多的完整周期，可能没有足够的数据来计算季节性指数的合理估计值。

(2) 预测方法选择。

① 基本思路。可以先绘制飞机故障率的时间序列图，根据其序列图的趋势性和季节性(周期性)等特征，初步确定一种或几种预测模型，通过预测精度对比进一步确定预测模型和预测结果。

② 绘制时间序列图。利用 Minitab 软件绘制飞机故障率的时间序列图，如图 4-10 所示。从图中可以看出，连续 48 个月的飞机故障率具有较明显的季节性(周期性)。

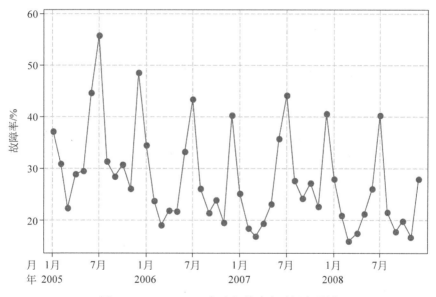

图 4-10　2015—2018 年飞机故障率时间序列图

为了更直观地看出其周期性，可以按年度绘制飞机故障率对比时间序列图，如图 4-11 所示。从图中可以清楚地看出其季节性特征，其季节性周期为 12。

③ 确定预测方法。根据时间序列的季节性特点，可以选择季节性预测模型——温特指数平滑方法，该方法适合具有季节(周期)特性的时间序列数据的拟合和预测。温特指数平滑方法有两种模型：加法模型和乘法模型。

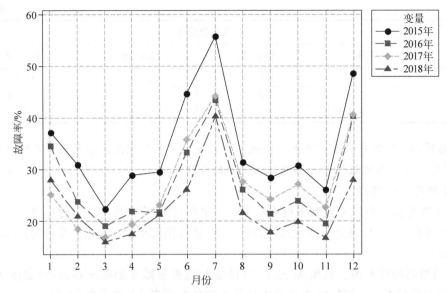

图 4-11　2015—2018 年飞机故障率对比时间序列图

经验分享：应当使用加法模型还是乘法模型？

当数据中季节性模式的量值取决于数据的量值时，选择乘法模型。也就是说，季节性模式的量值随数据值的增大而增大，随数据值的减小而减小。

当数据中的季节性模式的量值不取决于数据的量值时，选择加法模型。也就是说，季节性模式的量值不会随序列的增大或减小而变化。

如果数据中的模式不很明显，并且在加法模型和乘法模型之间进行选择还有困难，则可以尝试使用两种模型，然后选择准确度度量较小的模型。

当数据包含负值时，不应当拟合乘法模型。当既有正数据又有负数据时，负数据的乘法季节性指数是正数据的乘法季节性指数的逆指数。这会导致模型无法拟合数据。

（3）数据拟合与预测。

我们尝试加法模型和乘法模型，然后通过准确度度量指标确定最终预测模型与结果。分别采用两种模型对飞机故障率进行拟合与预测，设置平滑参数 $\alpha=0.3, \gamma=0.3, \delta=0.2$，季节长度为 12，生成预测点数为 12，拟合与预测结果如图 4-12 和图 4-13 所示。

经验分享：适当调整平滑参数 α（水平）、γ（趋势）、δ（季节）的值可以提高预测精度，可以多尝试几次。

（4）预测效果分析。

① 确定模型是否与数据拟合。检查数据拟合图可以确定模型是否与数据拟合。如果拟合值沿着实际数据紧密分布，则说明模型与数据拟合。在图 4-13 和图 4-14 中，拟合值沿着数据紧密分布，这表明模型与数据拟合较好。

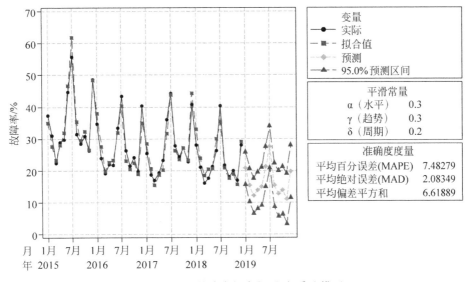

图 4-12 飞机故障率拟合与预测(乘法模型)

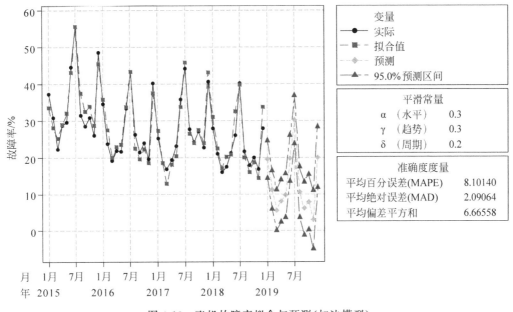

图 4-13 飞机故障率拟合与预测(加法模型)

② 比较不同模型的拟合度。使用准确度度量(MAPE、MAD 和 MSD)可以比较模型与其他时间序列模型的拟合度。对于 3 个统计量,值越小通常表示拟合模型越好。如果单个模型对于所有 3 个统计量没有最低值,则 MAPE 通常是首选度量。本例两种模型的拟合准确度度量指标如表 4-8 所列。

表 4-8 准确度度量指标

预测模型	平均百分比误差 MAPE	平均绝对误差 MAD	平均偏差平方和 MSD
乘法模型	7.48279	2.08349	6.61889
加法模型	8.10140	2.09064	6.66558

根据表 4-8 的准确度度量指标,乘法模型的所有 3 个数值均比加法模型的小。因此,乘法模型的拟合度较好。

经验分享:准确度度量提供预测数据末端外 1 个周期的值可能遇到的准确度表示形式。因此,准确度度量不指示 1 个周期以外的预测准确度。如果要使用该模型进行预测,则不应当仅基于准确度度量做出决策,还应当检查模型的拟合度以确保预测值和模型沿着数据紧密分布,尤其是在序列末端。

③ 确定预测是否准确。检查图中的拟合值及预测值,确定预测值是否有可能准确。拟合值应当沿着数据紧密分布,尤其是在序列末端。在使用季节性模型时,验证时间序列末端的拟合值与实际值是否匹配尤其重要。如果数据末端的季节性模式或趋势与拟合值不匹配,则说明预测值可能不够准确。在这种情况下,请收集更多的数据,以便模型可以适应季节性模式或趋势的改变。如果模型与序列末端的数据相拟合,通常可以安全地预测至少一个完整的季节性周期。

在图 4-14 中,拟合值沿着数据紧密分布,季节性模式和趋势在数据末端稳定。这说明,下一年的预测值可能准确。

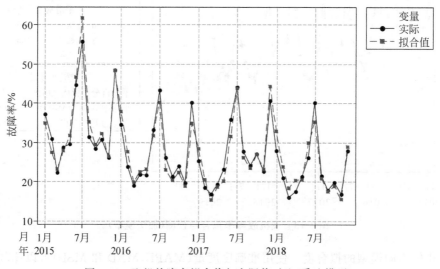

图 4-14 飞机故障率拟合值与实际值对比(乘法模型)

④ 残差诊断。可以利用残差图进一步诊断预测效果,我们在预测时选择同时显示"四合一"残差图,如图 4-15 和图 4-16 所示。

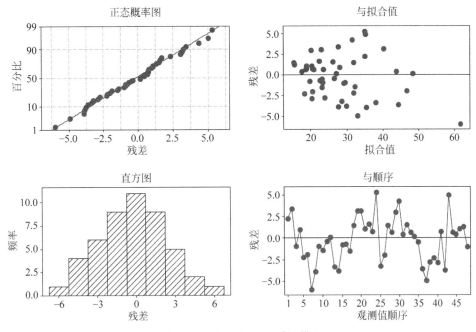

图 4-15 四合一残差图(乘法模型)

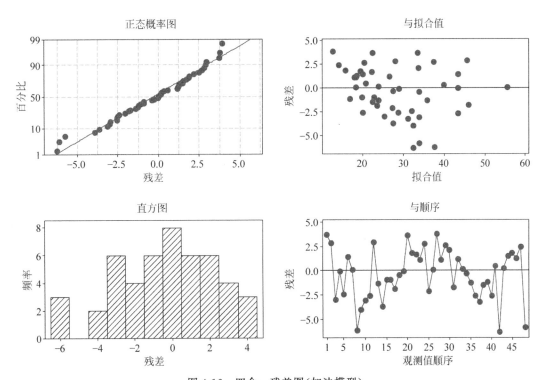

图 4-16 四合一残差图(加法模型)

温馨提示：

残差的正态图：显示残差的正态概率图。使用残差的正态图可以确定残差是否呈正态分布。但是，残差呈正态分布并不是该分析必须满足的假设。

残差的直方图：显示残差的形状和散布。使用残差直方图可以确定数据是否偏斜或者数据中是否存在异常值。

残差与拟合值：显示残差与拟合值的关系。使用残差与拟合值的关系图可以确定残差是否不偏斜且具有恒定的方差。

残差与顺序：显示残差与数据顺序的关系。每个数据点的行号均显示在 x 轴上。使用残差与数据顺序的关系图可以查看在观测期间内，拟合值相对于观测值的准确度。

比较图 4-16 和图 4-17，可以直观地看出残差分布情况，进一步说明了针对本例的预测，乘法模型优于加法模型。

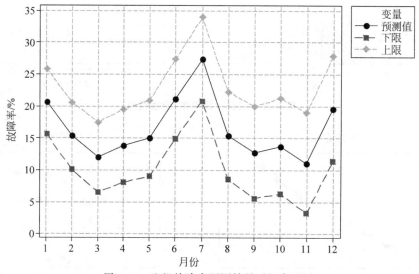

图 4-17　飞机故障率预测结果时间序列图

（5）预测结果。

经过上述分析与诊断，我们选择温特指数平滑方法的乘法模型对 2019 年飞机故障率进行预测，预测结果如表 4-9 所列，预测结果的时间序列图如图 4-17 所示。

表 4-9　飞机故障率预测结果

月份	预测值	95%的置信区间	
		下限	上限
1	20.7287	15.6242	25.8331
2	15.3236	10.0362	20.6110
3	11.9829	6.4840	17.4819

续表

月份	预测值	95%的置信区间	
		下限	上限
4	13.7750	8.0391	19.5108
5	14.9762	8.9810	20.9714
6	21.1462	14.8721	27.4204
7	27.4137	20.8435	33.9839
8	15.4164	8.5352	22.2975
9	12.7805	5.5753	19.9856
10	13.7439	6.2036	21.2843
11	11.0938	3.2083	18.9793
12	19.6172	11.3779	27.8564

4.2 ARIMA 模型

ARIMA 模型由美国统计学家 Box 和 Jenkins 提出，也称为 BJ 模型。该模型适合差分平稳序列，该序列实际上是差分运算和 ARMA 模型的组合。ARIMA 模型是时间序列分析中的重要模型之一，并广泛用于各个领域。ARIMA 模型的特征在于它能够基于数据序列建立线性数据相互依赖的模型，并能够反映序列中数据与历史数据之间的本质联系。同时，仅对噪声进行分析和处理，而使白噪声数据与历史数据无关，使其成为线性模型的最佳预测。另外，它还可以处理随机干扰问题。

4.2.1 ARIMA 的数学模型

ARIMA 模型源自自回归模型(AR)、移动平均模型(MA)以及 AR 和 MA 的组合。当时间序列稳定时可以使用 ARMA 模型。时间序列通常呈现上升或下降趋势，这样的序列是非平稳的。非平稳序列可以通过允许将数据序列与平稳序列进行差分来建模。时间序列通常包含周期性特征(季节性影响)，通常使用季节性差异来消除季节性影响。这些类型的模型称为季节性 ARIMA 模型。因此，ARIMA 模型具有两种通用形式：非季节性 ARIMA 模型和季节性 ARIMA 模型。ARIMA 模型基本建模思想和建模步骤可归纳如下：

(1) 通过差异化使非平稳过程成为平稳过程；
(2) 建立合适的模型来描述平稳过程；
(3) 使用构建的模型预测未来价值。

1. 非季节性 ARIMA 模型

非季节性 ARIMA 模型通常表示为 ARIMA(p,d,q)，其中，d 是差分的阶数(时间序列成为平稳时所做的差分次数),p,q是自回归与滑动平均的阶数。

设$\{X_t:1\leqslant t\leqslant n\}$为非平稳随机时间序列,则 ARIMA 模型的一般形式为

$$\nabla^d X_t = \frac{\theta(B)}{\phi(B)}\varepsilon_t \tag{4-21}$$

其中,

$$\phi(B) = 1 - \phi_1 B - \phi_2 B^2 - \cdots - \phi_p B^p$$
$$\theta(B) = 1 - \theta_1 B - \theta_2 B^2 - \cdots - \theta_q B^q$$

式中,B 为一步延迟算子,即 $BX_t = X_{t-1}$;∇ 为差分算子,即 $\nabla = 1 - B$,故 $\nabla X_t = (1-B)X_t$,$\nabla^d X_t = (1-B)^d X_t$,$d \geqslant 0$,$|B| \leqslant 1$;$\varepsilon_t$ 是白噪声序列,$E(\varepsilon_t)=0$,$\mathrm{var}(\varepsilon_t)=0$。

2. 季节性 ARIMA 模型

季节性 ARIMA(SARIMA)模型是在 ARIMA 模型基础上发展起来的,用于具有周期性变化的序列的建模。SARIMA 模型通常表示为 $\mathrm{ARIMA}(p,d,q)\times(P,D,Q)_S$,其中,$P$ 是季节自回归(SAR)阶数;D 是季节性差分的阶数;Q 是季节性移动平均(SMA)的阶数;S 是季节周期的长度。

设 $\{X_t:1\leqslant t\leqslant n\}$ 为季节性时间序列,则 SARIMA 模型的一般形式为

$$\nabla^d \nabla_S^D X_t = \frac{\theta(B)\Theta(B^S)}{\phi(B)\Phi(B^S)}\varepsilon_t \tag{4-22}$$

其中,

$$\Phi(B^S) = 1 - \Phi_1 B^S - \Phi_2 B^{2S} - \cdots - \Phi_P B^{PS}$$
$$\Theta(B^S) = 1 - \Theta_1 B^S - \Theta_2 B^{2S} - \cdots - \Theta_Q B^{QS}$$

式中,$\phi(B)$ 与 $\Phi(B^S)$ 分别表示非季节性与季节性自回归多项式;$\theta(B)$ 与 $\Theta(B^S)$ 是非季节性与季节性滑动平均多项式,它们的根都在单位圆外;ε_t 是白噪声序列。实际应用中,D 很少大于 1,而 P 和 Q 一般小于 3。

4.2.2 ARIMA 的建模过程

由于 ARIMA 模型仅针对差分后能平稳,且能建立平稳的 ARMA 模型的随机序列,因此建模的第一步是看序列经过有限阶差分后能否变平稳,若通过差分运算对序列平稳化之后,再进行相应的模型识别、参数估计、模型检验,以及模型预测方法等。ARIMA 模型的建模流程如图 4-18 所示。

1. 平稳性检验

检验时间序列的平稳性,即确定 d、D 的大小,最直观的识别方法是自相关图法。如果自相关系数迅速趋于零,即自相关系数具有截尾性,则时间序列为平稳时间序列;如果时间

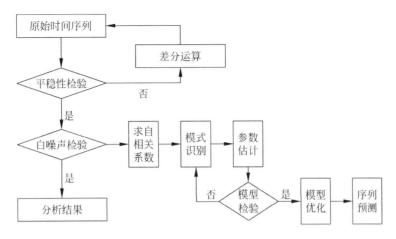

图 4-18　ARIMA 模型建模流程图

序列存在一定的趋势性,则需要对原序列进行差分处理,差分后还需要通过 ADF 检验验证序列是否已经平稳化。如果时间序列存在异方差性,则需先对数据进行对数转换。

2. 参数估计

根据可逆性条件,可以将 $\varepsilon_i(i=1,2,\cdots,m)$ 转化成 $X_{t-i},X_{t-i-1},\cdots$ 的线性组合,因此 ε 是包含了参数 φ、θ 的函数,需使用非线性最小二乘法来求解。

令 $f_i(X_t,\beta) = \sum_{i=1}^{p}\varphi_i X_{t-i} - \sum_{j=1}^{q}\theta_j \varepsilon_{t-j}$。

$$\varepsilon^* = X_t - f_t(X_t,\beta)$$
$$\beta = (\varphi_1,\varphi_2,\cdots,\varphi_p,\theta_1,\theta_2,\cdots,\theta_q)$$
$$Q = \sum_{t=p+1}^{N} \varepsilon_i^{*2}$$
$$\beta_{k+1} = \beta_k + (\boldsymbol{A}^\mathrm{T}\boldsymbol{A})^{-1}\boldsymbol{A}^\mathrm{T}\boldsymbol{\varepsilon}^*$$

式中,ε^* 为残差向量;β 为待估参数;Q 为残差平方和;β_k 为第 k 次参数计算结果。

$$\boldsymbol{A} = \begin{pmatrix} \dfrac{\partial f_{p+1}}{\partial \beta_1} & \dfrac{\partial f_{p+1}}{\partial \beta_2} & \cdots & \dfrac{\partial f_{p+1}}{\partial \beta_m} \\ \dfrac{\partial f_{p+2}}{\partial \beta_1} & \dfrac{\partial f_{p+2}}{\partial \beta_2} & \cdots & \dfrac{\partial f_{p+2}}{\partial \beta_m} \\ \vdots & \vdots & & \vdots \\ \dfrac{\partial f_N}{\partial \beta_1} & \dfrac{\partial f_N}{\partial \beta_2} & \cdots & \dfrac{\partial f_N}{\partial \beta_m} \end{pmatrix}, m = p+q$$

$\boldsymbol{A}$ 中的各元素可由下式计算得到

$$\begin{cases} \dfrac{\partial f_k}{\partial \varphi_i} = X_{k-i} - \sum_{i=1}^{p} \theta_i \dfrac{\partial \varepsilon_{k-i}}{\partial \varphi_i} \\ \dfrac{\partial f_k}{\partial \theta_j} = \varepsilon_{k-j} - \sum_{j=1}^{q} \theta_j \dfrac{\partial \varepsilon_{k-j}}{\partial \theta_j} \end{cases}$$

实际计算时,需要设置一个合适的迭代阈值 δ,$\beta_{k+1} - \beta_k < \delta$,例如可取 $\delta = 10^{-4}$。

3. 模型识别

模型识别即确定相应 ARIMA 模型的阶数 p、q、P、Q 的取值。在这个过程中,绘制样本的自相关函数(ACF)图和偏自相关函数(PACF)图,然后观察时间序列样本的自相关系数和偏相关系数的特征,从而确定 ARIMA 模型的阶数,然后通过 AIC、SC 等准则,确定最合适的模型阶数,AIC 值和 SC 值都是越小越好。ARIMA 模型阶数的判断标准如表 4-10 所列。

表 4-10 ARIMA 模型的定阶准则

自相关系数 ACF	偏相关系数 PACF	模型
拖尾	p 阶截尾	AR(p)
q 阶截尾	拖尾	MA(q)
拖尾	拖尾	ARMA(p,q)

而对于 SARIMA 模型,除了使用低阶 ARIMA 模型提取短期相关效应外,还要使用以周期为步长的 ARIMA 模型提取季节效应。

通过计算预处理时间序列的 ACF 和 PACF 来识别模型 $\{X_t\}$。

自相关函数(ACF) $\hat{\rho}_t$ 计算公式为

$$\hat{\rho}_t = \dfrac{\sum_{t=1}^{n-k}(X_t - \overline{X})(X_{t+k} - \overline{X})}{\sum_{t=1}^{n}(X_t - \overline{X})^2} \tag{4-23}$$

式中,$\overline{X} = \dfrac{1}{n} \sum_{t=1}^{n} X_t$。

偏自相关函数(PACF) $\hat{\varphi}_{k,k}$ 计算公式为

$$\hat{\varphi}_{k,k} = \begin{cases} \hat{\rho}_1, & k=1 \\ \dfrac{\hat{\rho}_k - \sum_{j=1}^{k-1} \hat{\rho}_{k-j} \hat{\varphi}_{k-1,j}}{1 - \sum_{j=1}^{k-1} \hat{\rho}_{k-j} \hat{\varphi}_{k-1,j}}, & k=2,3,\cdots \end{cases} \tag{4-24}$$

式中,$\hat{\varphi}_{k,j} = \hat{\varphi}_{k-1,j} - \hat{\varphi}_{k,k}\hat{\varphi}_{k-1,k-j}$,$j = 1,2,\cdots,k$。

根据以上计算结果和表 4-10 中模型识别的标准,可以确定时间序列的模型$\{X_t\}$。

4. 模型定阶

模型阶数通常由 AIC(Akaike 信息准则)准则或 BIC 准则确定,这反映了模型拟合的优劣。该模型的 AIC 阶数函数为

$$\text{AIC}(p,q) = \ln\sigma_\varepsilon^2 + \frac{2(p+q+1)}{n} = \min \tag{4-25}$$

式中,n 是样本容量,即观察值的总数;σ_ε^2 是残差方差。

同样,该模型的 BIC 阶数函数为

$$\text{BIC}(p,q) = \ln\sigma_\varepsilon^2 + \frac{\ln(n)(p+q+1)}{n} = \min \tag{4-26}$$

5. 模型拟合

在确定模型的阶数后,需要对模型中的参数进行估计,这一步常用的方法是最小二乘法,在实际的应用中,可通过统计分析软件求得拟合值。

6. 模型诊断

为保证模型的有效性,需要对模型进行残差的白噪声检验。残差的 LB 统计量近似服从自由度为 m 的卡方分布,若统计量的 P 值大于显著性水平,可认为残差序列是纯随机序列,说明信息已被模型完全提取;反之则说明有些信息未能被提取,模型还需改进。为了保证模型的精简性,还要对参数的显著性进行检验,剔除不显著为零的参数。

4.2.3 应用实例

1. 问题描述

【例 4-4】 2009—2020 年某型飞机故障率统计如表 4-11 所列,考虑到飞机故障率的季节性影响,采用 SARIMA 模型预测 2021 年 12 个月的飞机故障率。

表 4-11 2009—2020 年某型飞机故障率统计表 (单位:%)

	2009	2010	2011	2012	2013	2014	2015	2016	2017	2018	2019	2020
1月	23.37	17.1	21.09	16.53	9.69	12.54	13.68	9.69	9.12	11.97	10.26	10.26
2月	25.65	19.38	17.67	13.68	11.4	14.25	10.83	18.24	13.11	16.53	10.83	14.25
3月	31.35	27.93	14.25	26.79	19.38	14.82	11.97	15.39	14.25	15.39	21.09	14.82

续表

	2009	2010	2011	2012	2013	2014	2015	2016	2017	2018	2019	2020
4月	21.66	25.65	22.8	29.07	22.8	18.81	25.65	17.1	17.67	23.94	25.08	10.26
5月	27.36	22.8	23.37	22.8	24.51	16.53	18.81	19.38	19.95	22.23	21.66	21.09
6月	31.92	32.49	26.22	42.75	28.5	24.51	19.38	21.66	25.65	23.37	31.92	21.09
7月	35.91	35.91	25.08	43.89	31.35	23.94	23.37	28.5	32.49	26.22	32.49	27.93
8月	33.63	40.47	23.94	35.91	28.5	23.94	32.49	27.36	28.5	33.06	29.07	29.07
9月	49.59	45.6	29.07	30.21	30.78	22.23	27.36	27.93	26.22	25.08	31.92	21.09
10月	30.21	29.64	26.22	32.49	21.66	22.23	28.5	19.95	27.36	34.77	27.36	30.78
11月	32.49	28.5	25.08	27.36	13.68	14.25	15.96	14.25	11.97	19.95	14.25	17.1
12月	32.49	26.79	22.8	15.39	11.4	12.54	16.53	13.68	7.98	10.83	8.55	10.26

2. 问题分析

分别绘制飞机故障率的时间序列图(如图 4-19 所示)和滞后 12 的差分图(如图 4-20 所示)。从图 4-19 可以看出有明显的季节特点(12 个月的周期),整个序列有均值不断下降的非平稳趋势。从图 4-20 可以看出,没有明显的非平稳趋势。

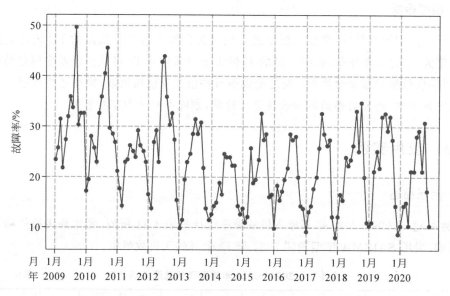

图 4-19 2009—2020 年某型飞机故障率时间序列图

对于滞后 12 绘制其 ACF 和 PACF 图,如图 4-21、图 4-22 所示。从图中可以看出,不仅在 12、24 等 12 整数倍处有凸峰,在 1、13 处也有凸峰。因此不能看成是单纯的周期变化。

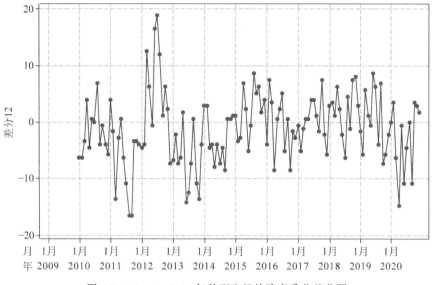

图 4-20　2009—2020 年某型飞机故障率季节差分图

ACF 在 1 处有截尾，PACF 在 $1,13,\cdots$ 处有拖尾。可见，滞后 12 的差分应属于 MA(1) 模型。综合考虑这些情况，这是在单纯季节模型 SARIMA(0,1,1) 的基础上再加上一个模型 MA(1)，即 SARIMA$(0,1,1)\times(0,1,1)_{12}$。

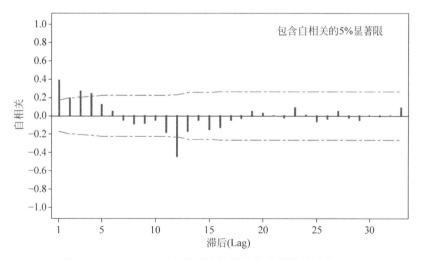

图 4-21　2009—2020 年某型飞机故障率季节差分后的 ACF

3. 预测结果

根据以上分析，本例采用模型 SARIMA$(0,1,1)\times(0,1,1)_{12}$ 对 2021 年某型飞机故障

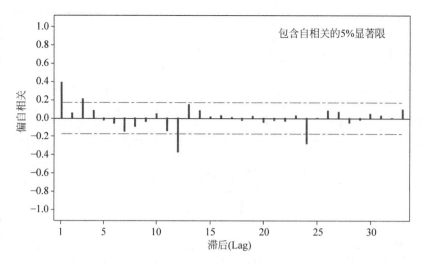

图 4-22　2009—2020 年某型飞机故障率季节差分后的 PACF

率进行预测。图 4-23 显示了飞机故障率的实际值和拟合值之间的比较。图 4-24 显示了飞机故障率的实际值和预测值之间的比较。

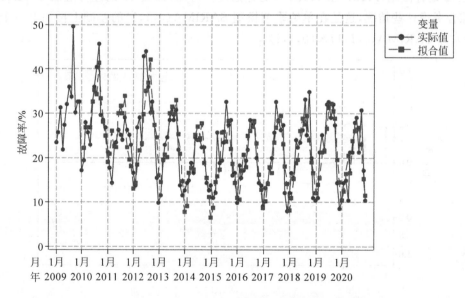

图 4-23　2009—2020 年某型飞机故障率拟合结果

参数估计结果如表 4-12 所列,根据参数估计结果可以得到最终计算模型为

$$\nabla \nabla_{12} X_t = \varepsilon_t - 0.8296\varepsilon_{t-12} - 0.7523(\varepsilon_{t-1} - 0.8296\varepsilon_{t-13})$$

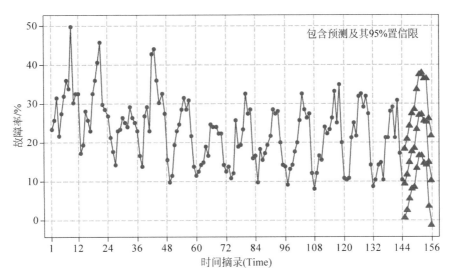

图 4-24 某型飞机故障率预测结果

表 4-12 参数估计结果

类型	系数	系数标准误	T	P
MA	0.7523	0.0564	13.33	0.000
SMA 12	0.8296	0.0617	13.45	0.000

2021 年各月飞机故障率预测值和范围如表 4-13 所列。

表 4-13 2021 年各月飞机故障率预测值和范围

月份	预测值	95% 正态区间	
		下限	上限
1	9.373186	0.502873	18.2435
2	11.71845	2.580081	20.85682
3	14.7899	5.391117	24.18869
4	17.60787	7.95569	27.26004
5	18.41667	8.517592	28.31576
6	23.38289	13.24291	33.52287
7	26.97771	16.60243	37.353
8	27.12389	16.51852	37.72926
9	25.51119	14.68062	36.34176
10	25.1807	14.12952	36.23188
11	14.83935	3.571881	26.10683
12	10.22169	−1.258	21.70138

4. 预测效果分析

分析拟合结果首先是看残差的 ACF 和 PACF 是否几乎全部为 0。从图 4-25 和图 4-26 中可以看出,残差的 ACF 和 PACF 几乎全部落入界内,可以认为残差已经达到白噪声状态,模型与数据拟合较好。

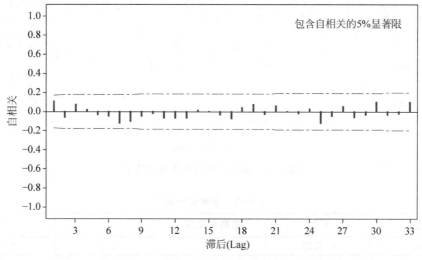

图 4-25 某型飞机故障率残差的 ACF

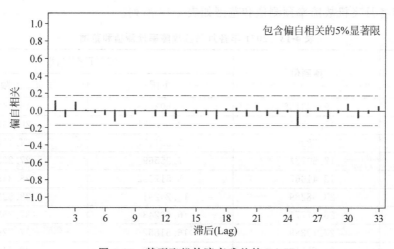

图 4-26 某型飞机故障率残差的 PACF

5. 残差诊断

可以利用残差图进一步诊断预测效果,某型飞机故障率"四合一"残差图如图 4-27 所示。残差的正态图：显示残差的正态概率图。使用残差的正态图可以确定残差是否呈正态分布。但是，残差呈正态分布并不是该分析必须满足的假设。残差的直方图：显示残差的形状和散布。使用残差直方图可以确定数据是否偏斜或者数据中是否存在异常值。残差与拟合值：显示残差与拟合值的关系。使用残差与拟合值的关系图可以确定残差是否不偏斜且具有恒定的方差。残差与顺序：显示残差与数据顺序的关系。每个数据点的行号均显示在 x 轴上。使用残差与数据顺序的关系图可以查看在观测期间内，拟合值相对于观测值的准确度。

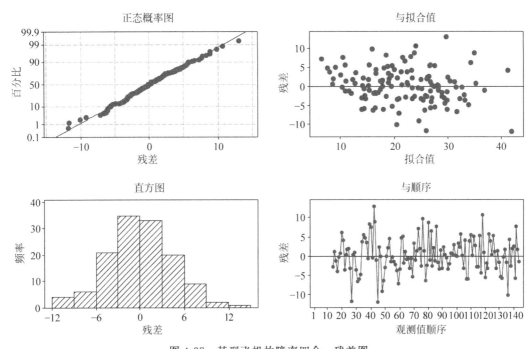

图 4-27　某型飞机故障率四合一残差图

孔子
（前551—前479）

易则易知，简则易从。

易知则有亲，易从则有功。

——《周易·系辞上》

第5章 装备保障多因素分析理论与应用

多因素分析是运用统计分析等技术来研究解决多指标（或称因素、变量）问题的理论和方法，即分析影响某一事物的因素有哪些、影响的方向程度如何以及影响的各因素之间的相互作用等。装备保障过程中所涉及的因素非常多，包括装备信息、备件信息、故障信息、维修设施设备信息、维修人员信息等，如何从纷繁芜杂的数据中提取有价值的知识，为装备管理指挥人员筹划和组织装备维修保障行动提供及时、可靠的信息支持，是多因素分析方法面对的首要问题。本章主要介绍在装备保障中使用频率较高的几种多因素分析方法，主要包括主成分分析、因子分析、聚类分析等。

5.1 多因素分析概述

多因素分析（亦称多变量分析或多元分析，Multivariate Analysis）是统计学中的一个重要分支，是单变量统计分析的发展和推广，主要探究多维数据的内在规律性，如多维随机变量间的相互依赖关系、结构关系等。目前，多因素分析和人工智能、大数据技术相结合，应用范围广泛，已经在经济、军事、教育、医学、金融、天文、环境科学、信息安全等方面得到成功应用。

5.1.1 多因素分析的基本思想

多因素分析的研究对象是多个变量（多维数据），因此其基本方法大多需要涉及矩阵工具,用矩阵能简明描述多因素(变量)模型,而且在计算机上容易实现。通常将一个现象或事物的特征用 $p(p \geqslant 1)$ 个变量进行记录,p 个变量有 n 个测量值,出现的多维数据可以用 n 行 p 列的矩阵来表示

$$X = \begin{bmatrix} x_{11} & x_{12} & \cdots & x_{1p} \\ x_{21} & x_{22} & \cdots & x_{2p} \\ \vdots & \vdots & & \vdots \\ x_{n1} & x_{n2} & \cdots & x_{np} \end{bmatrix} \tag{5-1}$$

多因素分析以正态分布为前提假设,研究多元随机变量彼此之间的相互依赖关系及变量自身的统计规律,多元正态总体的分布由两组参数决定,即均值向量和协方差矩阵,这两个参数也是在各种多因素分析问题中常用的统计量。

5.1.2 多因素分析方法的应用

多因素分析包含简化数据结构、分类与判别问题、处理变量间相互关系、推断多数据的统计等主要内容。其中,多元方差分析、多元回归分析和协方差分析称为线性模型方法,用来研究确定自变量与因变量之间的关系,判别分析和聚类分析用以研究对事物的分类,主成分分析、典型相关分析和因子分析研究如何用较少的综合因素代替数量较多的原始变量。多因素分析方法根据研究问题的角度可以分为不同的几类,对应一些具体的解决问题的方法,如表 5-1 所列。

表 5-1 多因素分析方法和研究目的之间的关系

问 题	内 容	方 法
数据或结构性化简	尽可能简单地表示所研究的现象,但不损失很多有用的信息,并希望这种表示能够很容易解释	多元回归分析、聚类分析、主成分分析、因子分析、多维标度法、可视化分析
分类和组合	基于所测量到的一些特征,给出好的分组方法,对相似的对象或变量分组	判别分析、聚类分析、主成分分析、可视化分析
变量之间的相关关系	变量之间是否存在相关关系,相关关系又是怎样体现	多元回归、相关分析、主成分分析、因子分析、对应分析、多维标度法、可视化分析
预测与决策	通过统计模型或最优准则,对未来进行预见或判断	多元回归、判别分析、聚类分析、可视化分析
假设的提出及检验	检验由多元总体参数表示的某种统计假设	多元总体参数估计、假设检验

5.2 主成分分析

在数据分析实际问题中,我们经常会遇到研究多个变量的问题,而且多数情况下,变量之间常常存在一定的相关性,由于变量个数较多再加上变量之间的相关性,势必增加了分析问题的复杂性。从统计分析和解决问题的角度来说,希望将问题简化,将多个变量综合为少数几个变量,能大体上反映全部变量的信息即可,并且在新的综合变量基础上可以进一步地统计分析,这时就可以利用主成分分析解决这类问题。

5.2.1 主成分分析简介

1. 主成分分析的概念

主成分分析(Principle Component Analysis,PCA)是采取一种数学降维的方法,找出几个综合变量来代替原来众多的变量,使这些综合变量能尽可能地代表原来变量的信息量,而且彼此之间互不相关。这种将多个变量转化为少数几个互相无关的综合变量的统计分析方法叫作主成分分析或主分量分析。

通过主成分分析,可以从事物之间错综复杂的关系中找出一些主要成分,从而能有效利用大量统计数据进行定量分析,揭示变量之间的内在关系,得到对事物特征及其发展规律的一些深层次的启发,把研究工作引向深入。

2. 主成分分析的基本思想

唐代伟大的现实主义诗人杜甫《前出塞》中有一句诗,"射人先射马,擒贼先擒王。"比喻解决问题要抓主要矛盾。主成分分析的核心思想就是抓问题的主要矛盾。主成分分析是利用降维简化的思想,在损失很少信息的前提下把多个指标转化为几个综合指标的方法。通常把转化生成的综合指标称为主成分,其中每个主成分都是原始变量的线性组合,且各个主成分之间互不相关,这就使得主成分具有某些比原始变量更优越的性能。这样在研究复杂问题时就可以只考虑少数几个主成分而不至于损失太多信息,从而更容易抓住主要矛盾,揭示事物内部变量之间的规律性,同时使问题得到简化,提高分析效率。

在对某一事物进行实证研究时,为了更全面、准确地反映事物的特征及其发展规律,人们往往要考虑与它有关系的多个指标,这些指标在多元统计中也称为变量。这样就产生了如下问题:一方面,人们为了避免遗漏重要的信息而考虑尽可能多的指标;另一方面,随着考虑指标的增多增加了问题的复杂性,同时由于各指标均是对同一事物的反映,不可避免地造成信息的大量重叠,这种信息的重叠有时甚至会抹杀事物的真正特征与内在规律。基于上述问题,人们希望在定量研究中涉及的变量较少,而得到的信息量又较多。主成分分析正是研究如何通过原始变量的少数几个线性组合来解释原始变量绝大多数信息的一种多元统计方法。

既然研究某一问题涉及的众多变量之间有一定的相关性,就必然存在起支配作用的共同因素,根据这一点,通过对原始变量相关矩阵或协方差矩阵内部结构关系的研究,利用原始变量的线性组合形成几个综合指标(主成分)。在保留原始变量主要信息的前提下起到降维与简化问题的作用,使得在研究复杂问题时更容易抓住主要矛盾。一般地,利用主成分分析得到的主成分与原始变量之间有如下基本关系:

(1) 每一个主成分都是各原始变量的线性组合。
(2) 主成分的数目大大少于原始变量的数目。
(3) 主成分保留了原始变量绝大多数信息。
(4) 各主成分之间互不相关。

5.2.2 主成分分析的数学模型

主成分分析是将原有多个相关性较强的变量重新组合,生成少数几个彼此不相关的新变量,并尽可能多地提取原始变量的信息。假设研究对象是 n 个样品,每个样品有 p 个指标变量($n>p$),则原始数据可以整理为 $n\times p$ 的矩阵

$$\boldsymbol{X}=\begin{bmatrix} x_{11} & x_{12} & \cdots & x_{1p} \\ x_{21} & x_{22} & \cdots & x_{2p} \\ \vdots & \vdots & & \vdots \\ x_{n1} & x_{n2} & \cdots & x_{np} \end{bmatrix}=(\boldsymbol{X}_1,\boldsymbol{X}_2,\cdots,\boldsymbol{X}_p) \tag{5-2}$$

其中,$\boldsymbol{X}_j=\begin{bmatrix} x_{1j} \\ x_{2j} \\ \vdots \\ x_{nj} \end{bmatrix},j=1,2,\cdots,p$。

主成分分析将 p 个指标变量综合成为 p 个新的变量(综合变量),即用矩阵 $\boldsymbol{X}$ 的 p 个向量作线性组合

$$\begin{cases} \boldsymbol{Y}_1=a_{11}\boldsymbol{X}_1+a_{12}\boldsymbol{X}_2+\cdots+a_{1p}\boldsymbol{X}_p \\ \boldsymbol{Y}_2=a_{21}\boldsymbol{X}_1+a_{22}\boldsymbol{X}_2+\cdots+a_{2p}\boldsymbol{X}_p \\ \vdots \\ \boldsymbol{Y}_p=a_{p1}\boldsymbol{X}_1+a_{p2}\boldsymbol{X}_2+\cdots+a_{pp}\boldsymbol{X}_p \end{cases} \tag{5-3}$$

简写为

$$\boldsymbol{Y}_j=a_{j1}\boldsymbol{X}_1+a_{j2}\boldsymbol{X}_2+\cdots+a_{jp}\boldsymbol{X}_p,\quad j=1,2,\cdots,p \tag{5-4}$$

要求模型满足以下条件：

(1) Y_i 与 $Y_j (i \neq j; i,j = 1,2,\cdots,p)$ 不相关，即

$$\operatorname{cov}(Y_i, Y_j) = 0 \quad (i \neq j; i,j = 1,2,\cdots,p) \tag{5-5}$$

(2) $Y_1, Y_2, \cdots, Y_p$ 的方差递减，即

$$\operatorname{var}(Y_1) \geqslant \operatorname{var}(Y_2) \geqslant \cdots \geqslant \operatorname{var}(Y_p) \geqslant 0 \tag{5-6}$$

(3) 系数向量为单位向量，即

$$\boldsymbol{a}_k \boldsymbol{a}_k^{\mathrm{T}} = a_{k1}^2 + a_{k2}^2 + \cdots + a_{kp}^2 = 1 \quad (k = 1,2,\cdots,p) \tag{5-7}$$

称变量 $Y_1, Y_2, \cdots, Y_p$ 分别是原始变量的第 1 个，第 2 个，…，第 p 个主成分。

上述模型可以表示为矩阵形式

$$\boldsymbol{Y} = \boldsymbol{A}\boldsymbol{X} \tag{5-8}$$

式中，$\boldsymbol{Y} = \begin{bmatrix} Y_1 \\ Y_2 \\ \vdots \\ Y_p \end{bmatrix}, \boldsymbol{X} = \begin{bmatrix} X_1 \\ X_2 \\ \vdots \\ X_p \end{bmatrix}, \boldsymbol{A} = \begin{bmatrix} a_{11} & a_{12} & \cdots & a_{1p} \\ a_{21} & a_{22} & \cdots & a_{2p} \\ \vdots & \vdots & & \vdots \\ a_{p1} & a_{p2} & \cdots & a_{pp} \end{bmatrix}$，$\boldsymbol{A}$ 称为主成分系数矩阵。

5.2.3 主成分分析的计算步骤

1. 标准化原数据

对指标数据进行标准化处理，从而使计量单位不同、量纲不统一的指标转化为可以进行进一步测评的标准化数据。使用 Z-Score 变换标准化数据

$$z_{ij} = \frac{x_{ij} - \overline{X}_j}{s_j}, \quad i = 1,2,\cdots,n; j = 1,2,\cdots,p \tag{5-9}$$

式中，$\overline{X}_j = \frac{1}{n}\sum_{i=1}^{n} x_{ij}, s_j = \sqrt{\frac{1}{n-1}\sum_{i=1}^{n}(x_{ij} - \overline{x}_j)^2}, j = 1,2,\cdots,p$。$\overline{x}_j$ 和 s_j 分别是第 j 个变量的平均值和标准差。

得到的标准化矩阵为

$$\boldsymbol{Z} = (z_{ij})_{n \times p} = \begin{bmatrix} z_{11} & z_{12} & \cdots & z_{1p} \\ z_{21} & z_{22} & \cdots & z_{2p} \\ \vdots & \vdots & & \vdots \\ z_{n1} & z_{n2} & \cdots & z_{np} \end{bmatrix} \tag{5-10}$$

2. 计算相关系数矩阵

单一灵活性指标间可能存在一定的相关性，使数据存在一定的信息重叠，应用相关系数

矩阵可充分反映灵活性指标间的相关性,这也是降维的首要条件。

计算标准化矩阵的相关矩阵 $\boldsymbol{R}$

$$\boldsymbol{R} = \begin{bmatrix} r_{11} & r_{12} & \cdots & r_{1p} \\ r_{21} & r_{22} & \cdots & r_{2p} \\ \vdots & \vdots & & \vdots \\ r_{p1} & r_{p2} & \cdots & r_{pp} \end{bmatrix} = (r_{ij})_{p \times p} = \frac{\boldsymbol{Z}^{\mathrm{T}}\boldsymbol{Z}}{n-1} \tag{5-11}$$

式中,$r_{ij} = \dfrac{1}{n-1}\sum\limits_{k=1}^{n} z_{ki} z_{kj}$,$i,j = 1,2,\cdots,p$。

3. 计算特征值和特征向量

解相关系数矩阵 $\boldsymbol{R}$ 的特征方程

$$|\boldsymbol{R} - \lambda \boldsymbol{I}| = 0 \tag{5-12}$$

式中,$\boldsymbol{I}$ 是 p 阶单位矩阵。求出特征根,并按大小顺序排列,即 $\lambda_1 \geqslant \lambda_2 \geqslant \cdots \geqslant \lambda_p > 0$,因相关系数矩阵 $\boldsymbol{R}$ 为正定矩阵,故其特征根均为正。

然后分别求出特征值 λ_i 和对应的特征向量 $\boldsymbol{e}_i$,即求解如下方程

$$[\lambda_i \boldsymbol{I} - \boldsymbol{R}] \boldsymbol{e}_i = \boldsymbol{0} \tag{5-13}$$

式中,$\boldsymbol{R}$ 是相关系数矩阵;$\boldsymbol{I}$ 是 p 阶单位矩阵;$\boldsymbol{e}_i = [e_i(1), e_i(2), \cdots, e_i(n)]^{\mathrm{T}}$。

通常采用 Jacobi 方法求得 p 个特征根 $\lambda_1, \lambda_2, \cdots, \lambda_p$($\lambda_1 \geqslant \lambda_2 \geqslant \cdots \geqslant \lambda_p > 0$),以及对应的单位正交特征向量 $\boldsymbol{e}_i = (e_{i1}, e_{i2}, \cdots, e_{ip})^{\mathrm{T}}$,$i = 1, 2, \cdots, p$,也就是要求 $\|\boldsymbol{e}_i\| = 1$,即 $\sum\limits_{j=1}^{n} e_{ij}^2 = 1$,其中,$e_{ij}$ 表示向量 $\boldsymbol{e}_i$ 第 j 个分量。

4. 计算主成分贡献率以确定主成分数

某个主成分的贡献率是指这个主成分的方差在总方差中所占的比例,实际也就是某个特征值占全部特征值合计的比例。根据特征值,得第 k 个主成分 $\boldsymbol{Y}_k$ 的贡献率为

$$\alpha_k = \frac{\lambda_k}{\sum\limits_{i=1}^{p} \lambda_i}, \quad i = 1, 2, \cdots, p \tag{5-14}$$

贡献率越大,说明该主成分所包含的原始变量的信息越强。

前 m 个主成分 $\boldsymbol{Y}_1, \boldsymbol{Y}_2, \cdots, \boldsymbol{Y}_m$ 的累积贡献率为

$$\sum_{i=1}^{m} \alpha_i = \frac{\sum\limits_{i=1}^{m} \lambda_i}{\sum\limits_{i=1}^{p} \lambda_i}, \quad m < p \tag{5-15}$$

前 m 个主成分的累积贡献率可以说明 m 个主成分从 $\boldsymbol{X}_1, \boldsymbol{X}_2, \cdots, \boldsymbol{X}_p$ 中共提取的信息量。

主成分分析可以得到 p 个主成分,但是,由于各个主成分的方差是递减的,包含的信息量也是递减的,所以实际分析时,一般不是选取 p 个主成分,而是根据各个主成分累积贡献率的大小选取前 m 个主成分,主成分个数 m 的选取,主要根据主成分的累积贡献率来决定,一般要求累积贡献率达到 85% 以上,这样才能保证综合变量能包括原始变量的绝大多数信息。即

$$\sum_{i=1}^{m}\alpha_i \geqslant 85\% \tag{5-16}$$

这样,既能使损失信息不太多,又达到减少变量个数、简化问题的目的。另外,选取主成分还可以根据特征值的变化来确定,一般保留特征值大于 1 的那些主成分。

当然,在实际应用中,选择了重要的主成分后,还要注意主成分实际含义解释。主成分分析中一个很关键的问题是如何给主成分赋予新的意义,给出合理的解释。一般而言,这个解释是根据主成分表达式的系数结合定性分析来进行的。主成分是原来变量的线性组合,在这个线性组合中各变量的系数有大有小,有正有负,有的大小相当,因而不能简单地认为这个主成分是某个原始变量的属性的作用,线性组合中各变量系数的绝对值大则表明该主成分主要综合了绝对值大的变量,当有几个变量系数大小相当时,应认为这一主成分是这几个变量的总和,这几个变量综合在一起应赋予怎样的实际意义,这就要结合具体实际问题和专业给出恰当的解释,才能达到深刻分析的目的。

5. 确定主成分的表达式

假定选择前 $m(m<p)$ 个主成分,则将标准化后的指标变量转换为主成分的表达式

$$Y_i = \boldsymbol{e}_i^\mathrm{T}\boldsymbol{Z} = e_{i1}Z_1 + e_{i2}Z_2 + \cdots + e_{ip}Z_p, \quad i=1,2,\cdots,m \tag{5-17}$$

称为变量的第 i 个主成分,其中 $\boldsymbol{Z}$ 为标准化的指标变量,$\boldsymbol{e}_i = (e_{i1}, e_{i2}, \cdots e_{ip})^\mathrm{T}, i=1,2,\cdots,p$ 为相关矩阵 $\boldsymbol{R}$ 的单位正交特征向量。这时有

(1) Y_i 的样本方差 $\mathrm{var}(Y_i) = \mathrm{var}(\boldsymbol{e}_i^\mathrm{T}\boldsymbol{Z}) = \boldsymbol{e}_i^\mathrm{T}\boldsymbol{R}\boldsymbol{e}_i = \lambda_i, i=1,2,\cdots,m$。

(2) Y_i 与 Y_j 的样本协方差 $\mathrm{cov}(Y_i, Y_j) = \mathrm{cov}(\boldsymbol{e}_i^\mathrm{T}\boldsymbol{Z}, \boldsymbol{e}_j^\mathrm{T}\boldsymbol{Z}) = \boldsymbol{e}_i^\mathrm{T}\boldsymbol{R}\boldsymbol{e}_j = 0, i\neq j$。

(3) 样本的总方差 $\sum_{i=1}^{p} s_{ii} = \sum_{i=1}^{p}\lambda_i$。

由此可知,新的综合变量(主成分)$Y_1, Y_2, \cdots, Y_m$ 彼此不相关,并且 Y_i 的方差为 λ_i。主成分的方差贡献就等于 $\boldsymbol{R}$ 的相应特征根。这样,我们利用样本数据求解主成分的过程就转换为求相关矩阵或协方差矩阵(若原数据经过标准化处理,则其相关矩阵与协方差矩阵相同)的特征根和特征向量的过程。

$$Y_i = \boldsymbol{Z}\boldsymbol{e}_i = \begin{bmatrix} z_{11} & z_{12} & \cdots & z_{1p} \\ z_{21} & z_{22} & \cdots & z_{2p} \\ \vdots & \vdots & & \vdots \\ z_{m1} & z_{m2} & \cdots & z_{mp} \end{bmatrix} \begin{bmatrix} e_{i1} \\ e_{i2} \\ \vdots \\ e_{ip} \end{bmatrix}, \quad i=1,2,\cdots,m \tag{5-18}$$

6. 确定主成分的综合评价函数

假定选择前 $m(m<p)$ 个主成分,则主成分的综合评价函数表达式为

$$F = \sum_{i=1}^{m} \alpha_i Y_i = \frac{\sum_{i=1}^{m} \lambda_i}{\sum_{i=1}^{p} \lambda_i} Y_i, \quad m < p \tag{5-19}$$

式中,α_i 是第 i 个主成分的方差贡献率。

计算出每个样品的 m 个主成分得分,再计算出综合评价函数的得分,按 F 值的大小对样品进行排序比较或分类。这一考虑的理由是,综合评价函数 F 是 m 个主成分的线性组合,各个权数 α_i 不是人为确定的,而是根据主成分的方差贡献率 α_i 的大小确定。方差越大的变量越重要,以 α_i 作为权数是合理的。

温馨提示:实际上,这一方法并不合理,因为 $F_i(i=2,\cdots,m)$ 的系数通常有正有负,其实际含义违背了综合评价的本意。在采用主成分分析方法进行综合评价时要慎用。

5.2.4 应用实例

【例 5-1】 针对某部 24 架飞机近几年的单机完好率、维修停飞率、单机故障率、空中故障率、飞行架次、飞行时间 6 项机务指标,利用主成分分析对该部 24 架飞机的综合状态进行定量分析。

【思路与方法】

影响飞机状态的因素有很多,根据分析,上述 6 个因素起着主要作用,样本和变量较多,如何将 6 个指标综合成少数几个指标,以方便对飞机状态进行直观判断,本例收集了某部 24 架飞机的 6 个指标,使用主成分分析法将 6 个评估指标进行简化,对飞机状态进行定量评估。

【分析步骤】

1. 计算各指标的平均值与标准偏差

将原始数据整理成矩阵形式,并计算平均值与标准偏差,如表 5-2 所列。

表 5-2 某部机务指标统计表

飞机	单机完好率/%	维修停飞率/%	单机故障率/%	空中故障率/%	飞行架次	飞行时间/h
1	90.18	6.41	18.58	2.46	610	812.78
2	85.06	8.76	20.83	2.43	599	782.63

续表

飞机	单机完好率/%	维修停飞率/%	单机故障率/%	空中故障率/%	飞行架次	飞行时间/h
3	83.16	11.81	20.14	2.19	651	868.72
4	89.68	7.16	22.96	3.03	609	857.98
5	89.14	5.91	19.15	2.60	618	845.86
6	90.16	6.61	21.40	3.08	556	747.63
7	92.09	4.43	20.98	2.83	634	848.45
8	86.01	7.78	23.76	3.20	537	719.60
9	83.60	11.33	22.15	3.26	562	767.53
10	88.25	6.07	20.36	2.98	583	805.36
11	78.18	12.66	21.89	3.27	616	794.78
12	86.69	6.79	13.94	0.82	613	853.89
13	85.13	10.76	17.95	3.47	489	662.80
14	91.86	4.52	15.73	2.50	660	839.35
15	84.65	11.13	17.35	2.28	632	876.00
16	86.72	9.76	18.27	1.70	601	821.15
17	91.56	4.16	19.56	3.16	642	853.71
18	85.95	6.47	19.25	2.42	630	812.75
19	86.42	8.62	17.74	2.58	627	851.33
20	89.33	4.90	19.39	3.32	538	784.10
21	89.56	5.95	17.07	3.78	577	767.46
22	92.36	3.51	19.45	2.48	502	724.78
23	90.36	4.52	19.01	3.29	706	941.61
24	89.03	6.71	16.40	2.31	680	865.65
均值	87.71	7.36	19.31	2.73	603	812.75
标准差	3.408	2.667	2.324	0.638	52.776	61.124

2. 数据标准化

为使量值与单位不同的指标之间能够进行比较,应将数据标准化。使用 Z-Score 变换标准化数据,即数据按 $x^* = (x - \mu)/\sigma$ 进行标准化,标准化后的数据如表 5-3 所列。

表 5-3 标准化之后的数据

飞机	单机完好率	维修停飞率	单机故障率	空中故障率	飞行架次	飞行时间
1	0.7242	−0.3587	−0.3126	−0.4173	0.1326	0.0006
2	−0.7787	0.5223	0.6547	−0.4691	−0.0758	−0.4926
3	−1.3360	1.6659	0.3612	−0.8464	0.9095	0.9157
4	0.5782	−0.0760	1.5725	0.4763	0.1137	0.7400

续表

飞机	单机完好率	维修停飞率	单机故障率	空中故障率	飞行架次	飞行时间
5	0.4172	−0.5447	−0.0658	−0.1974	0.2842	0.5418
6	0.7189	−0.2815	0.9015	0.5485	−0.8906	−1.0653
7	1.2837	−1.1003	0.7202	0.1599	0.5874	0.5842
8	−0.4989	0.1563	1.9176	0.7365	−1.2506	−1.5239
9	−1.2070	1.4889	1.2232	0.8321	−0.7769	−0.7397
10	0.1577	−0.4844	0.4554	0.3974	−0.3790	−0.1209
11	−2.7980	1.9871	1.1131	0.8543	0.2463	−0.2940
12	−0.2998	−0.2140	−2.3092	−2.9913	0.1895	0.6731
13	−0.7594	1.2740	−0.5810	1.1661	−2.1601	−2.4531
14	1.2174	−1.0664	−1.5392	−0.3526	1.0800	0.4353
15	−0.8981	1.4113	−0.8401	−0.6959	0.5495	1.0348
16	−0.2919	0.8983	−0.4464	−1.6028	−0.0379	0.1375
17	1.1274	−1.2001	0.1104	0.6838	0.7390	0.6702
18	−0.5179	−0.3354	−0.0236	−0.4855	0.5116	0.0000
19	−0.3791	0.4703	−0.6744	−0.2236	0.4548	0.6312
20	0.4741	−0.9253	0.0345	0.9242	−1.2316	−0.4686
21	0.5407	−0.5304	−0.9616	1.6501	−0.4926	−0.7408
22	1.3634	−1.4469	0.0642	−0.3815	−1.9137	−1.4392
23	0.7773	−1.0663	−0.1268	0.8871	1.9516	2.1082
24	0.3846	−0.2442	−1.2478	−0.6531	1.4590	0.8656

3. 计算相关系数

根据两个指标之间的相关程度计算各指标的相关系数,结果如表 5-4 所列。就同一指标其相关系数为 1,以 1 为界,对角要素取相同值。

表 5-4 各指标间的相关系数

	单机完好率	维修停飞率	单机故障率	空中故障率	飞行架次	飞行时间
单机完好率	1.000					
维修停飞率	−0.913	1.000				
单机故障率	−0.204	0.184	1.000			
空中故障率	0.057	−0.068	0.517	1.000		
飞行架次	0.064	−0.092	−0.283	−0.294	1.000	
飞行时间	0.147	−0.152	−0.280	−0.360	0.920	1.000

4. 计算特征值和特征向量

根据上表中的相关系数矩阵,计算出特征值和特征向量。其中特征值为

$$\boldsymbol{\lambda} = (2.4845, 1.8393, 1.0793, 0.4397, 0.0923, 0.0648)^T$$

特征向量如表 5-5 所列。

表 5-5 特征向量

变量	PC1	PC2	PC3	PC4	PC5	PC6
单机完好率	0.305	−0.626	−0.027	0.117	−0.609	0.361
维修停飞率	−0.307	0.623	−0.005	−0.126	−0.645	0.292
单机故障率	−0.396	−0.067	0.607	0.683	0.015	0.068
空中故障率	−0.341	−0.318	0.536	−0.696	−0.053	−0.087
飞行架次	0.506	0.258	0.432	−0.133	0.309	0.615
飞行时间	0.533	0.219	0.397	0.048	−0.339	−0.628

特征值中前 3 位大于 1,且累积贡献率达 90% 以上,由此表明 6 个航空机务指标所反映的信息可以由 3 个主成分反映,其中 3 个主成分与标准化变量的关系可以表示为以下线性组合:

$$PC1 = 0.305X_1 - 0.307X_2 - 0.396X_3 - 0.341X_4 + 0.506X_5 + 0.533X_6$$

$$PC2 = -0.626X_1 + 0.623X_2 - 0.067X_3 - 0.318X_4 + 0.258X_5 + 0.219X_6$$

$$PC3 = -0.027X_1 - 0.005X_2 + 0.607X_3 + 0.536X_4 + 0.432X_5 + 0.397X_6$$

第一主成分包括飞行架次 X_5、飞行时间 X_6,第二主成分包括单机完好率 X_1、维修停飞率 X_2,第三主成分包括单机故障率 X_3、空中故障率 X_4。

分析表明:第一主成分表现为飞机使用强度,第二主成分表现为维修保障能力,第三主成分表现为飞机固有的可靠性。

5. 计算主成分得分

计算各飞机在主成分上的评价得分,其得分等于标准化数据阵与特征向量阵相乘。计算结果如表 5-6 所列。

表 5-6 主成分得分表

飞机编号	第一主成分	第二主成分	第三主成分	第四主成分	第五主成分	第六主成分
1	0.66	−0.49	−0.37	0.19	−0.15	0.25
2	−0.80	0.79	−0.06	0.60	−0.32	0.22
3	0.17	2.55	0.55	0.39	−0.24	0.09
4	−0.13	−0.47	1.54	0.84	−0.52	−0.14
5	0.82	−0.34	0.18	0.20	0.01	−0.16
6	−1.26	−1.32	0.02	0.42	−0.19	0.31
7	1.00	−1.31	0.98	0.62	−0.09	0.17
8	−2.66	−0.61	0.43	0.81	0.32	0.12
9	−2.38	0.97	0.58	0.00	−0.24	0.00
10	−0.38	−0.68	0.28	0.16	0.13	−0.25
11	−2.23	2.64	1.19	−0.46	0.57	−0.09

续表

飞机编号	第一主成分	第二主成分	第三主成分	第四主成分	第五主成分	第六主成分
12	2.36	1.36	−2.65	0.50	0.27	−0.37
13	−3.19	−0.16	−1.62	−1.29	−0.27	0.17
14	2.21	−0.84	−0.51	−0.65	0.13	0.44
15	0.69	2.09	−0.22	−0.40	−0.52	−0.22
16	0.41	1.30	−1.09	0.67	−0.38	0.16
17	1.17	−1.34	0.99	−0.18	0.05	0.04
18	0.38	0.40	−0.04	0.24	0.72	0.07
19	0.65	0.90	−0.07	−0.44	−0.14	−0.14
20	−0.77	−1.59	−0.21	−0.31	0.04	−0.64
21	−0.50	−1.42	−0.22	−1.65	0.01	−0.01
22	−0.77	−2.45	−1.59	0.84	0.02	−0.17
23	2.42	−0.46	2.06	−0.64	0.05	−0.24
24	2.11	0.46	−0.14	−0.47	0.10	0.39

【可视化分析】

为了直观显示主成分分析结果,我们利用 Minitab 软件的主成分分析功能给出可视化结果,主要包括碎石图、载荷图、分值图、异常值图等。

1. 碎石图

碎石图用在主成分分析和因子分析中,可以直观地评估哪些主成分或因子占数据中变异性的大部分,碎石图中的理想模式是一条陡曲线,接着是一段弯曲线,然后是一条平坦或水平的线,根据对数据的了解以及其他选择主成分的方法来帮助决定主成分或因子的数量,一般考虑保留陡曲线中在开始平坦线趋势的第一个点之前的那些分量或因子。结果显示的碎石图如图 5-1 所示,前 3 个主成分下降的趋势比较大,从第四个主成分开始下降趋于平缓,结合特征值和累积方差贡献率,选取 3 个主成分即可。

2. 载荷图

载荷图可以直观看出原始变量在前两个主成分上的贡献大小和方向,从图 5-2 中可以看出,飞行架次和飞行时间很接近,和第一主成分方向一致,表明这两个原始变量和第一主成分关系最强,单机故障率和空中故障率方向基本一致,表明这两个变量关系较强,单机完好率和维修停飞率方向相反,从前述得到的主成分和变量的关系表达式中也可以看出,前两个表达式中两个变量 X_1 和 X_2 的系数符号相反。

3. 分值图

以特征值大的主成分为坐标轴,图示主成分得分状态,即为分值图。为了更直观分析 24 架飞机的情况,可以根据 24 架飞机前两个主成分得分画出散点图(即前两个分量的分值

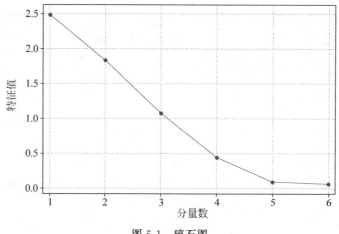

图 5-1 碎石图

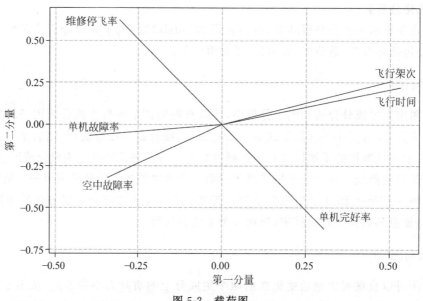

图 5-2 载荷图

图),如图 5-3 所示,以第一主成分和第二主成分为坐标绘制"散点图"。第一分量代表"飞机使用强度",因此可以看出,在图中越靠右的点代表飞机使用强度越大,分别是 23、12、14 号飞机;第二分量代表"维修保障能力",结合第二主成分和变量关系的表达式,单机完好率越高,维修停飞率越低,代表维修保障能力越好,因此在图中越靠下方的点代表飞机的维修保障能力较好,分别是 22、20 号飞机。因此从分值图中可以得到,总体上位于右下方的第四象限的飞机在综合考虑这两个主要方面时比较好,分别是 7、17、14、1、23 号飞机,对比原始数据表中的数据可以发现结论比较合理。

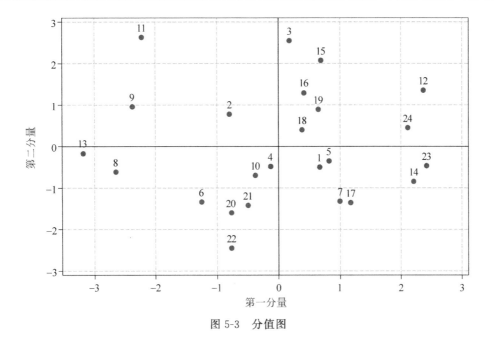

图 5-3　分值图

4. 异常值图

绘制每个数据点的 Mahalanobis 距离(简称马氏距离),使用此图可以在多元空间中识别异常值,位于 Y 参考线上方的点即表示异常观测值。异常值的 Mahalanobis 距离应小于 4.024,从图 5-4 所示异常值图显示,24 架飞机均在正常范围内,没有超出异常值范围。

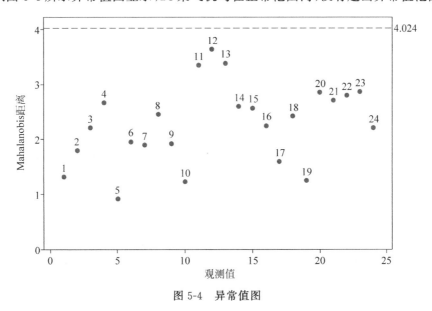

图 5-4　异常值图

5.3 因子分析

在多因素分析中,某些因素间往往存在相关性。是什么原因使因素间有关联呢?是否存在不能直接观测到的、但影响可观测因素变化的公共因子呢?因子分析就是寻找这些公共因子的模型分析方法,它是在主成分的基础上构造若干意义较为明确的公因子,以它们为框架分解原因素,以此考查原因素间的联系与区别。

5.3.1 因子分析简介

1. 因子分析的概念

因子分析(Factor Analysis)是一种数据简化的技术。它通过研究众多变量之间的内部依赖关系,探求观测数据中的基本结构,并用少数几个假想变量来表示其基本的数据结构。这几个假想变量能够反映原来众多变量的主要信息。原始变量是可观测的显在变量,而假想变量是不可观测的潜在变量,称为因子。

因子分析是研究观测变量变动的共同原因和特殊原因,从而达到简化变量结构的一种多元统计分析方法。因子分析的应用主要有两个方面:一是寻求变量的基本结构,简化变量系统;二是用于分类,根据因子得分值将变量或者样本进行分类。

因子分析是主成分分析的推广和发展。它也是利用降维的思想,由研究原始变量相关矩阵内部的依赖关系出发,把一些具有错综复杂关系的变量归结为少数几个公共因子的一种多变量统计分析方法。相对于主成分分析,因子分析更倾向于描述原始变量之间的相关关系。因此,因子分析的出发点是原始变量的相关矩阵。

2. 因子分析的基本思想

因子分析的基本思想是根据变量相关性的大小将变量分组,使得同组内变量间的相关性较强,不同组的变量间相关性较弱,每组变量代表一个基本结构,并用一个不可观测的综合变量表示,这个基本结构称为公共因子。因此原始变量可以分解为两部分之和的形式:一部分是少数几个不可观测的所谓公共因子的线性函数;另一部分是与公共因子无关的部分,称为特殊因子。

因子分析用于对变量和样本的分类处理,通常将研究变量间相关关系的因子分析称为 R 型因子分析,而将研究样品间相关关系的因子分析称为 Q 型因子分析。从一些具有错综复杂关系的问题中找出少数几个主要因子,抓住这些主要因子,可以简化复杂问题,从而便于分析和解释。

5.3.2 因子分析的数学模型

设有 n 个样品,每个样品有 p 个观测变量(指标),这 p 个变量之间有较强的相关性(要求 p 个变量相关性较强的理由是很明确的,只有相关性较强才能从原始变量中提取出公共因子)。为了便于研究,并消除由于观测量纲的差异及数量级不同所造成的影响,将样本观测数据进行标准化处理,使标准化后的变量均值为 0,方差为 1。为方便,把原始变量及标准化后的变量向量均用 X 表示,每一个变量都可以表示成公共因子的线性函数与一个特殊因子之和,则因子模型如下

$$\begin{cases} X_1 = a_{11}F_1 + a_{12}F_2 + \cdots + a_{1m}F_m + \varepsilon_1 \\ X_2 = a_{21}F_1 + a_{22}F_2 + \cdots + a_{2m}F_m + \varepsilon_2 \\ \vdots \\ X_p = a_{p1}F_1 + a_{p2}F_2 + \cdots + a_{pm}F_m + \varepsilon_p \end{cases} \quad (5\text{-}20)$$

即

$$\begin{bmatrix} X_1 \\ X_2 \\ \vdots \\ X_p \end{bmatrix} = \begin{bmatrix} a_{11} & a_{12} & \cdots & a_{1m} \\ a_{21} & a_{22} & \cdots & a_{2m} \\ \vdots & \vdots & & \vdots \\ a_{p1} & a_{p2} & \cdots & a_{pm} \end{bmatrix} \begin{bmatrix} F_1 \\ F_2 \\ \vdots \\ F_m \end{bmatrix} + \begin{bmatrix} \varepsilon_1 \\ \varepsilon_2 \\ \vdots \\ \varepsilon_p \end{bmatrix} \quad (5\text{-}21)$$

式中,$m \leqslant p$;$X = (X_1, X_2, \cdots, X_p)^T$ 是标准化后的原始变量;$F = (F_1, F_2, \cdots, F_m)^T$ 称为公共因子,是不可观测的变量,可以理解为在高维空间中互相垂直的 m 个坐标轴;$\varepsilon = (\varepsilon_1, \varepsilon_2, \cdots, \varepsilon_p)^T$ 称为特殊因子,是不能被前 m 个公共因子包含的部分。记

$$A = \begin{bmatrix} a_{11} & a_{12} & \cdots & a_{1m} \\ a_{21} & a_{22} & \cdots & a_{2m} \\ \vdots & \vdots & & \vdots \\ a_{p1} & a_{p2} & \cdots & a_{pm} \end{bmatrix}$$

则因子模型的矩阵形式可以表示为

$$X = AF + \varepsilon \quad (5\text{-}22)$$

式中,矩阵 A 称为因子载荷矩阵(Loading Matrix),矩阵 A 的各个元素 a_{ij} 称为因子载荷,$a_{ij}(i=1,2,\cdots,p;j=1,2,\cdots,m)$ 是第 i 个变量 X_i 在第 j 个公共因子上的载荷,a_{ij} 的绝对值越大($|a_{ij}| \leqslant 1$),表明 X_i 和 F_j 相依程度越高,或称公共因子 F_j 对于 X_i 的载荷量越大。如果把 X_i 看成 m 维空间中的一个向量,则 a_{ij} 表示 X_i 在坐标轴 F_j 上的投影。通常假设

(1) 均值向量 $E(F) = \mathbf{0}$,协方差矩阵 $D(F) = I_m$(即 F 的各分量不相关且方差为1);

(2) $E(\varepsilon) = \mathbf{0}$,$D(\varepsilon) = \mathrm{diag}(\sigma_1^2, \sigma_2^2, \cdots, \sigma_p^2)$(即 ε 的各分量不相关且方差不同);

(3) $\mathrm{cov}(F, \varepsilon) = \mathbf{0}$(即 F,ε 不相关)。

由上述假定可以看出，公共因子彼此不相关且具有单位方阵，特殊因子也彼此不相关且和公共因子也不相关。

5.3.3　因子分析模型的参数估计

1. 主成分法估计

在主成分法估计中，第 j 个载荷是第 j 个主成分的尺度系数。这些因子与前 m 个主成分相关。在非旋转解中，可以像在主成分分析中解释分量那样解释因子。但是，旋转后，便不能以类似于解释主分量的方式解释因子。

样本相关矩阵 R（或协方差矩阵 S）的主分量因子分析根据"特征值-特征向量对"$(\lambda_i, e_i), i=1,2,\cdots,p$ 和 $\lambda_1 \leqslant \lambda_2 \leqslant \cdots \leqslant \lambda_p$ 指定。设 $m<p$ 为公因子的数量。估计因子载荷的矩阵 A 是 $p\times m$ 矩阵

$$\hat{A} = (\hat{a}_{ij})_{p\times m} = \left[\sqrt{\hat{\lambda}_1}\hat{e}_1, \sqrt{\hat{\lambda}_2}\hat{e}_2, \cdots, \sqrt{\hat{\lambda}_m}\hat{e}_m\right]$$

$$= \begin{bmatrix} \sqrt{\hat{\lambda}_1}\hat{e}_{11} & \sqrt{\hat{\lambda}_2}\hat{e}_{12} & \cdots & \sqrt{\hat{\lambda}_m}\hat{e}_{1m} \\ \sqrt{\hat{\lambda}_1}\hat{e}_{21} & \sqrt{\hat{\lambda}_2}\hat{e}_{22} & \cdots & \sqrt{\hat{\lambda}_m}\hat{e}_{2m} \\ \vdots & \vdots & & \vdots \\ \sqrt{\hat{\lambda}_1}\hat{e}_{p1} & \sqrt{\hat{\lambda}_2}\hat{e}_{p2} & \cdots & \sqrt{\hat{\lambda}_m}\hat{e}_{pm} \end{bmatrix} \quad (5\text{-}23)$$

式中，A 的第 i 列是 $\sqrt{\hat{\lambda}_i}\hat{e}_i, i=1,2,\cdots,m$。

2. 极大似然法估计

极大似然法估计在假定数据遵循多变量正态分布时的因子载荷。由其名称便可以看出，此方法通过最大化与多变量正态模型相关的似然函数找到因子载荷和唯一方差的估计值。也可以通过最小化涉及残差方差的表达式达到同样的效果。算法会进行迭代，直到找到最小值或达到最大的指定迭代数（Minitab 软件默认为 25）。

假定有 p 个变量并且想要使用 m 个因子拟合模型。设 R 为变量的 $p\times p$ 相关矩阵，设 A 为因子载荷的 $p\times m$ 矩阵，设 D 为对角元素是唯一方差的 $p\times p$ 对角矩阵。然后，我们需要找到极大似然函数 $f(A,D)$ 的 A 和 D 值。这涉及两个步骤，首先为 D 找一个值，然后为 A 找一个值。

对于 D 的固定值，我们要相对 A 最大化 $f(A,D)$，这是一种简单的矩阵计算。之后将 A 的值代入 $f(A,D)$。现在 f 可视为 D 的函数。此函数的简单变换为

$$g(D) = \sum_{k=m+1}^{p}\left[\log\lambda_k + \frac{1}{\lambda_k} - 1\right] \quad (5\text{-}24)$$

式中，$\lambda_1 \leqslant \lambda_2 \leqslant \cdots \leqslant \lambda_p$，是 DR^{-1} 的特征值。通过 Newton-Raphson 过程最小化 $g(D)$，得出 D 的估计值，将该值代入似然函数 $f(A,D)$。然后，似然函数又一次相对于 A 进行最大化。计算出 $g(D)$ 的新值，以此类推。

5.3.4 公共因子个数的确定

公共因子的个数 m 应取多大才好？这是一个很重要的问题，但目前并没有精确的定量方法来确定公共因子的个数，当观测数 n 很大时，已经有些理论结果，但在实际使用中仍存在问题。我们通常采用如下几种方法。

1. 碎石图法

实际中人们经常借助特征值和碎石图来确定因子的个数，即取特征值（即公共因子方差）大于等于 1 的主成分作为初始因子，放弃特征值小于 1 的因子。由于每个变量的方差都为 1，该准则认为每个保留下来的因子至少应该能解释一个变量的方差，否则达不到精确的目的。另外，碎石图的形状一般像一座山峰，从第一个因子开始，曲线迅速下降，然后下降变得平缓，最后变成近似一条水平线，曲线开始变平前的一点为截止点，后面的这些散点就像山脚下的"碎石"，舍去这些碎石，并不会损失很多信息，碎石图也因此得名。碎石图主要用来确定提取的最大因子数。

2. 残差矩阵法

$S-(AA^T+D)$ 为残差矩阵，它的对角线元素为 0，当残差矩阵的非对角线元素都很小时，我们可以认为取 m 个因子的模型很好地拟合了原始数据。

对于主成分解，在理论上有如下结果：

$$S-(AA^T+D) \text{ 的元素平方和} \leqslant \lambda_{m+1}^2 + \cdots + \lambda_p^2$$

因而，当被略去的特征值的平方和较小时，表明因子模型的拟合是较好的。最常用的确定主成分个数的原则是：选 m，使得前 m 个特征根的和占所有特征根之和的 70%（或80%）以上。

3. 经验法

通常我们对实际问题的意义都有一些了解，根据这些了解和专业知识可以对 m 进行初步判断，然后进行修正和调整并最后确定下来。例如对于某个实际问题，确定 $m=k$ 后，如果 k 个公共因子都能合理地解释实际问题，再选取新的第 $k+1$ 个公共因子却没有恰当的意义，则最终可以确定 $m=k$。

5.3.5 因子旋转和因子解释

建立因子分析模型的目的不仅是要找出公共因子,更重要的是要知道每个公共因子的意义,以便对实际问题作出科学的分析。在实际问题的研究中,有时得到的因子分析模型仍存在着若干因子的特定含义模糊不清的情况。这是因为某个原始变量对几个因子变量同时产生影响,这时可考虑使用因子旋转,希望通过数学处理,使某个原始变量在因子变量上的载荷要么接近 1,要么接近 0。这样就可容易分辨某个因子变量的特定含义及实际意义,也容易在分析中为各个因子变量命名。

1. 正交因子旋转原理

如果公共因子的含义不清,不便于进行实际背景的解释,这时可根据因子载荷矩阵的不唯一性,对因子载荷矩阵进行旋转,即用一个正交矩阵 $\boldsymbol{\Gamma}$ 去右乘载荷矩阵 $\boldsymbol{A}$(一个正交变换 $\boldsymbol{\Gamma}$,使得 $\boldsymbol{A\Gamma}$ 对应坐标系中 $\boldsymbol{A}$ 的一次旋转),使旋转后的因子载荷矩阵结构简化,便于对公共因子进行解释。所谓结构简化就是使每个变量仅在一个公共因子上有较大的载荷,而在其余公共因子上的载荷比较小,这时公共因子就变得容易解释了。这种变换因子载荷矩阵的方法称为正交因子旋转。

设因子模型为 $\boldsymbol{X}=\boldsymbol{AF}+\boldsymbol{\varepsilon}$,$\boldsymbol{F}=(F_1,F_2,\cdots,F_m)^T$ 为公共因子向量,设 $\boldsymbol{\Gamma}$ 为任一 m 阶正交矩阵,对 $\boldsymbol{F}$ 进行正交变换,令 $\boldsymbol{Z}=\boldsymbol{\Gamma}^T\boldsymbol{F}$,则有 $\boldsymbol{F}=\boldsymbol{\Gamma Z}$,因此,$\boldsymbol{X}=\boldsymbol{AF}+\boldsymbol{\varepsilon}$ 可写成

$$\boldsymbol{X}=\boldsymbol{A\Gamma Z}+\boldsymbol{\varepsilon} \tag{5-25}$$

且

$$\operatorname{var}(\boldsymbol{Z})=\operatorname{var}(\boldsymbol{\Gamma}^T\boldsymbol{F})=\boldsymbol{\Gamma}^T\operatorname{var}(\boldsymbol{F})\boldsymbol{\Gamma}=\boldsymbol{I}_m \tag{5-26}$$

$$\operatorname{cov}(\boldsymbol{Z},\boldsymbol{\varepsilon})=\operatorname{cov}(\boldsymbol{\Gamma}^T\boldsymbol{F},\boldsymbol{\varepsilon})=\boldsymbol{\Gamma}^T\operatorname{cov}(\boldsymbol{F},\boldsymbol{\varepsilon})=\boldsymbol{0} \tag{5-27}$$

$$\operatorname{var}(\boldsymbol{X})=\operatorname{var}(\boldsymbol{A\Gamma Z})+\operatorname{var}(\boldsymbol{\varepsilon})=\boldsymbol{A\Gamma}\operatorname{var}(\boldsymbol{Z})\boldsymbol{\Gamma}^T\boldsymbol{A}^T+\boldsymbol{D}=\boldsymbol{AA}^T+\boldsymbol{D} \tag{5-28}$$

由此可知,若 $\boldsymbol{F}$ 是因子模型的公共因子向量,则对任一正交矩阵 $\boldsymbol{\Gamma}$,$\boldsymbol{Z}=\boldsymbol{\Gamma}^T\boldsymbol{F}$ 也是公共因子向量。相应的 $\boldsymbol{A\Gamma}$ 是公因子 $\boldsymbol{Z}$ 的因子载荷矩阵。利用此性质,在因子分析的实际计算中,当求得初始因子载荷矩阵 $\boldsymbol{A}$ 后,反复右乘正交矩阵 $\boldsymbol{\Gamma}$,使得 $\boldsymbol{A\Gamma}$ 具有更明显的实际意义。这种变换载荷矩阵的方法,就称为因子轴的正交旋转。

2. 常用正交因子旋转方法

(1) 因子方差最大法(VARIMAX)。

此法又常简称为方差最大法,就是选取正交矩阵 $\boldsymbol{\Gamma}$,使得矩阵 $\boldsymbol{B}=\boldsymbol{A\Gamma}$ 的所有 m 个列元素平方的相对方差之和

$$V=\sum_{j=1}^{m}V_j=\frac{1}{p^2}\left\{\sum_{j=1}^{m}\left[p\sum_{i=1}^{p}d_{ij}^4-\left(\sum_{i=1}^{p}d_{ij}^2\right)^2\right]\right\} \tag{5-29}$$

达到最大。

因子方差最大法的直观意义是,希望通过因子旋转后,使得每个因子上的载荷尽可能地拉开距离,一部分变量的载荷趋于±1,另一部分变量的载荷趋于0,解释因子时,这些小的载荷一般可以略去不计。因子方差最大法是在实际工作中使用最多的方法。

(2) 变量方差最大法(QUARTIMAX)。

此法又称为四次方最大法,就是选取正交矩阵$\boldsymbol{\Gamma}$,使得

$$Q = \sum_{i=1}^{p} \sum_{j=1}^{m} d_{ij}^4 \tag{5-30}$$

达到最大。

变量方差最大法的目的是,旋转后使初始载荷矩阵中每个变量在因子上的载荷按行向0,1两极分化,绝对值大的因子载荷更大,绝对值小的因子载荷更小。变量方差最大法的一个缺点就是,它产生的最终解中往往有一个综合因子,大部分变量在该因子上都有较高载荷,该方法强调了变量解释的简洁性,却牺牲了因子解释的简洁性。

(3) 变量-因子方差最大法(EQUIMAX)。

此法又称为等量最大法。该方法兼顾因子方差最大法和变量方差最大法并把这两种方法结合起来,取 V 和 Q 的加权平均作为简化原则,即选取正交矩阵$\boldsymbol{\Gamma}$,使得

$$E = \sum_{j=1}^{m} \sum_{i=1}^{p} d_{ij}^4 - \frac{m}{2p} \sum_{j=1}^{m} \left(\sum_{i=1}^{p} d_{ij}^2 \right)^2 \tag{5-31}$$

达到最大。

(4) 综合法(ORTHOMAX)。

此法是对上述3种方法的推广,即选取正交矩阵$\boldsymbol{\Gamma}$,使得

$$E = \sum_{j=1}^{m} \sum_{i=1}^{p} d_{ij}^4 - \frac{\gamma}{p} \sum_{j=1}^{m} \left(\sum_{i=1}^{p} d_{ij}^2 \right)^2 \tag{5-32}$$

达到最大。这里 $\gamma \in [0,1]$。当 $\gamma = 0$ 时,综合法即变量方差最大法;当 $\gamma = 1$ 时,综合法即因子方差最大法;当 $\gamma = m/2$ 时,综合法即变量-因子方差最大法。

目前,并没有一个确定的准则帮助人们选择一种特定的旋转方法,没有可以令人信服的理由能够说明某种旋转方法优于其他方法。因此,选择哪种旋转方法主要是看哪种方法效果好,但最常用的方法还是因子方差最大法,因为解释因子的含义是因子分析的首要任务。

3. 因子的解释

得到最后的因子解后,我们希望给每个因子一个有意义的解释,主要是借助于因子载荷矩阵,首先找出每个因子上有显著载荷的变量,根据这些变量的意义给因子一个合适的名称,这当然要特别考虑到那些在因子中具有较高载荷的变量的含义。

实际进行因子分析时,一般认为绝对值大于0.3的因子载荷就是显著的。因子载荷的绝对值越大,在解释因子时越重要。因为因子载荷是观测变量和因子之间的相关系数,所以

载荷的平方表示因子所解释的变量的总方差。对于0.3的载荷而言,变量的方差能被该因子解释的部分不足10%,所以,实际应用时,小于0.3的载荷一般可以不解释。因子载荷的显著性与样本规模、观测变量数以及公共因子的次序有关。样本规模增大或观测变量数增多,将使因子载荷的显著性提高,即较小的因子载荷就可以认为是显著的。另外要注意,从第一个因子到最后一个因子,因子载荷的显著性逐渐降低,即对于排在后面的因子,具有较大的因子载荷才能被认为是显著的,因为对于越到后面的因子,误差的方差越大。

5.3.6 因子得分

在因子模型中,也可以反过来将公共因子表示为变量的线性组合,并对每一样品计算公共因子的估计值,这称为因子得分。假设变量 $\boldsymbol{X}=(X_1,X_2,\cdots,X_p)^\mathrm{T}$ 为标准化变量,公共因子 $\boldsymbol{F}=(F_1,F_2,\cdots,F_m)^\mathrm{T}$ 也已标准化。将公共因子表示为变量的线性组合,即用

$$F_j = b_{j1}X_1 + b_{j2}X_2 + \cdots + b_{jp}X_p + \varepsilon_j, \quad j=1,2,\cdots,m \tag{5-33}$$

来计算因子得分,称式(5-33)为因子得分函数。设 $\boldsymbol{B}=(b_{ji})_{m\times p}$,则因子得分函数可写成矩阵的形式

$$\boldsymbol{F} = \boldsymbol{B}\boldsymbol{X} \tag{5-34}$$

估计因子得分的方法一般有两种:一是回归法;二是加权最小二乘法。

1. 回归法

下面用回归方法计算式(5-34)中 $\boldsymbol{B}$ 的估计值,进而求出 $\boldsymbol{F}$ 的估计值。由因子载荷矩阵 $\boldsymbol{A}=(a_{ij})_{p\times n}$ 的意义,可知

$$\begin{aligned}a_{ij} &= E(X_iF_j) = E[X_i(b_{j1}X_1 + b_{j2}X_2 + \cdots + b_{jp}X_p + \varepsilon_j)]\\&= b_{j1}r_{i1} + b_{j2}r_{i2} + \cdots + b_{jp}r_{ip}\end{aligned}$$

得

$$\begin{cases}b_{j1}r_{11} + b_{j2}r_{12} + \cdots + b_{jp}r_{1p} = a_{1j}\\b_{j2}r_{21} + b_{j2}r_{22} + \cdots + b_{jp}r_{2p} = a_{2j}\\\quad\quad\quad\quad\quad\vdots\\b_{j1}r_{p1} + b_{j2}r_{p2} + \cdots + b_{jp}r_{pp} = a_{pj}\end{cases} \tag{5-35}$$

若记 $\boldsymbol{b}_j=(b_{j1},b_{j2},\cdots,b_{jp})^\mathrm{T}$,$\boldsymbol{a}_j=(a_{1j},a_{2j},\cdots,a_{pj})^\mathrm{T}$,则有 $\boldsymbol{R}\boldsymbol{b}_j=\boldsymbol{a}_j$,$\boldsymbol{R}=(r_{ij})_{p\times p}$ 是数据相关矩阵,可以计算出 $\boldsymbol{b}_j=\boldsymbol{R}^{-1}\boldsymbol{a}_j, j=1,2,\cdots,m$。

设 $\boldsymbol{B}=\begin{bmatrix}\boldsymbol{b}_1^\mathrm{T}\\\boldsymbol{b}_2^\mathrm{T}\\\vdots\\\boldsymbol{b}_m^\mathrm{T}\end{bmatrix}=\begin{bmatrix}b_{11}&b_{12}&\cdots&b_{1p}\\b_{21}&b_{22}&\cdots&b_{2p}\\\vdots&\vdots&&\vdots\\b_{m1}&b_{m2}&\cdots&b_{mp}\end{bmatrix}$,则有

$$B = \begin{bmatrix} (R^{-1}a_1)^T \\ (R^{-1}a_2)^T \\ \vdots \\ (R^{-1}a_m)^T \end{bmatrix} = \begin{bmatrix} a_1^T \\ a_2^T \\ \vdots \\ a_m^T \end{bmatrix} R^{-1} = A^T R^{-1} \tag{5-36}$$

于是,可以得到因子得分函数的计算公式

$$\hat{F} = \begin{bmatrix} \hat{F}_1 \\ \hat{F}_2 \\ \vdots \\ \hat{F}_m \end{bmatrix} = \begin{bmatrix} b_1^T X \\ b_2^T X \\ \vdots \\ b_m^T X \end{bmatrix} = BX = A^T R^{-1} X \tag{5-37}$$

式中,R 为数据相关矩阵;A 为因子载荷矩阵。将各个样品的变量值代入式(5-37),可得各个样品的因子得分。

2. 加权最小二乘法

设 X 满足因子模型

$$X = AF + \varepsilon \tag{5-38}$$

假定因子载荷矩阵 A 和特殊因子方差矩阵 D 已知,考虑加权最小二乘函数

$$\varphi(F) = (X - AF)^T D^{-1} (X - AF) \tag{5-39}$$

求 F 的估计值 $\hat{F}$,使得 $\varphi(\hat{F}) = \min \varphi(F)$。由极值的必要条件得到

$$\hat{F} = (A^T D^{-1} A)^{-1} A^T D^{-1} X \tag{5-40}$$

这就是因子得分的加权最小二乘估计。

如果假定 $X \sim N_p(AF, D)$,则由式(5-40)得到的 $\hat{F}$ 也是对 F 的极大似然估计。该方法称为 Bartlett 因子得分。在实际应用中 A 和 D 用估计值 $\hat{A}$ 和 $\hat{D}$ 代替,X 用样本 X_i 代替,此时得到因子得分 F_i。

有了因子载荷矩阵,就能由公共因子的值计算变量的值,但实际问题往往需要反过来,对每一个样品计算公共因子的估计值,即所谓的因子得分。

5.3.7 因子分析步骤

1. 选择分析的变量

用定性分析和定量分析的方法选择变量,因子分析的前提条件是观测变量间有较强的相关性,因为如果变量之间无相关性或相关性较小的话,它们不会有公共因子,所以原始变量间应该有较强的相关性。

2. 计算所选原始变量的相关系数矩阵

相关系数矩阵描述了原始变量之间的相关关系,可以帮助判断原始变量之间是否存在

相关关系,这对因子分析是非常重要的,因为如果所选变量之间无相关关系,做因子分析是不恰当的,并且相关系数矩阵是估计因子结构的基础。

3. 提取公共因子

这一步要确定因子求解的方法和因子的个数。需要根据研究者的设计方案或有关的经验或知识事先确定。因子个数的确定可以根据因子方差的大小。只取方差大于1(或特征值大于1)的那些因子,因为方差小于1的因子其贡献可能很小;按照因子的累计方差贡献率来确定,一般认为要达到60%才能符合要求。

4. 因子旋转

通过坐标变换使每个原始变量在尽可能少的因子之间有密切的关系,这样因子解的实际意义更容易解释,并为每个潜在因子赋予有实际意义的名字。

5. 计算因子得分

求出各样本的因子得分,有了因子得分值,则可以在许多分析中使用这些因子,如以因子的得分作为聚类分析的变量、作为回归分析中的回归因子等。

因子分析步骤流程图如图 5-5 所示。

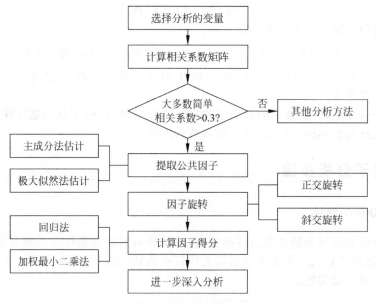

图 5-5 因子分析步骤流程图

5.3.8 因子分析与主成分分析的区别

(1) 因子分析是把诸多变量视为由对每一个变量都有作用的一些公共因子和一些仅对某个变量有作用的特殊因子的线性组合。因此,我们的目的就是要从数据中探查能对变量起解释作用的公共因子和特殊因子,以及公共因子和特殊因子组合系数。主成分分析则简单一些,它只是从空间生成的角度寻找能解释诸多变量绝大部分变异的几组彼此不相关的新变量(主成分)。

(2) 因子分析是把变量表示成各因子的线性组合,而主成分分析则是把主成分表示成各变量的线性组合。

(3) 主成分分析中不需要有假设,因子分析则需要一些假设。因子分析的假设包括:各个公共因子之间不相关,特殊因子之间也不相关,公共因子和特殊因子之间也不相关。

(4) 抽取主因子的方法不仅有主成分法,还有极大似然法、主轴因子法等,基于不同算法得到的结果一般也不同。而主成分只能用主成分法抽取。

(5) 主成分分析中,当给定的协方差矩阵或者相关矩阵的特征根唯一时,主成分一般是固定的;而因子分析中因子不是固定的,可以旋转得到不同的因子。

(6) 在因子分析中,因子个数需要分析者指定(数据分析软件一般可根据一定的条件自动设定,例如只要是特征根大于 1 的因子就可进入分析),指定的因子数量不同则结果不同。在主成分分析中,主成分的数量是一定的,一般有几个变量就有几个主成分(事实上,为了达到降维的目的,选取主成分的个数往往少于变量个数)。

(7) 与主成分分析相比,由于因子分析可以使用旋转技术帮助解释因子,在解释方面更加有优势。

5.3.9 应用实例

【例 5-2】 很多维修保障信息能够反映航空装备保障情况,也是评价保障能力的重要指标。某部近 3 年按月统计的部分保障指标数据(如表 5-7 所列)主要包括飞行时间、起落次数、飞机空中故障次数、飞机地面故障次数、飞机维修停飞率、飞机任务成功率。通过上述指标的统计数据,借助因子分析适当简化指标个数,并分析各指标的相关性以及指标对装备保障的重要程度。

表 5-7 航空装备保障指标统计表

序号	飞行时间/h	起落次数	飞机空中故障次数	飞机地面故障次数	飞机维修停飞率/%	飞机任务成功率/%
1	2437.84	2562	24.50	252.0	2.180	95.44
2	2239.60	2360	26.75	224.1	1.825	95.08

续表

序号	飞行时间/h	起落次数	飞机空中故障次数	飞机地面故障次数	飞机维修停飞率/%	飞机任务成功率/%
3	2137.96	2238	9.75	191.7	1.235	99.02
4	1924.67	2033	13.75	240.3	2.210	96.74
5	1874.97	1953	17.50	204.3	1.625	97.14
6	2247.65	2332	25.25	237.6	1.720	95.94
7	2181.64	2298	13.25	216.0	1.805	98.64
8	1979.20	2064	7.00	254.7	2.400	97.70
9	2319.75	2419	26.75	265.5	2.380	95.08
10	2197.81	2298	18.75	189.9	1.220	96.36
11	2502.73	2584	5.50	198.0	1.140	98.72
12	2174.15	2264	15.75	183.6	1.020	97.52
13	2450.30	2537	19.50	185.4	1.275	97.34
14	2105.76	2197	28.00	183.6	0.995	94.80
15	2320.31	2436	5.50	210.6	1.430	98.98
16	2386.39	2486	20.00	200.7	1.570	97.20
17	2455.41	2554	26.50	243.0	2.200	94.80
18	1969.05	2073	25.75	261.0	2.555	95.26
19	2338.65	2416	22.25	257.4	2.050	96.10
20	2227.63	2326	7.75	248.4	1.930	99.22
21	2269.00	2366	13.25	192.6	1.455	98.02
22	2070.90	2151	11.50	264.6	2.305	97.18
23	2273.83	2362	24.50	198.0	1.150	96.32
24	2263.26	2338	10.25	182.7	0.900	98.00
25	2307.15	2385	18.00	242.1	2.275	96.94
26	2056.90	2171	13.25	270.0	2.340	97.68
27	1955.75	2050	15.75	230.4	1.690	97.48
28	2045.21	2150	25.25	203.4	1.245	96.28
29	1883.02	2000	8.50	203.4	1.620	97.46
30	1944.34	2042	25.25	268.2	2.315	94.90
31	2130.26	2208	27.50	198.0	1.150	94.78
32	2303.58	2400	7.25	184.5	1.295	98.46
33	2358.74	2448	5.00	219.6	1.740	98.94
34	2141.67	2266	20.75	202.5	1.555	96.62
35	2154.90	2252	23.50	269.1	3.615	96.88
36	2240.25	1954	25.75	252.0	3.250	95.80

第5章 装备保障多因素分析理论与应用

【思路与方法】

本例是典型的多指标评估问题,因为涉及的指标较多,通过因子分析法将有相关关系的指标进行化简、降维,以进一步确定指标间的相关程度,并根据实测数据值进一步确定主要指标的权重。因子分析法的分析过程按照提取公因子的不同可以分为主成分法和极大似然法,主成分法和主成分分析的分析过程是一样的。

【分析步骤】

1. 数据标准化

使用 Z-Score 变换标准化数据,标准化后的数据如表5-8所列。

表5-8 航空装备保障指标统计表(标准化后)

序号	飞行时间	起落次数	飞机空中故障次数	飞机地面故障次数	飞机维修停飞率	飞机任务成功率
1	1.44838	1.59841	0.90407	0.95892	0.61680	−1.08032
2	0.28592	0.46539	1.20055	0.03558	0.04621	−1.34459
3	−0.31008	−0.21891	−1.03950	−1.03669	−0.90210	1.54768
4	−1.56079	−1.36875	−0.51243	0.57171	0.66502	−0.12602
5	−1.85222	−1.81747	−0.01830	−0.61970	−0.27525	0.16761
6	0.33313	0.30834	1.00290	0.48236	−0.12256	−0.71328
7	−0.05395	0.11763	−0.57831	−0.23249	0.01406	1.26873
8	−1.24103	−1.19487	−1.40186	1.04828	0.97041	0.57870
9	0.75591	0.79632	1.20055	1.40570	0.93826	−1.34459
10	0.04087	0.11763	0.14641	−1.09626	−0.92621	−0.40497
11	1.82889	1.72181	−1.59952	−0.82820	−1.05479	1.32746
12	−0.09787	−0.07307	−0.24889	−1.30476	−1.24767	0.44656
13	1.52144	1.45818	0.24523	−1.24519	−0.83781	0.31443
14	−0.49890	−0.44888	1.36526	−1.30476	−1.28785	−1.55013
15	0.75920	0.89167	−1.59952	−0.41120	−0.58867	1.51832
16	1.14668	1.17212	0.31112	−0.73884	−0.36365	0.21166
17	1.55141	1.55354	1.16761	0.66107	0.64895	−1.55013
18	−1.30055	−1.14439	1.06878	1.25677	1.21954	−1.21245
19	0.86674	0.77949	0.60760	1.13763	0.40785	−0.59583
20	0.21573	0.27468	−1.30304	0.83978	0.21498	1.69450
21	0.45832	0.49904	−0.57831	−1.00691	−0.54849	0.81360
22	−0.70331	−0.70689	−0.80891	1.37591	0.81771	0.19698
23	0.48664	0.47661	0.90407	−0.82820	−1.03872	−0.43433
24	0.42466	0.34199	−0.97362	−1.33455	−1.44054	0.79892
25	0.68203	0.60562	0.04758	0.63128	0.76949	0.02080
26	−0.78541	−0.59471	−0.57831	1.55463	0.87397	0.56402
27	−1.37854	−1.27340	−0.24889	0.24407	−0.17078	0.41720
28	−0.85396	−0.71250	1.00290	−0.64948	−0.88602	−0.46369
29	−1.80502	−1.55385	−1.20421	−0.64948	−0.28329	0.40252

续表

序号	飞行时间	起落次数	飞机空中故障次数	飞机地面故障次数	飞机维修停飞率	飞机任务成功率
30	−1.44544	−1.31827	1.00290	1.49505	0.83379	−1.47672
31	−0.35523	−0.38718	1.29938	−0.82820	−1.03872	−1.56481
32	0.66110	0.68975	−1.36892	−1.27497	−0.80566	1.13660
33	0.98455	0.95898	−1.66540	−0.11335	−0.09041	1.48895
34	−0.28833	−0.06185	0.40994	−0.67927	−0.38776	−0.21411
35	−0.21075	−0.14038	0.77231	1.52484	2.92328	−0.02325
36	0.28974	−1.81186	1.06878	0.95892	2.33661	−0.81605

2. 公因子选取（确定因子数）

利用 Minitab 软件的因子分析功能（采用主成分提取方法执行分析），得到所有因子载荷矩阵和公因子方差（如表 5-9 所列）、碎石图（如图 5-6 所示）、载荷图（如图 5-7 所示）、分值图（如图 5-8 所示）。公因子选取的原则和主成分选取的原则相同："特征值大于 1"或"方差累积贡献率达到 80%"即可。从表 5-9 可以看出，前 3 个因子的方差（特征值）大于 1，方差贡献率分别为 0.436、0.300、0.220，方差累积贡献率为 0.956，也就是说前 3 个因子解释的变异性百分比为 95.6%。同时，结合得到的碎石图，可以直观看到前 3 个因子的特征值大于 1，说明前 3 个因子在数据总变异性中占很大比例，剩余的因子在变异性中所占比例非常小，并且可能不重要。因此选择前 3 个因子解释原始变量是符合选取原则的。

温馨提示：从表 5-9 可以看出，最初得到的因子解初步可以认定因子 1 在所有六个指标上均有较大的负荷（绝对值大于 0.5 时可以认为此公因子和原始变量关联较大），因子 2 在"飞行时间""起落次数""飞机空中故障次数""飞机任务成功率"四个指标上有较大的负荷，因子 3 在"飞机地面故障次数""飞机维修停飞率"二个指标上有较大的负荷。由此可见，因子 1、因子 2 和因子 3 所反映的具体指标分界不是很明显，从图 5-7 的载荷图亦可以直观看出因子 1 与因子 2 界面区分不明显，因此需要通过进一步的旋转变换来区分主要因子。

表 5-9 因子旋转前的载荷和公因子方差

变量	因子1	因子2	因子3	因子4	因子5	因子6	公因子方差
飞行时间	−0.530	−0.761	−0.328	−0.114	0.074	−0.115	1.000
起落次数	−0.607	−0.720	−0.283	0.121	−0.059	0.123	1.000
飞机空中故障次数	0.608	−0.628	0.444	−0.107	−0.161	−0.026	1.000
飞机地面故障次数	0.751	−0.071	−0.608	0.231	−0.049	−0.070	1.000
飞机维修停飞率	0.755	−0.041	−0.608	−0.224	0.037	0.080	1.000
飞机任务成功率	−0.681	0.5490	−0.442	−0.109	−0.162	−0.032	1.000
方差	2.6181	1.8018	1.3195	0.1543	0.0649	0.0414	6.0000
方差贡献率	0.436	0.300	0.220	0.026	0.011	0.007	1.000

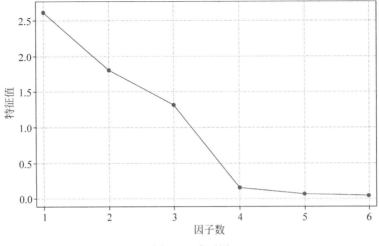

图 5-6　碎石图

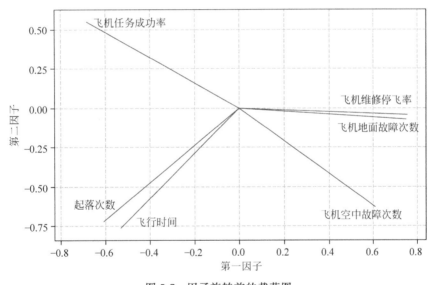

图 5-7　因子旋转前的载荷图

3. 因子旋转

非旋转因子载荷通常比较难解释。因子旋转简化了载荷结构,从而可以更容易地解释因子载荷。常用的几种正交旋转方法包括因子方差最大法、变量方差最大法、变量-因子方差最大法和综合法,选择哪种旋转方法主要是看哪种方法效果好,最常用的为因子方差最大法。我们采用因子方差最大法(Varimax)旋转,即用一个正交阵右乘 $\boldsymbol{A}$,对应 $\boldsymbol{A}$ 的一个旋

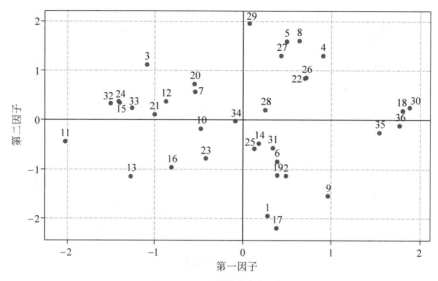

图 5-8　因子旋转前的分值图

转,旋转后每个变量仅在一个公共因子上有较大的载荷,而在其余公共因子上的载荷比较小,便于对公因子进行解释。旋转后的载荷矩阵和公因子方差如表 5-10 所列。通过最大方差旋转后,得到新的 3 个因子的载荷矩阵:因子 1 可以解释"飞行时间""起落次数",反映了飞机出动强度,可称为使用强度因子;因子 2 可以解释"飞机空中故障次数""飞机任务成功率",反映了飞机任务完成情况,可称为任务完成因子;因子 3 可以解释"飞机维修停飞率""飞机地面故障次数",反映了维修保障能力,可称为保障能力因子。在解释的总方差贡献率中可以得到 3 个公因子的方差贡献率达到 95.7%,符合公共因子选取的原则。

表 5-10　旋转后的载荷和公因子方差

变量	因子 1	因子 2	因子 3	公因子方差
飞行时间	0.9820	0.0050	−0.0590	0.9680
起落次数	0.9710	0.0490	−0.1460	0.9670
飞机空中故障次数	0.0220	−0.9750	0.1060	0.9620
飞机地面故障次数	−0.0890	−0.1360	0.9550	0.9390
飞机维修停飞率	−0.1150	−0.1200	0.9560	0.9420
飞机任务成功率	0.0760	0.9660	−0.1510	0.9610
方差	1.9356	1.9179	1.8859	5.7394
方差贡献率	0.3230	0.3200	0.3140	0.9570

与旋转前的因子负荷矩阵相比较,该旋转对因子载荷起到了明显的分离作用,使各因子具有较明显的专业意义。然而,没有哪种旋转方法在所有情况下都表现最佳。我们可以尝试不同的旋转,并使用产生最佳解释结果的方法。还可以对旋转载荷排序,从而更为清楚地

评估因子中的载荷。旋转后已排序的载荷矩阵和公因子方差如表 5-11 所列。

表 5-11 旋转后已排序的载荷和公因子方差

变量	因子 1	因子 2	因子 3	公因子方差
飞行时间	0.9820	0.0050	−0.0590	0.9680
起落次数	0.9710	0.0490	−0.1460	0.9670
飞机空中故障次数	0.0220	−0.9750	0.1060	0.9620
飞机任务成功率	0.0760	0.9660	−0.1510	0.9610
飞机维修停飞率	−0.1150	−0.1200	0.9560	0.9420
飞机地面故障次数	−0.0890	−0.1360	0.9550	0.9390
方差	1.9356	1.9179	1.8859	5.7394
方差贡献率	0.3230	0.3200	0.3140	0.9570

载荷图可直观地显示前两个因子的载荷结果。以第一因子和第二因子为坐标,可以得到原始变量在二维坐标图上的分布,载荷图代表了原始变量和公共因子在表达方向上的区别,因子旋转后的载荷图如图 5-9 所示,"飞行时间"和"起落次数"为第一因子,在方向上是一致的;"飞机空中故障次数"和"飞机任务成功率"为第二因子,但在方向上是相反的,这与实际情况相符。

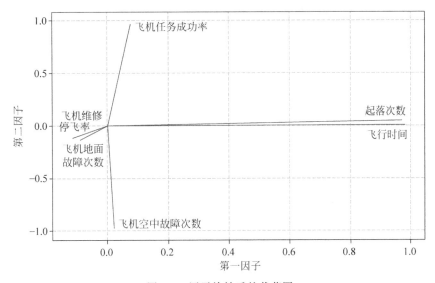

图 5-9 因子旋转后的载荷图

4. 因子得分系数

分析结果中还可以得到因子得分系数(见表 5-12),根据因子得分系数可以在各因子所构成的空间中把各个变量描绘出来,得到直观的分类结果,本例是研究变量之间的相关关系,根据得到的因子得分系数,可以进一步使用软件绘制出 3D 散点图。

表 5-12 因子得分系数

变量	因子 1	因子 2	因子 3
飞行时间	0.524	−0.013	0.077
起落次数	0.508	−0.001	0.031
飞机空中故障次数	0.030	−0.531	−0.078
飞机地面故障次数	0.062	0.065	0.537
飞机维修停飞率	0.048	0.074	0.537
飞机任务成功率	0.017	0.518	0.061

5. 检查数据是否有问题

如果前两个因子在数据变异中占很大比例，则可以使用分值图评估数据结构并检测聚类、异常值和趋势。该图的数据分组情况可以说明数据中两种或两种以上不同的分布。如果数据遵循正态分布，并且不存在异常值，则这些点将随机分布在值 0 的周围。在如图 5-10 所示的分值图中，数据随机分布在值 0 的周围，没有明显的异常值。

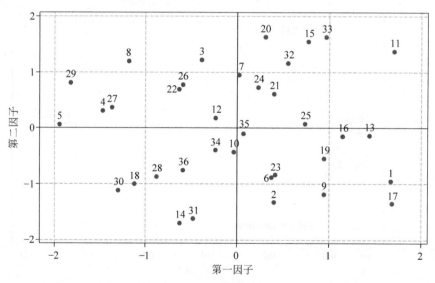

图 5-10 因子旋转后的分值图

为了更直观地显示前两个因子载荷与分值分布情况，可以将载荷图与分值图添加在一起形成双标图，如图 5-11 所示。

经验分享：对于例 5-1 我们同样可以采用因子分析对其进行降维，与主成分分析相比，由于因子分析可以使用旋转技术帮助解释因子，在解释方面一般会更加有优势。

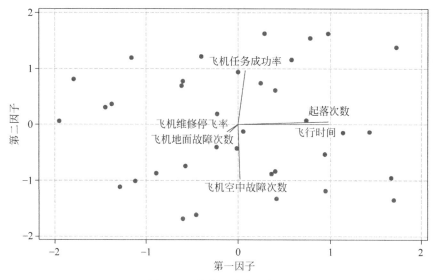

图 5-11 载荷和分值双标图

5.4 聚 类 分 析

《周易·系辞上》中说:"方以类聚,物以群分。"对事物进行分类,是人们认识事物的出发点,也是人们认识世界的一种重要分方法。聚类分析即是研究分类问题的一种数据分析方法。随着计算机技术的不断发展,聚类分析的理论和应用得到了迅速发展。

5.4.1 聚类分析简介

1. 聚类分析的概念

聚类分析(Cluster Analysis)又称群分析,是一种广泛应用于知识发现(Knowledge Discovery in Database,KDD)与数据挖掘(Data Mining,DM)的分析手段。它是根据"物以类聚"的道理,将物理或抽象对象的集合分组成为由类似的对象组成的多个类的分析过程。聚类问题本质是一个优化问题,即通过一种迭代运算使得系统的目标函数达到一个极小值,该目标函数为划分的评价函数,通常采用"距离"作为划分的评价标准,将"距离"近的对象归入一类,不同类之间的对象"距离"较远,这是聚类分析方法的共同思路。

聚类与分类的不同在于,聚类所要求划分的类是未知的。因此,聚类分析是一种探索性的分析,在聚类的过程中,人们不必事先给出一个分类的标准,聚类分析能够从样本数据出发,自动进行分类。聚类分析所使用方法的不同,常常会得到不同的结论。不同研究者对于同一组数据进行聚类分析,所得到的聚类结果未必一致。

2. 聚类分析的类型

聚类分析根据聚类对象不同分为：Q 型聚类分析(Clustering for Individuals)和 R 型聚类分析(Clustering for Variables)。Q 型聚类分析是指对样本(即样本观测值)进行聚类,它使具有相似特征的样本聚集在一起,使差异性大的样本分离。R 型聚类分析是指对变量进行聚类,它使差异性大的变量分离,使具有相似性的变量聚集在一起。可在相似变量中选择少数具有代表性的变量参与其他分析,实现减少变量个数和变量降维的目的。

聚类分析根据聚类方法不同分为系统聚类(也称层次聚类、谱系聚类)、动态聚类(也称快速聚类)、模糊聚类等。

3. 聚类分析的基本思想

聚类问题的一般提法是：设有 n 个样品的 p 元观测数据组成一个数据矩阵

$$X = \begin{bmatrix} x_{11} & x_{12} & \cdots & x_{1p} \\ x_{21} & x_{22} & \cdots & x_{2p} \\ \vdots & \vdots & & \vdots \\ x_{n1} & x_{n2} & \cdots & x_{np} \end{bmatrix}$$

其中,每一行表示一个样品,每一列表示一个指标(变量),x_{ij} 示第 i 个样品关于第 j 项指标的观测值,要根据观测值对样品或指标(变量)进行分类。

聚类分析的基本思想是：在样品之间定义距离,在变量之间定义相似系数。样品距离表明样品之间的相似程度,变量之间的相似系数刻画变量之间的相似程度。将样品(或变量)按相似程度的大小逐一归类,关系密切的聚集到较小的一类,关系疏远的聚集到较大的一类,直到所有的样品(或变量)都聚集完毕,形成一个亲疏关系的谱系图(树状图),依次按照某些要求对样品(或变量)进行分类。

5.4.2 样品间的相似性度量——距离

设有 n 个样品的 p 元观测数据

$$\boldsymbol{x}_i = (x_{i1}, x_{i2}, \cdots, x_{ip})^T \quad (i=1,2,\cdots,n)$$

这时,每个样品可以看成 p 元空间的一个点,即一个 p 维向量,n 个样品组成 p 元空间的 n 个点。两个样品间的距离也就是两个向量之间的距离,记为 $d(\boldsymbol{x}_i, \boldsymbol{x}_j)$,一般满足下列条件：

(1) 非负性：$d(\boldsymbol{x}_i, \boldsymbol{x}_j) \geqslant 0$, $d(\boldsymbol{x}_i, \boldsymbol{x}_j) = 0$ 当且仅当 $\boldsymbol{x}_i = \boldsymbol{x}_j$;

(2) 对称性：$d(\boldsymbol{x}_i, \boldsymbol{x}_j) = d(\boldsymbol{x}_j, \boldsymbol{x}_i)$;

(3) 三角不等式：$d(\boldsymbol{x}_i, \boldsymbol{x}_j) \leqslant d(\boldsymbol{x}_i, \boldsymbol{x}_k) + d(\boldsymbol{x}_k, \boldsymbol{x}_j)$。

在聚类分析中常用的距离有以下几种。

1. 欧氏距离（欧几里得距离，Euclidean Distance）

$$d(\boldsymbol{x}_i, \boldsymbol{x}_j) = \left[\sum_{k=1}^{p}(x_{ik} - x_{jk})^2\right]^{\frac{1}{2}} \tag{5-41}$$

欧氏距离是聚类分析中最常用的距离，上式亦称为简单欧氏距离。另一种常用的形式是平方欧氏距离，即取上式的平方。欧氏距离的主要优点是当坐标轴进行正交旋转时是保持不变的，即对原坐标系进行平移和旋转变换，变换后样本点间的距离和变换前相同。

2. 皮尔逊距离（Pearson Distance）

欧氏距离是有量纲的，因而从数值上说，各维之间可能因单位不同而相差悬殊；同时欧氏距离也未考虑各变量方差的不同，方差大的变量在距离中的贡献就会大。为此可引入皮尔逊距离。

$$d(\boldsymbol{x}_i, \boldsymbol{x}_j) = \left[\sum_{k=1}^{p}(x_{ik} - x_{jk})^2 / s_k^2\right]^{\frac{1}{2}} \tag{5-42}$$

式中，s_k^2 是第 k 个变量的方差，$s_k^2 = \frac{1}{n-1}\sum_{i=1}^{n}(x_{ik} - \bar{x}_k)^2$，$\bar{x}_k = \frac{1}{n}\sum_{i=1}^{n}x_{ik}$。因此，该距离也称为方差加权距离。该距离考虑到了各个变量的不同标准差，但未考虑各变量间可能存在的相关关系。对上式取平方，就得到皮尔逊平方距离。

3. 绝对距离（又称为曼哈顿距离，Manhattan Distance）

$$d(\boldsymbol{x}_i, \boldsymbol{x}_j) = \sum_{k=1}^{p}|x_{ik} - x_{jk}| \tag{5-43}$$

绝对距离是一个应用比较广泛的距离，它具有稳健性的特点。

4. 切氏距离（切比雪夫距离，Chebychev Distance）

$$d(\boldsymbol{x}_i, \boldsymbol{x}_j) = \max_{1 \leqslant k \leqslant p}|x_{ik} - x_{jk}| \tag{5-44}$$

5. 闵氏距离（闵可夫斯基距离，Minkowski Distance）

$$d(\boldsymbol{x}_i, \boldsymbol{x}_j) = \left[\sum_{k=1}^{p}|x_{ik} - x_{jk}|^m\right]^{\frac{1}{m}} \tag{5-45}$$

式中，$m(m>0)$ 为常数。特别地，当 $m=1$ 时，即为绝对值距离；当 $m=2$ 时，即为欧氏距离；当 $m \to +\infty$ 时，即为切氏距离。

6. 马氏距离（马哈拉诺比斯距离，Mahalanobis Distance）

$$d(\pmb{x}_i,\pmb{x}_j)=[(\pmb{x}_i-\pmb{x}_j)^{\mathrm{T}}\pmb{S}^{-1}(\pmb{x}_i-\pmb{x}_j)]^{\frac{1}{2}} \tag{5-46}$$

式中，$\pmb{S}$ 是样品 $\pmb{x}_1,\pmb{x}_2,\cdots,\pmb{x}_n$ 的协方差矩阵，$\pmb{S}=\dfrac{1}{n-1}\sum\limits_{i=1}^{n}(\pmb{x}_i-\bar{\pmb{x}})(\pmb{x}_i-\bar{\pmb{x}})^{\mathrm{T}}$。若协方差矩阵是单位矩阵（各个样本向量之间独立同分布），则公式就成了 $d(\pmb{x}_i,\pmb{x}_j)=[(\pmb{x}_i-\pmb{x}_j)^{\mathrm{T}}(\pmb{x}_i-\pmb{x}_j)]^{\frac{1}{2}}$，即欧氏距离。马氏距离的优点是与量纲无关，能消除变量之间相关性的干扰，将原始数据作线性变换后，马氏距离不变；缺点是 $\pmb{S}$ 难以确定。

7. 兰氏距离（Lance & Williams Distance）

$$d(\pmb{x}_i,\pmb{x}_j)=\sum_{k=1}^{p}\dfrac{|x_{ik}-x_{jk}|}{x_{ik}+x_{jk}} \tag{5-47}$$

兰氏距离仅适用于 $x_{ij}>0$ 的情况，它是一个无量纲的量，受奇异值的影响较小，适用于高度偏倚或含异常值的数据，兰氏距离没有考虑变量间的相关性。

5.4.3 变量间的相似性度量——相似系数

当对 p 个指标变量进行聚类时，用相似系数来衡量变量之间的相似性程度（或关联性程度）。一般地，若 c_{ij} 表示变量 $\pmb{x}_i$ 和 $\pmb{x}_j$ 之间的相似系数，应满足

(1) $|c_{ij}|\leqslant 1$ 且 $c_{ii}=1$；

(2) $c_{ij}=\pm 1$ 当且仅当 $\pmb{x}_i=a\pmb{x}_j(a\neq 0)$；

(3) $c_{ij}=c_{ji}$。

c_{ij} 的绝对值越接近于 1，说明变量 $\pmb{x}_i$ 和 $\pmb{x}_j$ 的关联性越大，c_{ij} 的绝对值越接近于 0，说明变量 $\pmb{x}_i$ 和 $\pmb{x}_j$ 的关联性越小。

相似系数中最常用的是相关系数与夹角余弦。

1. 相关系数

设样品 $\pmb{x}_1,\pmb{x}_2,\cdots,\pmb{x}_n$ 的协方差矩阵为 $\pmb{S}=(s_{ij})_{p\times p}$，相关矩阵 $\pmb{R}=(r_{ij})_{p\times p}$，则变量 $\pmb{x}_i,\pmb{x}_j$ 的相关系数为

$$r_{ij}=\dfrac{s_{ij}}{\sqrt{s_{ii}s_{jj}}}=\dfrac{\sum\limits_{i=1}^{n}(x_{ki}-\bar{x}_i)(x_{kj}-\bar{x}_j)}{\sqrt{\sum\limits_{i=1}^{n}(x_{ki}-\bar{x}_i)^2\sum\limits_{i=1}^{n}(x_{kj}-\bar{x}_j)^2}} \tag{5-48}$$

r_{ij} 是变量 $\pmb{x}_i$ 的观测值 $(x_{1i},x_{2i},\cdots,x_{ni})^{\mathrm{T}}$ 与 $\pmb{x}_j$ 的观测值 $(x_{1j},x_{2j},\cdots,x_{nj})^{\mathrm{T}}$ 间的相关

系数。

2. 夹角余弦

设变量 x_i, x_j 的观测值各为 $(x_{1i}, x_{2i}, \cdots, x_{ni})^{\mathrm{T}}$ 和 $(x_{1j}, x_{2j}, \cdots, x_{nj})^{\mathrm{T}}$,其夹角余弦为

$$c_{ij} = \cos\theta_{ij} = \frac{\sum_{k=1}^{n} x_{ki} x_{kj}}{\sqrt{\sum_{k=1}^{n} x_{ki}^2 \sum_{k=1}^{n} x_{kj}^2}} \tag{5-49}$$

这是解析几何中两个向量夹角余弦的概念在 p 元空间的推广,可以看作 p 元空间 $\mathbf{R}^p$ 中两个向量 x_i 和 x_j 的夹角余弦。如果变量经过 Z-score 标准化处理,则两变量的夹角余弦等于相关系数,换言之,相关系数就是对数据作标准化处理后得到的夹角余弦值。

经验分享:在实际聚类过程中,为了计算方便,可以把变量间的相似性度量公式作一个变换:$d_{ij} = 1 - |c_{ij}|$ 或 $d_{ij}^2 = 1 - c_{ij}^2$,用来表示变量间的距离远近,这比较符合人们的一般思维习惯。

5.4.4 类间距离与递推公式

聚类过程大致是这样的:先定义样品间距离,然后将距离较近的样品合并为一类,新的类形成后还要将相近类与之合并形成更新的类。因此,还要定义类间距离。设 d_{ij} 表示两个样品 x_i, x_j 之间的距离,G_p, G_q 分别表示两个类,各自含有 n_p, n_q 个样品。若类 G_p 中的样品为 $x_1^{(p)}, x_2^{(p)}, \cdots, x_{n_p}^{(p)}$,则其均值

$$\bar{x}_p = \frac{1}{n_p} \sum_{i=1}^{n_p} x_i^{(p)} \tag{5-50}$$

称为类 G_p 的重心。

类与类之间的距离有多种定义方法,在此介绍下列几种常用的类间距离及其递推公式。以下将类 G_p 与类 G_q 之间的距离记为 D_{pq}。

1. 最短距离

$$D_{pq} = \min_{x_i \in G_p, x_j \in G_q} d_{ij} \tag{5-51}$$

即用两类中样品之间的距离最短者作为两类间距离。

设有类 G_p 与 G_q 合并形成新类 G_r,其样品数 $n_r = n_p + n_q$,按最短距离法计算新类 G_r 与其他类 $G_k (k \neq p, q)$ 间的距离,其递推公式为

$$D_{rk} = \min\{D_{pk}, D_{qk}\} \tag{5-52}$$

2. 最长距离

$$D_{pq} = \max_{x_i \in G_p, x_j \in G_q} d_{ij} \tag{5-53}$$

即用两类中样品之间的距离最长者作为两类间距离。

设类 G_p 与 G_q 合并形成新类 G_r，其样品数 $n_r = n_p + n_q$，按最长距离法计算新类 G_r 与其他类 $G_k (k \neq p, q)$ 间的距离，其递推公式为

$$D_{rk} = \max\{D_{pk}, D_{qk}\} \tag{5-54}$$

3. 平均距离

$$D_{pq} = \frac{1}{n_p n_q} \sum_{x_i \in G_p} \sum_{x_j \in G_q} d_{ij} \tag{5-55}$$

即用两类中所有两两样品之间距离的平均值作为两类间距离。

设类 G_p 与 G_q 合并形成新类 G_r，其样品数 $n_r = n_p + n_q$，按平均距离法计算新类 G_r 与其他类 $G_k (k \neq p, q)$ 间的距离，其递推公式为

$$D_{rk} = \frac{n_p}{n_r} D_{pk} + \frac{n_q}{n_r} D_{qk} \tag{5-56}$$

还可以定义两类之间的类平均距离为

$$D_{pq}^2 = \frac{1}{n_p n_q} \sum_{x_i \in G_p} \sum_{x_j \in G_q} d_{ij}^2 \tag{5-57}$$

即用两类中所有两两样品之间平方距离的平均值作为两类间距离，其递推公式为

$$D_{rk}^2 = \frac{n_p}{n_r} D_{pk}^2 + \frac{n_q}{n_r} D_{qk}^2 \tag{5-58}$$

4. 重心距离（也称为质心距离）

$$D_{pq} = d(\bar{x}_p, \bar{x}_q) = [(\bar{x}_p - \bar{x}_q)^T (\bar{x}_p - \bar{x}_q)]^{\frac{1}{2}} \tag{5-59}$$

式中，$\bar{x}_p, \bar{x}_q$ 分别表示 G_p, G_q 的重心，即用两类重心之间的欧氏距离作为类间距离。重心距离考虑比较全面，其主要缺点是在聚类过程中，不能保证合并的类之间的距离值呈单调增加的趋势，也不能保证相似水平单调减少的趋势。

设类 G_p 与 G_q 合并形成新类 G_r，其样品数 $n_r = n_p + n_q$，按重心距离法计算新类 G_r 与其他类 $G_k (k \neq p, q)$ 间的距离，其递推公式为

$$D_{rk}^2 = \frac{n_p}{n_r} D_{pk}^2 + \frac{n_q}{n_r} D_{qk}^2 - \frac{n_p n_q}{n_r^2} D_{pq}^2 \tag{5-60}$$

5. 离差平方和距离

$$D_{pq}^2 = \frac{n_p n_q}{n_p + n_q} (\bar{x}_p - \bar{x}_q)^T (\bar{x}_p - \bar{x}_q) \tag{5-61}$$

显然,离差平方和距离与重心距离的平方成正比。重心距离与两类的样品数无关,而离差平方和距离与两类的样品数有较大关系,两个较大的类有较大的距离,因而不易合并,这恰恰符合我们对聚类的实际要求,因此离差平方和距离在许多场合下优于重心距离,但它对异常值比较敏感。

设类 G_p 与 G_q 合并形成新类 G_r,其样品数 $n_r = n_p + n_q$,按离差平方和距离法计算新类 G_r 与其他类 $G_k (k \neq p, q)$ 间的距离,其递推公式为

$$D_{rk}^2 = \frac{n_p + n_k}{n_r + n_k} D_{pk}^2 + \frac{n_q + n_k}{n_r + n_k} D_{qk}^2 - \frac{n_k}{n_r + n_k} D_{pq}^2 \tag{5-62}$$

在具体聚类分析过程中,上述类间距离的定义方法各有优缺点,很难说哪种定义方法一定最优,因此应根据实际情况选择合适的类间距离。

5.4.5 系统聚类

系统聚类法(Hierarchical Clustering Method)是最常用的一种聚类分析方法,其基本思想是:首先视各样品(或变量)自成一类,然后把最相似(距离最小或相似系数最大)的样品(或变量)聚为小类,最后聚合成一个大类,从而得到一个按相似性大小聚结的谱系图(树状图),因此系统聚类法也称为谱系聚类法或层次聚类法。系统聚类是聚类分析中应用最广泛的一种方法,具有数值特征的变量和样本都可以采用系统聚类方法。

1. 系统聚类法的工作流程

系统聚类法的工作流程如图 5-12 所示。

2. 系统聚类算法的步骤

(1) n 个样品(或变量)开始时作为 n 个类,计算两两之间的距离或相似系数,得到一个对称距离矩阵

$$\boldsymbol{D}_0 = \begin{bmatrix} 0 & d_{12} & \cdots & d_{1n} \\ d_{21} & 0 & \cdots & d_{2n} \\ \vdots & \vdots & & \vdots \\ d_{n1} & d_{n2} & \cdots & 0 \end{bmatrix}$$

此时,$D_{pq} = d_{pq}$。

(2) 选择 $\boldsymbol{D}_0$ 中的非对角线上的最小元素(距离)或最大元素(相似系数),设该元素为 D_{pq},这时 $G_p = \{x_p\}$,$G_q = \{x_q\}$,将 G_p、G_q 合并成一个新类 $G_r =$

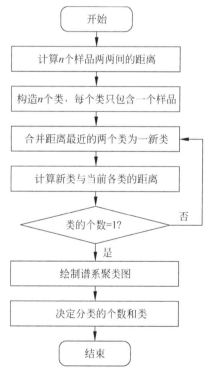

图 5-12 系统聚类法工作流程图

$\{G_p, G_q\}$，在 D_0 中消去 G_p、G_q 所对应的两行、两列，并加入新类 G_r 与其余各类间的距离或相似系数，得到一个 $n-1$ 阶方阵 D_1。

（3）从 D_1 出发重复步骤（2）得 D_2，再由 D_2 出发，重复上述步骤，直到全部样品（或变量）聚合为一个大类为止。

（4）在合并过程中记下合并样品（或变量）的编号及两类合并时的距离，并绘制谱系聚类图。

（5）决定分类的个数和类。

3. 常用系统聚类法

在系统聚类分析过程中首先要确定对象和类以及类与类之间的距离。正如样品之间的距离可以有不同的定义方法一样，类与类之间的距离也有各种定义，就产生了不同的系统聚类方法。根据前面介绍的类间距离主要分为最短距离法、最长距离法、平均距离法、重心法、离差平方和法等。

4. 确定类的个数

系统聚类谱系图像一棵倒置的树，因此也叫聚类树状图，它反映了样品之间或变量之间的逐步聚类过程，分类数目从 1 至 n。但是通常分成 1 类或 n 类都没有太大意义，那么最终要分成多少类才最合适？要得到最合适的分类数，通常有以下几种方法。

（1）给定阈值。通过观测聚类树状图，确定一个比较合适的阈值（临界值）T，要求类间距离刚好大于 T。这种方法的优点是有较强的直观性，但是聚类分析只是按照类间距离合并类，而没有考虑事物之间的本质特征，具有较强的主观性，这也是它的不足之处。

准则 A：各类重心之间的距离要足够大。

准则 B：各类所包含的元素不宜太多。

准则 C：类的个数须符合实用的目的。

准则 D：采用不同的聚类法处理时，需综合考虑各种方法的结果。

（2）考虑输出结果和树状图中的距离以及相似性水平。定义类 G_p 与 G_q 之间的相似性

$$S_{pq} = 100\left(1 - \frac{D_{pq}}{D_{\max}}\right) \tag{5-63}$$

式中，D_{pq} 是 G_p 与 G_q 之间的距离；$D_{\max}$ 是原始距离矩阵中最大的距离。观察每步之间距离或相似性水平的变化程度，如果在某一步距离或相似性水平变化比较急剧，就表明上一步的聚类效果是比较好的。

（3）给定聚类数。指定不同聚类数 k，对 $k=2,3,\cdots$ 的聚类结果进行分析，找出其中最符合实际的分类数。

（4）给定相似水平。通过指定希望达到的相似性水平来确定最终聚类的个数。

(5)根据样品的散点图确定。如果样品是二维或三维的,可以通过样品观测数据的散点图来直观确定类的个数。如果样品是高维的,可以考虑采用费希尔判别分析(Fisher Discriminant Analysis)中的投影(降维)方法,并根据所有样品的前两个(或前三个)费希尔判别函数的得分画出散点图,观察类之间是否分离得较好。利用散点图既能评估聚类效果的优劣,也有助于判断所确定的分类个数是否恰当。

5. 变量聚类

前面主要讨论了样品聚类(Q型聚类),系统聚类法同样适用于变量聚类(R型聚类)。变量聚类又称为R型聚类或指标聚类,是指将若干个指标归类的方法,其目的是对指标降维,从而选出具有代表性的指标并生成一些新变量,这些变量比主成分分析的变量更加直观易懂。在实际工作中,为避免遗漏重要因素,初始选取所考察的变量时,总是尽可能多地考虑所有相关的因素,结果往往需要考察的变量过多,变量间的相关性也较大,给统计分析带来很大的不便,因此对一些变量进行分类变得十分重要。通过变量聚类可以发现某些变量之间的一些共性,以利于分析问题和解决问题。

在对变量聚类时,首先要将相似关系转化为距离,用所得距离以类似于Q型聚类分析中最常用的系统聚类法的思路和基本步骤对变量进行聚类即可。

5.4.6 动态聚类

系统聚类法一次形成类以后就不能改变了,这就要求每一次聚类比较准确,从而对聚类的方法提出了较高的要求,相应的计算量自然也比较大。所以,对于大样本聚类问题,会占据大量的计算机内存空间和较多的计算时间,甚至会因为计算机内存或计算时间的限制而无法进行。鉴于这种情况,产生了动态聚类法。

1. 动态聚类的基本思想

动态聚类法(Dynamical Clustering Method)又称为逐步聚类法,其基本思想是:选取若干样品作为凝聚点(或给出一个初始分类)让样品按照某种原则向凝聚点凝聚,并对凝聚点进行不断更新或迭代,直到分类比较合理或者迭代达到稳定为止。其优点是:计算量小、占用计算机存储空间少、方法简便,可以根据经验,先作主观分类。缺点是:结果受选择凝聚点好坏的影响,分类结果不稳定。

2. K均值聚类

动态聚类有许多不同的方法,其中最为流行的一种方法称为K均值聚类法(K-means Clustering Method)。

K均值聚类方法根据最终分类的个数k随机地选取k个初始的聚类中心,不断地迭代,

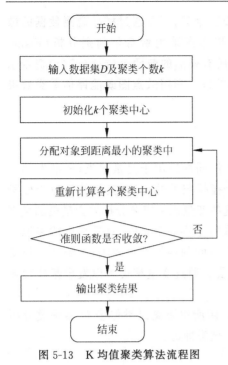

图 5-13　K 均值聚类算法流程图

直到达到目标函数的最小值,即得到最终的聚类结果。其中,目标函数通常采用平方误差准则,即:在每一次迭代中,要计算每一个点与各聚类中心的距离,并将距离最近的聚类作为该点所属的类,所以 K 均值聚类方法的算法复杂度为 $O(knt)$,其中,k 表示聚类数,n 表示结点数,t 表示迭代次数,通常 $k \ll n$ 并且 $t \ll n$。因此,当处理大数据集时,该算法是相对可伸缩的和有效的。K 均值聚类算法流程如图 5-13 所示。

在 K 均值聚类算法中,每一轮迭代后,需要判断聚类结果是否收敛。为此,通常会定义一个准则函数(亦称目标函数),其中最常用的是误差平方和函数(Sum of the Square Error,SSE),其计算公式为

$$\text{SSE} = \sum_{i=1}^{k} \sum_{x \in G_i} d(x, g_i)^2 \quad (5\text{-}64)$$

式中,x 是数据集 D 中的数据对象,G_i 代表第 i 个类,g_i 是 G_i 的中心,定义为

$$g_i = \frac{1}{n_i} \sum_{x \in G_i} x \quad (5\text{-}65)$$

式中,n_i 是 G_i 中数据对象的个数。

K 均值聚类算法迭代过程中,SSE 的值会不断减小。当前后两轮迭代所得到的 SSE 保持不变,或者二者之间的差异小于预设的门限值时,可以认为算法已收敛。

经验分享:为了检验聚类的稳定性,可用一个新的初始分类重新检验整个聚类算法。如果最终分类与原来一样,则不必再行计算;否则,须另行考虑聚类算法。

K 均值聚类方法是解决聚类问题的一种经典爬山式搜索算法。这种算法简单、快速,但对初值敏感,对于不同的初始值,可能会导致不同的聚类结果。此外,K 均值聚类算法是基于梯度下降的算法,由于目标函数局部极小值点的存在,以及算法的贪心性,算法可能会陷入局部最优,而无法达到全局最优。

3. K 均值聚类与系统聚类区别

K 均值聚类与系统聚类的共同特点是以距离远近为标准进行聚类,但是二者的不同之处亦很明显:系统聚类对类数的选择有一定的灵活性,而 K 均值聚类只能产生指定类数的聚类结果。具体类数的确定,离不开经验和意见;有时也可借助系统聚类以一部分样品为对象进行聚类,其结果作为 K 均值聚类确定类数的参考,亦不失为一个好方法。

5.4.7 应用实例

1. 样品系统聚类应用实例

【例5-3】 现有12种军用飞机性能指标数据,参数值分别为机身长度、机身高度、翼展、最大起飞重量、最大速度、最大航程,如表5-13所列。利用系统聚类法对性能指标数据进行聚类分析,绘制谱系聚类图,并根据聚类结果分析各群组飞机特征。

表 5-13 军用飞机性能指标数据

序号	机型	机身长度/m	机身高度/m	翼展/m	最大起飞重量/kg	最大速度/(km/h)	最大航程/km
1	F15	19.430	5.68	13.03	30800	3000	5741
2	F16	15.020	5.09	9.45	19187	2173	3890
3	B52	48.500	12.40	56.40	220000	1000	16232
4	B1	44.500	10.40	41.80	216400	1529	11998
5	AH-64	17.730	3.87	14.63	10433	293	1900
6	苏-27	21.940	5.93	14.70	33000	2876	3790
7	苏-30	21.935	6.36	14.70	34000	2120	3000
8	苏-35	22.200	6.43	15.15	34000	2450	4000
9	幻影2000	14.360	5.20	9.13	17000	2530	3335
10	图-160	54.100	13.10	55.70	275000	2000	12300
11	卡-29	15.900	5.40	15.50	12600	280	440
12	超黄蜂	23.030	6.66	18.90	13000	275	1020

【思路与方法】

本例是对样品进行聚类,属于Q型聚类,而且样品数不多,可采用系统聚类法。对于Q型聚类,样品数不超过30,一般可采用系统聚类法,样品数大于30,一般采用K均值聚类法。代表飞机性能指标的数据有多个变量,属于多元数据分析问题,本例通过对这些参数值进行系统聚类分析,根据典型特征进行分类,推断出哪些飞机具有相似特征群体,根据聚类结果分析各群组飞机的特征,推断飞机机型。

【分析步骤】

(1) 检查相似性水平和距离水平。

利用Minitab软件进行观测值聚类分析功能,"联结法"采用"最长距离","距离度量"采用"欧氏距离"(标准化处理后的欧氏距离),得到如下结果,聚类分析合并步骤如表5-14所列,聚类树状图如图5-14所示。

表 5-14 系统聚类分析合并步骤

步骤	点群数	相似性水平	距离水平	已合并的点群号		新聚类号	新聚类号中的观测值个数
1	11	93.7576	0.37398	2	9	2	2
2	10	93.6179	0.38235	7	8	7	2
3	9	92.3042	0.46105	1	6	1	2
4	8	89.9821	0.60017	5	11	5	2
5	7	85.6568	0.85929	2	7	2	4
6	6	82.5962	1.04265	5	12	5	3
7	5	82.2010	1.06632	1	2	1	6
8	4	75.8022	1.44967	3	10	3	2
9	3	73.7416	1.57312	3	4	3	3
10	2	51.6465	2.89682	1	5	1	9
11	1	0.0000	5.99092	1	3	1	12

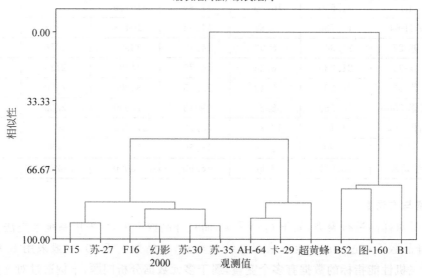

图 5-14 聚类树状图

在合并过程的每一步,查看形成的聚类并检查其相似性水平和距离水平。相似性水平越高,每个聚类中的观测值越相似。距离水平越低,每个聚类中的观测值越接近。理想情况下,聚类应具有相对较高的相似性水平和相对较低的距离水平。但是,必须设定合理且实际的聚类数来平衡该目标。

从表 5-14 可以看出,在步骤 1 中,两个聚类(观测值 2 和 9)合并形成新聚类。此步骤在数据中创建 11 个聚类,其相似性水平为 93.7576、距离水平为 0.37398。尽管相似性水平较高、距离水平较低,聚类数还是过高,因此用处不大。在每个后续步骤,随着新聚类的形成,相似性水平会降低、距离水平增加。在最后一步,所有观测值合并成一个聚类。

图 5-14 呈现了聚类分析中每一次类合并的情况。未聚类前,各个飞机自成一类,根据各个飞机性能指标数据的相似性特征,F16 和幻影 2000 首先合并成一类,其次苏-30 和苏-35 合并成一类,F15 和苏-27 合并成一类,属于歼击机;AH-64、卡-29、超黄蜂合并成一类,属于直升机,相比其他机型,具有航程小、速度慢等特点;B52、图-160 和 B1 合并成一类,属于轰炸机,各种性能参数都比较大。经过几次聚类后,最后所有个案聚成一类。聚类树状图体现了系统聚类分析方法的主要过程。

(2) 确定数据的最终分组。

检查最终分割中的聚类,以确定分组是否合乎应用的逻辑。使用每一步合并的聚类的相似性水平可帮助确定数据的最终分组。注意步骤之间相似性水平出现的突变。在相似性水平发生突变之前的步骤可为最终分割提供良好的分界点。对于最终分割,聚类应保持相对较高的相似性水平。还应运用实践性数据知识来确定对于应用最有意义的最终分组。

例如,表 5-14 显示当聚类数从 3 变为 2 时,相似性水平在步骤 9 和步骤 10 的减少量超过 22(从 73.7416 到 51.6465)。这些结果表明 3 个聚类对于最终分割可能已足够。如果此分组具有直观意义,则这可能是个不错的选择。

(3) 检查最终分割。

本例中根据实际情况分 3 组比较合适,确定最终分组后,重新运行分析并指定最终分割的聚类数(或相似性水平)。可以得到最终分割表(见表 5-15)、聚类质心表(见表 5-16)、聚类质心之间的距离表(见表 5-17),主要包含了每个聚类的特征。例如,到聚类质心的平均距离度量每个聚类内观测值的变异性等。同时显示聚类树状图,如图 5-15 所示。

表 5-15 最终分割

	观测值个数	类内平方和	到质心的平均距离	到质心的最大距离
聚类 1	6	1.45950	0.486452	0.587975
聚类 2	3	2.25647	0.866721	0.896548
聚类 3	3	0.64375	0.443988	0.555969

表 5-16 聚类质心

变量	聚类 1	聚类 2	聚类 3	总质心
机身长度	−0.528489	1.60408	−0.54710	0.0000000
机身高度	−0.472820	1.57459	−0.62895	0.0000000
翼展	−0.604867	1.60561	−0.39588	0.0000000
最大起飞重量	−0.490824	1.63497	−0.65332	0.0000000
最大速度	0.801358	−0.19763	−1.40508	0.0000000
最大航程	−0.332077	1.55819	−0.89404	−0.0000000

表 5-17 聚类质心之间的距离

	聚类 1	聚类 2	聚类 3
聚类 1	0.00000	4.76614	2.29761
聚类 2	4.76614	0.00000	5.11829
聚类 3	2.29761	5.11829	0.00000

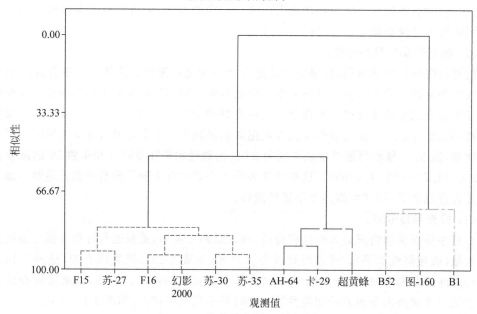

图 5-15 聚类树状图(3 个聚类)

如图 5-15 所示聚类树状图使用 3 个聚类的最终分割而创建,最终分割发生在大约相似性水平为 73.7416 处。如果分割聚类树状图的高度越高,最终聚类将越少,但相似性水平将降低。如果分割聚类树状图的高度越低,相似性水平将越高,但最终聚类将越多。聚类 1(最左侧)由 6 个观测值(工作表的行 1、2、6、7、8、9 中的观测值,即 F15、F16、苏-27、苏-30、苏-35、幻影 2000 的指标数据)组成,属于歼击机数据;聚类 2(最右侧)由 3 个观测值(工作表的行 3、4、10 中的观测值,即 B52、B1、图-160 的指标数据)组成,属于轰炸机数据;聚类 3(中间)由 3 个观测值(工作表的行 5、11、12 中的观测值,即 AH-64、卡-29、超黄蜂的指标数据)组成,属于直升机数据。由此可见,聚类结果的含义很直观且有明确意义,与实际常识完全一致。

事实上,我们可以绘制飞机性能指标数据散点图矩阵(矩阵图),如图 5-16 所示,从图中亦可直观看出数据分布情况,进一步说明聚类结果符合实际情况。

2. 变量系统聚类应用实例

【例 5-4】 为了对飞机综合状态进行评估,例 5-1 统计了某部 24 架飞机近 5 年的单机

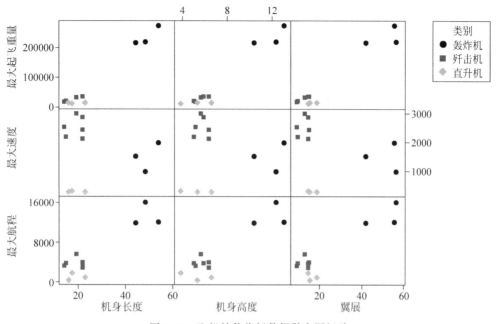

图 5-16 飞机性能指标数据散点图矩阵

完好率、维修停飞率、单机故障率、空中故障率、飞行架次、飞行时间 6 项机务指标数据(见表 5-2),利用系统聚类法对变量(指标)进行聚类分析。

【思路与方法】

本例中要求对飞机的 6 个机务指标进行变量分类,根据给定的数据,将 6 个指标变量按变量聚类的办法分成若干类,根据"相关性"来度量两个变量的接近程度,观察每步之间距离或相似性水平的变化程度,如果在某一步距离或相似性水平变化比较急剧,表明上一步的聚类效果是比较好的。

【结果分析】

利用 Minitab 软件进行变量聚类分析功能,"联结法"采用"最长距离","距离度量"采用"绝对相关系数距离",得到如下结果,聚类分析合并步骤如表 5-18 所列,聚类树状图如图 5-17 所示。

表 5-18 聚类分析合并步骤

步骤	点群数	相似性水平	距离水平	已合并的点群号		新聚类号	新聚类号中的观测值个数
1	5	92.0430	0.079570	5	6	5	2
2	4	91.3020	0.086980	1	2	1	2
3	3	51.7744	0.482256	3	4	3	2

续表

步骤	点群数	相似性水平	距离水平	已合并的点群号		新聚类号	新聚类号中的观测值个数
4	2	27.9783	0.720217	3	5	3	4
5	1	5.6747	0.943253	1	3	1	6

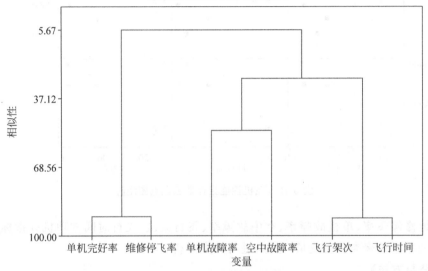

图 5-17 变量聚类树状图

从聚类分析合并步骤(表 5-18)可以看出,从第 3 步到第 4 步,相似性水平减少 51.7744－27.9783＝23.7961,变化最大,可以考虑变量分为 3 类。从聚类树状图可以看出,Y 轴代表相似性水平,在相似性水平约 51.7744 附近,可以将变量分为 3 类,其中,"飞行架次"和"飞行时间"两个变量关联度较高,划为一类,代表"飞机使用强度";"单机完好率"和"维修停飞率"两个变量关联度较高,划为一类,代表"维修保障能力";"单机故障率"和"空中故障率"两个变量关联度较高,划为一类,代表"飞机固有可靠性"。聚类结果的含义比较直观而有明确意义,比较符合实际情况,同时这与例 5-1 主成分分析的结果也是一致的。

3. K 均值聚类应用实例

【例 5-5】 利用 K 均值聚类法对例 5-3 中军用飞机性能指标数据(见表 5-13)进行聚类分析。

【思路与方法】

本例样品量虽然不大,但也可以使用 K 均值聚类法。K 均值聚类首先要指定分类个数 k,由例 5-3 系统聚类分析可知分为 3 类比较合理,因此选取类的个数 $k=3$,同时对数据进行标准化处理,利用 Minitab 软件进行 K 均值聚类分析,可得到如下结果,最终分割如表 5-19 所列,聚类质心如表 5-20 所列,聚类质心之间的距离如表 5-21 所列,分类结果如表 5-22 所列。

表 5-19 最终分割

	观测值个数	类内平方和	到质心的平均距离	到质心的最大距离
聚类 1	6	1.459	0.486	0.588
聚类 2	3	0.644	0.444	0.556
聚类 3	3	2.256	0.867	0.897

表 5-20 聚类质心

变量	聚类 1	聚类 2	聚类 3	总质心
机身长度	−0.5285	−0.5471	1.6041	0.0000
机身高度	−0.4728	−0.6290	1.5746	0.0000
翼展	−0.6049	−0.3959	1.6056	0.0000
最大起飞重量	−0.4908	−0.6533	1.6350	0.0000
最大速度	0.8014	−1.4051	−0.1976	0.0000
最大航程	−0.3321	−0.8940	1.5582	0.0000

表 5-21 聚类质心之间的距离

	聚类 1	聚类 2	聚类 3
聚类 1	0.0000	2.2976	4.7661
聚类 2	2.2976	0.0000	5.1183
聚类 3	4.7661	5.1183	0.0000

表 5-22 K 均值聚类分析分类结果工作表

机型	机身长度/m	机身高度/m	翼展/m	最大起飞重量/kg	最大速度/(km/h)	最大航程/km	分类
F15	19.430	5.68	13.03	30800	3000	5741	1
F16	15.020	5.09	9.45	19187	2173	3890	1
B52	48.500	12.40	56.40	220000	1000	16232	3
B1	44.500	10.40	41.80	216400	1529	11998	3
AH-64	17.730	3.87	14.63	10433	293	1900	2
苏-27	21.940	5.93	14.70	33000	2876	3790	1
苏-30	21.935	6.36	14.70	34000	2120	3000	1
苏-35	22.200	6.43	15.15	34000	2450	4000	1
幻影 2000	14.360	5.20	9.13	17000	2530	3335	1
图-160	54.100	13.10	55.70	275000	2000	12300	3
卡-29	15.900	5.40	15.50	12600	280	440	2
超黄蜂	23.030	6.66	18.90	13000	275	1020	2

【结果分析】

K均值聚类分析自动指定初始3个类中心点,根据事先设定的类数,将12种机型分为3类。从最终分割表(表5-19)可以看出,根据指定的初始分割将12种机型的数据聚类到3个聚类。聚类1包含6个观测值,聚类2包含3个观测值,聚类3包含3个观测值。分类结果工作表(表5-22)中给出了各个机型所属的类别,聚类1为{F15、F16、苏-27、苏-30、苏-35、幻影2000},属于歼击机;聚类2为{AH-64、卡-29、超黄蜂},属于直升机;聚类3为{B52、B1、图-160},属于轰炸机。这与系统聚类结果完全一致(类号不同只是表面现象),也符合实际情况。一般来说,K均值聚类法结果与系统聚类法结果常常大体一致、稍有差别。

【例5-6】 装备维修指标可以反映维修工作的全貌及内在规律,对加强装备维修管理有重要作用。根据36个维修单位日常收集的下列数据,如维修设备利用效率、平均排故时间、维修完好率、维修致损率、判断原因符合率、紧急维修成功率6个指标值,如表5-23所列,将维修部门分为六大类并分析各部门的综合维修能力。

表5-23 各维修单位指标值

序号	维修设备利用效率/%	平均排故时间/h	维修完好率/%	维修致损率/%	判断原因符合率/%	紧急维修成功率/%
1	99.06	25.46	93.15	3.56	97.51	61.66
2	88.28	23.55	94.31	2.44	97.94	73.33
3	100	26.54	92.53	4.02	98.48	76.79
4	99.48	26.89	93.86	2.92	99.41	63.16
5	100	27.63	93.18	1.99	99.71	80.00
6	97.55	27.34	90.63	4.38	99.03	63.16
7	91.66	24.89	90.60	2.73	99.69	73.53
8	62.18	31.74	91.67	3.65	99.48	61.11
9	83.27	26.56	93.81	3.09	99.18	70.73
10	92.39	24.26	91.12	4.21	99.47	79.07
11	95.43	28.75	93.43	3.50	99.10	80.49
12	92.99	26.31	93.24	4.22	100.00	78.95
13	80.90	26.90	93.68	4.97	99.77	80.53
14	79.66	31.87	94.88	3.59	100.00	81.97
15	90.98	29.43	95.75	2.77	98.72	62.86
16	92.98	26.92	94.89	3.14	99.41	82.35
17	95.10	25.82	94.41	2.80	99.35	60.61
18	93.17	27.59	93.47	2.77	99.80	70.21
19	84.38	27.56	95.15	3.10	98.63	69.23
20	72.69	26.03	91.94	4.50	99.05	60.42
21	86.33	22.40	91.52	3.84	98.58	68.42
22	91.01	25.44	94.88	2.56	99.36	73.94

续表

序号	维修设备利用效率/%	平均排故时间/h	维修完好率/%	维修致损率/%	判断原因符合率/%	紧急维修成功率/%
23	89.14	25.70	92.65	3.87	95.52	66.67
24	90.18	26.94	93.03	3.76	99.28	73.81
25	78.81	23.05	94.46	4.03	96.22	87.31
26	87.34	26.78	91.78	4.56	94.28	87.34
27	88.57	26.53	95.16	1.67	94.50	91.67
28	89.82	22.66	93.43	3.55	94.49	89.07
29	90.19	22.53	90.36	3.47	97.88	87.14
30	90.81	23.06	91.65	2.47	97.72	87.13
31	81.36	26.65	93.47	1.61	98.20	93.02
32	76.87	23.88	93.82	3.09	95.46	88.37
33	80.58	23.08	94.38	2.06	96.82	91.79
34	87.21	22.50	92.43	3.22	97.16	87.77
35	90.31	23.73	92.47	2.07	97.14	93.89
36	86.47	23.22	91.17	3.40	98.98	89.90

【思路与方法】

本例中包含 36 个维修单位的 6 个指标,样本量超出 30 个,因此考虑用 K 均值聚类法,且已知希望分为 6 类,利用 Minitab 软件进行 K 均值聚类分析(Minitab 采用欧氏距离或标准化后的欧氏距离,类间距离采用质心法),设置初始种群数 $k=6$,并对数据进行标准化处理,可得到如下结果,最终分割如表 5-24 所列,聚类质心如表 5-25 所列,聚类质心之间的距离如表 5-26 所列,分类结果如表 5-27 所列。

表 5-24 最终分割

	观测值个数	类内平方和	到质心的平均距离	到质心的最大距离
聚类 1	3	5.261	1.315	1.537
聚类 2	10	29.755	1.685	2.355
聚类 3	10	34.626	1.773	2.926
聚类 4	7	8.819	1.111	1.424
聚类 5	4	9.737	1.458	2.185
聚类 6	2	4.229	1.454	1.454

表 5-25 聚类质心

变量	聚类 1	聚类 2	聚类 3	聚类 4	聚类 5	聚类 6	总质心
维修设备利用效率	0.4050	−0.3722	0.3375	0.3485	0.4682	−2.5899	0.0000
平均排故时间	−0.5473	−0.8174	−0.1111	0.4992	1.2259	1.2643	0.0000

续表

变 量	聚类1	聚类2	聚类3	聚类4	聚类5	聚类6	总质心
维修完好率	−0.4725	0.3031	−0.9067	0.9397	0.6756	−0.9130	0.0000
维修至损率	0.5850	−0.7694	0.8418	−0.4860	−0.2518	0.9647	0.0000
判断原因符合率	−0.6010	−0.9846	0.2901	0.6033	0.8123	0.6380	0.0000
紧急维修成功率	−1.1044	1.0170	0.1486	−0.9491	0.3520	−1.5536	0.0000

表 5-26 聚类质心之间的距离

	聚类1	聚类2	聚类3	聚类4	聚类5	聚类6
聚类1	0.0000	2.7857	1.6773	2.3904	3.0471	3.7851
聚类2	2.7857	0.0000	2.7278	3.0208	2.9933	4.7936
聚类3	1.6773	2.7278	0.0000	2.6169	2.4122	3.6736
聚类4	2.3904	3.0208	2.6169	0.0000	1.5503	3.8889
聚类5	3.0471	2.9933	2.4122	1.5503	0.0000	4.1253
聚类6	3.7851	4.7936	3.6736	3.8889	4.1253	0.0000

表 5-27 K 均值聚类分析分类结果工作表

序号	维修设备利用效率	平均排故时间	维修完好率	维修致损率	判断原因符合率	紧急维修成功率	分类
1	99.06	25.46	93.15	3.56	97.51	61.66	1
2	88.28	23.55	94.31	2.44	97.94	73.33	2
3	100.00	26.54	92.53	4.02	98.48	76.79	3
4	99.48	26.89	93.86	2.92	99.41	63.16	4
5	100.00	27.63	93.18	1.99	99.71	80.00	5
6	97.55	27.34	90.63	4.38	99.03	63.16	3
7	91.66	24.89	90.60	2.73	99.69	73.53	3
8	62.18	31.74	91.67	3.65	99.48	61.11	6
9	83.27	26.56	93.81	3.09	99.18	70.73	4
10	92.39	24.26	91.12	4.21	99.47	79.07	3
11	95.43	28.75	93.43	3.50	99.10	80.49	5
12	92.99	26.31	93.24	4.22	100.00	78.95	3
13	80.90	26.90	93.68	4.97	99.77	80.53	3
14	79.66	31.87	94.88	3.59	100.00	81.97	5
15	90.98	29.43	95.75	2.77	98.72	62.86	4
16	92.98	26.92	94.89	3.14	99.41	82.35	5
17	95.10	25.82	94.41	2.80	99.35	60.61	4
18	93.17	27.59	93.47	2.77	99.80	70.21	4
19	84.38	27.56	95.15	3.10	98.63	69.23	4

续表

序号	维修设备利用效率	平均排故时间	维修完好率	维修致损率	判断原因符合率	紧急维修成功率	分类
20	72.69	26.03	91.94	4.50	99.05	60.42	6
21	86.33	22.40	91.52	3.84	98.58	68.42	1
22	91.01	25.44	94.88	2.56	99.36	73.94	4
23	89.14	25.70	92.65	3.87	95.52	66.67	1
24	90.18	26.94	93.03	3.76	99.28	73.81	3
25	78.81	23.05	94.46	4.03	96.22	87.31	2
26	87.34	26.78	91.78	4.56	94.28	87.34	3
27	88.57	26.53	95.16	1.67	94.50	91.67	2
28	89.82	22.66	93.43	3.55	94.49	89.07	2
29	90.19	22.53	90.36	3.47	97.88	87.14	3
30	90.81	23.06	91.65	2.47	97.72	87.13	2
31	81.36	26.65	93.47	1.61	98.20	93.02	2
32	76.87	23.88	93.82	3.09	95.46	88.37	2
33	80.58	23.08	94.38	2.06	96.82	91.79	2
34	87.21	22.50	92.43	3.22	97.16	87.77	2
35	90.31	23.73	92.47	2.07	97.14	93.89	2
36	86.47	23.22	91.17	3.40	98.98	89.90	3

【结果分析】

K 均值聚类分析自动指定初始 6 个类中心点,根据事先设定的分类数,将 36 个修理单位分为 6 类。从最终分割表(表 5-24)可以看出,根据指定的初始分割将 36 个维修单位的数据聚类到 6 个聚类。其中,聚类 1 包含 3 个观测值,聚类 2 包含 10 个观测值,聚类 3 包含 10 个观测值,聚类 4 包含 7 个观测值,聚类 5 包含 4 个观测值,聚类 6 包含 2 个观测值。分类结果工作表(表 5-27)中给出了各个修理单位所属的类别,其中聚类 1 为{1、21、23},聚类 2 为{2、25、27、28、30、31、32、33、34、35},聚类 3 为{3、6、7、10、12、13、24、26、29、36},聚类 4 为{4、9、15、17、18、19、22},聚类 5 为{5、11、14、16},聚类 6 为{8、20}。从聚类质心的数据(表 5-25)可以看出,第 6 类维修设备利用效率低、平均排故时间长、维修致损率高、紧急维修成功率低,是属于维修效率较低的单位,第 5 类维修致损率较低、判断原因符合率较高,是属于维修能力较强的单位,第 2、3、4 类中部分单位的维修设备利用效率也较低,说明维修任务工作量不饱满。第 1 类维修致损率比较高,判断原因符合率较低,说明维修能力不强。

钱学森
(1911—2009)

产品的可靠性是设计出来的、
生产出来的、管理出来的。

——钱学森

第 6 章 装备保障可靠性数据分析理论与应用

装备保障可靠性数据分析,在通用可靠性数据分析的基础上又有着自身的特点。因而将可靠性工程的基本概念及理论同装备保障有机结合,是理解装备保障可靠性数据分析的基础。本章主要介绍可靠性的基本概念及度量指标,可靠性分析中常见故障分布,可靠性数据收集、整理,以及可靠性数据建模与分析。

6.1 可靠性的基本概念及其度量

可靠性是武器装备形成保障能力、发挥作战效能的重要保证,也是减少装备维修保障资源、降低使用和保障费用的重要途径。对可靠性进行定量描述是开展可靠性数据建模与分析的重要基础。

6.1.1 可靠性和故障的概念

1. 可靠性

可靠性(Reliability)通常是指产品在规定的条件下和规定的时间内,完成规定功能的能力。

在这里,产品是一个非限定性术语,可以是某个装备系统,也可以是组成系统中的某个部分乃至元件、器件等。从定义不难看出,产品可靠性的高低,必须是在规定的时期内,在规定的条件下,按完成规定功能的大小来衡量。如果离开了这个"规定",就失去了衡量可靠性高低的前提。

(1) 可靠性与规定的条件密切相关。规定的条件是指产品完成规定功能的约束条件,即产品所处的使用环境与维护条件。主要是指环境条件、负荷条件、使用维修条件和工作方式等。包括使用时的环境条件,如温度、湿度、振动、冲击、辐射;使用时的应力条件、维护方法;储存时的储存条件以及使用时对操作人员技术等级的要求。在不同的规定条件下,产品的可靠性是不同的。条件越恶劣,产品的可靠性越差。不同的条件下,同一产品的可靠性不同。由于这些条件对产品故障(失效)都有影响,条件变化了,产品可靠性也随着变化,因此,只能在指定的条件下讲产品可靠性。例如,海湾战争中美军的很多飞机由于不适应沙漠气候而发生故障,比如沙尘进入飞机发动机造成故障;再比如,沿海附近装备的飞机故障率高,尤其是火控系统,主要是因为不适应湿热的环境等。

(2) 可靠性与规定的时间密切相关。规定的时间是可靠性的核心,是可靠性度量的依据。因为随着时间的增长,产品的可靠性是下降的。因此,在不同的规定时间内,产品的可靠性将不同。另外,不同的产品对应的时间指标也不同,如火箭发射装置,可靠性对应的时间以秒计;海底通信电缆则可以年计,而且这里的时间应看作是广义含义,即对某些产品也可用次数、周期等(如继电器的动作次数)来计算。不同的产品和不同的使用目的相应的规定时间也不同;这里的时间是指广义的时间,或者称为寿命单位,比如,飞行小时、行驶千米、射击发数、存放时间。如导弹在规定的发射准备时间内完成检测,并使系统处于良好的可发射状态,称导弹有效。否则,在规定的时间内不能完成发射准备,称导弹无效。因此,只能在规定的时间内讲可靠性。

(3) 可靠性还与规定的功能有密切关系。这里所指的规定的功能就是产品应具备的技术指标及其发挥的作用。规定的功能在产品技术文件中规定。各个产品在系统中承担着不同的任务,有着不同的功能。产品完成了规定的功能要求,就是可靠的,否则,就是不可靠的。完成功能的能力,通常表示可靠性的定性要求。完成功能的概率,通常表示可靠性的定量要求,是可靠性大小的度量。比如,战斗机飞上天不能算完成规定功能,还应完成作战飞行、进入目标、武器投放、击毁目标等任务才算完成规定功能。这些功能由战斗机的动力、武器、导航、控制等设备协调工作才能完成,它们所能实现的功能,即技术性能,在厂家的设计技术文件资料中有详细的规定。

2. 故障

产品不可靠就是出了故障。因此,研究可靠性与研究故障是密不可分的;同时可靠与故障是对立的,只要掌握了产品故障规律,也就掌握了产品可靠性的规律。

故障(Failure 或 Fault)是产品或产品的一部分不能或将不能完成预定功能的事件或状态。例如,坦克、汽车开不动,熄火,抛锚了;飞机、舰船飞不了或跑不动;枪炮打不响,打不连;发动机漏油等都是故障。

温馨提示:上述故障定义是广义的,在有的场合中产品不能执行规定功能的状态(不含预防性维修及缺乏外部资源等情况)称为故障(Fault),而把产品终止完成规定功能能力的事件称为失效(Failure)。在工程实践特别是产品使用中一般并不严格区分故障和失效,在多数场合用故障,对弹药、电子元器件等不修复的产品常称失效。

6.1.2 可靠性的度量指标

用可靠性来衡量产品指标,过去只是定性的分析,而没有定量的概念。自从可靠性工程诞生以后,将可靠性量化,就可以对各种产品的可靠性提出统一而明确的要求。航空装备上的绝大多数产品都属于可修复产品,其可靠性常用的度量指标有可靠度函数、累积故障分布函数、故障密度函数、故障率函数、可靠性参数(如平均寿命、平均剩余寿命、可靠性寿命)等。

1. 可靠度函数(生存函数)

可靠度(Reliability)是产品在规定时间内和规定条件下,完成规定功能的概率,通常以 R 表示。这里所说的"产品"可以是元件、零件、附件、部件、机件、设备、装备等。可靠度是时间 t 的函数,表示为 $R(t)$,即可靠度函数,也就是产品寿命大于规定时间的概率。

$$R(t) = P(T > t) \tag{6-1}$$

式中,$R(t)$ 为可靠度函数;T 为产品故障前的工作时间;t 为规定的时间。其中,$R(t) \geqslant 0$,$R(0)=1$,并且 $\lim\limits_{t \to \infty} R(t) = 0$。

有时,也把可靠度函数称为生存函数(Survival Function)。从寿命的角度看,它反映观察个体生存至时间 t 的概率,即在 t 时刻的生存概率。$R(t)$ 关于时间 t 的曲线叫作可靠度曲线或生存曲线,可靠度曲线示意图如图 6-1 所示。从图中可以看出,可靠度函数是时间的非增函数。

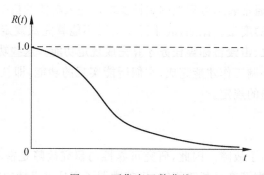

图 6-1 可靠度函数曲线

2. 累积故障分布函数(累积失效分布函数、不可靠度函数)

如前所述,故障是指产品不能执行规定功能的状态,通常指功能故障。产品丧失完成规定功能的能力的事件称为失效。实际应用中,特别是对硬件产品而言,故障与失效很难区分,故一般统称故障。产品从开始工作到首次故障前的一段工作时间 T 称为寿命。由于产品发生故障是随机的,所以寿命 T 是一个随机变量。不同产品、不同工作条件,寿命 T 值的统计规律性是不同的,设寿命 T 的分布函数为 $F(t)$,则

$$F(t) = P(T \leqslant t) \tag{6-2}$$

上式表示在规定条件下,产品寿命不超过 t 的概率,或者说,产品在 t 时刻前发生故障的概率,在可靠性中,将寿命 T 的分布函数 $F(t)$ 称为累积故障分布函数或累积失效分布函数(CDF)。其中,$F(0)=0$,并且 $\lim_{t \to \infty} F(t)=1$。累积故障分布函数曲线示意图如图 6-2 所示。

显然,可靠度函数和累积故障分布函数的关系是

$$F(t) + R(t) = 1 \tag{6-3}$$

可靠度函数与累积故障分布函数关系示意图如图 6-3 所示。从图中可以看出,由于 $R(t)$ 与 $F(t)$ 之和恒定为 1,二者的升降趋势刚好相反,即可靠度函数是单调非增函数,而累积故障分布函数是单调非减函数。

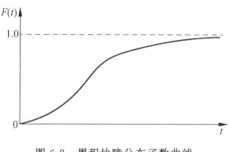

图 6-2 累积故障分布函数曲线

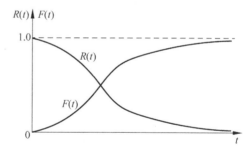

图 6-3 可靠度函数与累积故障分布函数关系

3. 故障密度函数(失效密度函数)

假设寿命 T 是一个连续随机变量,那么故障分布函数的导数称为故障概率密度函或失效概率密度函数(PDF),简称为故障密度函数或失效密度函数,此函数描述故障分布的形态,即

$$f(t) = \frac{\mathrm{d}F(t)}{\mathrm{d}t} \tag{6-4}$$

实际上,$f(t)$ 是单位时间内 t 时刻的故障概率,也就是单位时间内产品寿命在 $t \to t + \Delta t$ 的产品数占总产品数的百分比。

$f(t)$ 有如下两个性质

$$f(t) \geqslant 0, \quad \int_0^\infty f(t)\mathrm{d}t = 1$$

故障密度函数曲线示意图如图 6-4 所示。

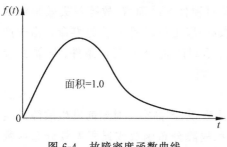

图 6-4　故障密度函数曲线

给定 $f(t)$,那么

$$F(t) = \int_0^t f(t)\mathrm{d}t \quad (6-5)$$

$$R(t) = \int_t^\infty f(t)\mathrm{d}t \quad (6-6)$$

换言之,可靠度函数 $R(t)$ 和累积故障分布函数 $F(t)$ 表示故障密度函数 $f(t)$ 曲线下面的面积,整个曲线下面的面积等于 1。因此,可靠度和故障概率应满足

$$0 \leqslant R(t) \leqslant 1, \quad 0 \leqslant F(t) \leqslant 1$$

可靠度函数 $R(t)$、累积故障分布函数 $F(t)$ 与故障密度函数 $f(t)$ 可以统一表示在以下概率分布图上,如图 6-5 所示。由定积分的几何意义可知,产品在规定时间 t 内的累积故障概率 $F(t)$ 就是图 6-5 曲线 $f(t)$ 下方、t 轴上方在区间 $[0,t]$ 内的面积(图 6-5 中阴影部分);而在曲线 $f(t)$ 下方、t 轴上方区间 $[t,\infty]$ 内的面积就是可靠度函数 $R(t)$。因此,只要知道故障密度函数 $f(t)$ 或累积故障分布函数 $F(t)$,就不难求出可靠度函数 $R(t)$ 和在任意时间 t 的可靠度 $R(t)$ 的值。

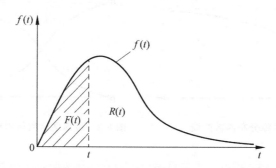

图 6-5　可靠度函数、累积故障分布函数与故障密度函数关系

4. 故障率函数(失效率函数、危险率函数、风险率函数)

已工作到时刻 t 的产品,在时刻 t 后单位时间内发生故障的概率称为该产品在时刻 t 的故障率函数,简称故障率、失效率、危险率或风险率,记为 $\lambda(t)$ 或 $h(t)$。

故障率函数与可靠度函数、故障密度函数的关系是

$$\lambda(t) = \frac{f(t)}{R(t)} \quad (6-7)$$

图 6-6 形象地表示出 $\lambda(t)$ 与 $f(t)$、$F(t)$、$R(t)$,并说明在 t 时刻各函数的取值关系。在

这里应该注意 $\lambda(t)$ 与 $f(t)$ 的区别。$\lambda(t)$ 是产品工作到 t 时刻,在还有尚未失效的产品的条件下,发生失效的条件概率;而 $f(t)$ 是产品总体上在 t 时刻发生失效的概率,与尚未失效的产品数的多少无关。因此,$\lambda(t)$ 更直观地反映产品在 t 时刻的失效情况;而 $f(t)$ 则主要反映产品总体在全部工作时间内的失效概率变化情况。

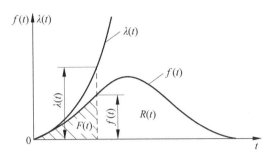

图 6-6　$\lambda(t)$ 与 $f(t)$、$F(t)$、$R(t)$ 之间的关系

5. 平均寿命

在系统的寿命特征量中最常用的是平均寿命(Mean Life),平均寿命的含义是产品寿命的平均值或数学期望,记为 θ。设产品的故障密度函数为 $f(t)$,则该产品的平均寿命,即寿命 T(随机变量)的数学期望为

$$\theta = E(T) = \int_0^\infty t f(t) \mathrm{d}t \tag{6-8}$$

可以证明,能用可靠度 $R(t)$ 来计算平均寿命,公式为

$$\theta = \int_0^\infty R(t) \mathrm{d}t \tag{6-9}$$

对不可修复产品和可修复产品,平均寿命的含义是不同的。对不可修复产品,寿命是指它失效前的工作时间。因此,平均寿命是指一批同类产品从开始使用到失效前的工作时间的平均值,即"平均故障前时间",常用 MTTF(Mean Time to Failure)表示。而对可修复产品,是指产品两次相邻故障之间的工作时间平均值,即"平均故障间隔时间",常用 MTBF(Mean Time Between Failure)表示。MTTF 与 MTBF 的理论意义和数学表达式的实际内容都是一样的,所以统称为平均寿命。

平均寿命与故障密度函数、可靠度函数的关系是

$$\mathrm{MTTF} = \mathrm{MTBF} = E(T) = \int_0^\infty t f(t) \mathrm{d}t = \int_0^\infty R(t) \mathrm{d}t \tag{6-10}$$

不论产品是否可修复,平均寿命的估计值的表达式均为

$$\hat{\theta} = \frac{1}{n} \sum_{i=1}^n t_i \tag{6-11}$$

式中,n 对于不可修复产品它代表试验的产品数,对于可修复产品它代表试验产品发生故障

次数；t_i 对于不可修复产品它代表第 i 件产品的寿命,对于可修复产品它代表每次故障修复后的工作时间。

6. 可靠寿命、中位寿命、特征寿命

产品的可靠度是时间的单调递减函数,随着时间的增加,产品的可靠度会越来越低。可靠度与工作时间有一一对应的关系。当已知可靠度函数 $R(t)$ 后,可以求出任意时间内的可靠度的值;反之,若给定了可靠度值,也可求出相应的工作时间。可靠寿命(Reliable Life)是指当可靠度等于给定值时,产品对应的工作时间,并以 t_r 表示。可靠寿命的一般表达式为

$$t_r = R^{-1}(r) \tag{6-12}$$

式中,R^{-1} 是 $R(t)$ 的反函数,r 称为可靠水平,满足 $R(t_r)=r$。

特别,当可靠水平 $r=0.5$ 时,对应的工作时间称为中位寿命(Medium Life),记作 $t_{0.5}$；当可靠水平 $r=\mathrm{e}^{-1}$ 时,对应的工作时间称为产品的特征寿命(Characteristic Life),记作 $t_{\mathrm{e}^{-1}}$。对于故障规律服从指数分布的产品而言,特征寿命就是平均寿命。产品可靠寿命示意图如图 6-7 所示。

从可靠寿命的含义不难看出,产品工作到可靠寿命 t_r 大约有 $[100(1-r)]\%$ 产品失效；产品工作到中位寿命 $t_{0.5}$,大约有一半产品失效,也就意味着可靠度 $R(t)$ 和累积故障概率 $F(t)$ 都等于 50%,中位寿命与 $R(t)$ 及 $F(t)$ 的关系如图 6-8 所示；产品工作到特征寿命 $t_{\mathrm{e}^{-1}}$ 时,大约有 63.2% 产品失效。

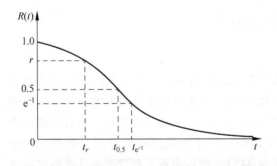

图 6-7 可靠寿命、中位寿命、特征寿命与可靠度的关系

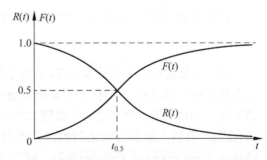

图 6-8 中位寿命与 $R(t)$ 及 $F(t)$ 的关系

6.1.3 可靠性度量指标之间的关系

前面介绍了常见可靠性度量指标,可以用图 6-9 形象地描述它们之间的关系(设 $t \geqslant 0$)。可靠度函数、累积故障分布函数、故障密度函数、故障率函数是可靠性的四个基本指标,根据 $R(t)$、$F(t)$、$f(t)$、$\lambda(t)$ 的关系,进一步可得

第 6 章 装备保障可靠性数据分析理论与应用

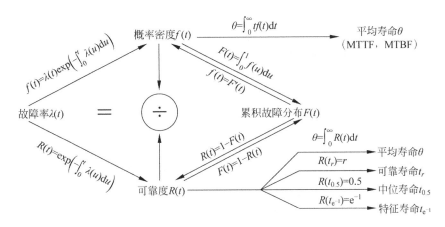

图 6-9 可靠性度量指标之间的关系

$$\lambda(t) = \frac{f(t)}{R(t)} = \frac{F'(t)}{R(t)} = -\frac{R'(t)}{R(t)} \tag{6-13}$$

它们之间的相互关系见表 6-1,只要知道其中一个特征量的值,即可求出其余三个特征量的值。

表 6-1 $R(t)$、$F(t)$、$f(t)$ 及 $\lambda(t)$ 之间的关系

基本函数	$R(t)$	$F(t)$	$f(t)$	$\lambda(t)$
$R(t)$	—	$1-F(t)$	$\int_t^\infty f(u)du$	$\exp\left[-\int_0^t \lambda(u)du\right]$
$F(t)$	$1-R(t)$	—	$\int_0^t f(u)du$	$1-\exp\left[-\int_0^t \lambda(u)du\right]$
$f(t)$	$-\dfrac{dR(t)}{dt}$	$\dfrac{dF(t)}{dt}$	—	$\lambda(t) \cdot \exp\left[-\int_0^t \lambda(u)du\right]$
$\lambda(t)$	$-\dfrac{d\ln R(t)}{dt}$	$\dfrac{1}{1-F(t)} \cdot \dfrac{dF(t)}{dt}$	$\dfrac{f(t)}{\int_t^\infty f(u)du}$	—

【例 6-1】 已知某机载电子设备的故障密度函数 $f(t)=\lambda e^{-\lambda(t-\gamma)}, t \geqslant \lambda$。试推导其累积故障分布函数、可靠度函数、故障率函数、平均寿命。

解:该设备的累积故障分布函数为

$$F(t) = \int_\gamma^t f(u)du = \int_\gamma^t \lambda e^{-\lambda(u-\gamma)} du = -e^{-\lambda(u-\gamma)}\Big|_\gamma^t = 1 - e^{-\lambda(t-\gamma)}$$

该设备的可靠度函数为

$$R(t) = 1 - F(t) = e^{-\lambda(t-\gamma)}$$

该设备的故障率函数为

$$\lambda(t)=\frac{f(t)}{R(t)}=\frac{\lambda e^{-\lambda(t-\gamma)}}{e^{-\lambda(t-\gamma)}}=\lambda$$

该设备的平均寿命为

$$E(T)=\int_{\gamma}^{\infty}tf(t)\mathrm{d}t=\int_{\gamma}^{\infty}\lambda t e^{-\lambda(t-\gamma)}\mathrm{d}t=-t e^{-\lambda(x-\gamma)}\Big|_{\gamma}^{\infty}+\int_{\gamma}^{\infty}e^{-\lambda(t-\gamma)}\mathrm{d}t$$

$$=\gamma+\left(-\frac{1}{\lambda}e^{-\lambda(t-\gamma)}\right)\Big|_{\gamma}^{\infty}=\gamma+\frac{1}{\lambda}$$

6.1.4 可靠性度量指标在装备可靠性分析中的意义

可靠性度量指标在装备可靠性分析中有着各自的意义。可靠度及故障分布概率(不可靠度)是衡量装备性能状况的重要指标。可靠度低,意味着根据同类装备的历史使用数据分析,该装备发生故障的概率比较大,此时需要采取预防性维修措施,以保障武器装备安全。概率密度函数曲线能直观地表现出装备失效率与使用时间的关系,从而为维修计划的制定提供依据。通过曲线与横轴之间所围的面积,可以直观地判断在选定的使用时间下装备失效概率的大小。MTTF 及 MTBF 是判断装备总体使用情况的参数,当比较同类装备或同种装备在不同单位使用的情况时,MTTF 或 MTBF 是重要的参考依据。

6.2 可靠性数据分析中常用故障/寿命分布

故障分布或寿命分布是可靠性数据建模与分析的基础。故障/寿命分布的类型是各种各样的,因为对一批产品来讲,其中每一个产品在故障前的工作时间有长有短,参差不齐,具有随机性。某一类分布适用于具有共同故障机理的某类装备,它与装备的故障机理、故障模式以及施加的应力类型有关。根据装备的故障机理分析和现场试验及运行数据拟合,是推导出其故障/寿命分布的常用方法。知道了装备系统可靠性的分布规律,就可根据点估计和区间估计方法,利用现场数据或试验数据进行参数估计,然后再由分布规律与可靠性参数的关系,估计可靠性设计和分析中所需的各项参数。

6.2.1 故障/寿命分布的作用

产品的寿命分布是产品故障规律的具体体现。如前所述,一个产品故障的发生或寿命终结是随机的,因此,对一种产品寿命要用寿命分布函数(或故障分布函数)进行描述。知道了产品的可靠性参数,可从其分布预测产品的故障规律,以便合理使用、维修和保障等,所以探求产品的故障/寿命分布是有重要意义的。

6.2.2 常用故障/寿命分布

产品故障/寿命分布类型是各种各样的,某一类型分布可适用于具有相似失效机理的某些产品。故障/寿命分布往往与其施加的应力,产品内在结构、物理、力学性能等有关,即与其失效机理有关。某些产品以工作次数、循环周期数等作为其寿命单位,例如开关的开关次数,这时可用离散型随机变量的概率分布来描述其故障/寿命分布的规律,如二项分布、泊松分布和超几何分布等。多数产品,特别是装备故障/寿命需要用到连续随机变量的概率分布,常用的有指数分布、正态分布、对数正态分布、威布尔分布、Logistic 分布、对数 Logistic 分布等。这些常用的连续型概率分布图形及函数表达式见表 6-2。

表 6-2 常用故障/寿命分布图形及函数表达式

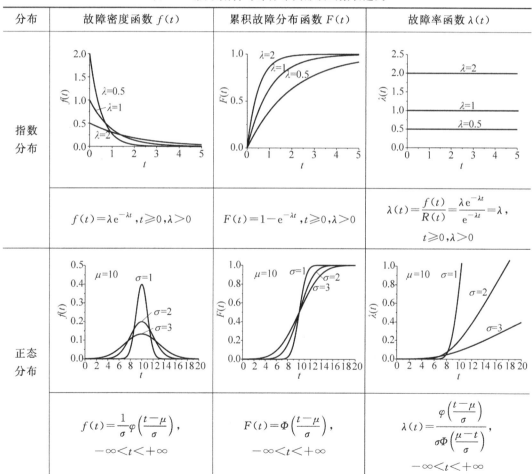

续表

分布	故障密度函数 $f(t)$	累积故障分布函数 $F(t)$	故障率函数 $\lambda(t)$
对数正态分布			
	$f(t)=\dfrac{1}{\sigma t}\varphi\left(\dfrac{\ln t-\mu}{\sigma}\right),$ $t>0,\sigma>0$	$F(t)=\Phi\left(\dfrac{\ln t-\mu}{\sigma}\right),$ $t>0,\sigma>0$	$\lambda(t)=\dfrac{\varphi\left(\dfrac{\ln t-\mu}{\sigma}\right)}{t\sigma\Phi\left(\dfrac{\mu-\ln t}{\sigma}\right)},$ $t>0,\sigma>0$
威布尔分布			
	$f(t)=\dfrac{\beta}{\eta}\left(\dfrac{t-\gamma}{\eta}\right)^{\beta-1}$ $\exp\left[-\left(\dfrac{t-\gamma}{\eta}\right)^{\beta}\right],$ $\beta,\eta>0;\gamma\geqslant0$	$F(t)=1-\exp\left[-\left(\dfrac{t-\gamma}{\eta}\right)^{\beta}\right],$ $\beta,\eta>0;\gamma\geqslant0$	$\lambda(t)=\dfrac{f(t)}{R(t)}=\dfrac{\beta}{\eta}\left(\dfrac{t-\gamma}{\eta}\right)^{\beta-1},$ $\beta,\eta>0;\gamma\geqslant0$
Logistic分布			
	$f(t)=\dfrac{\exp\left(-\dfrac{t-\mu}{\sigma}\right)}{\sigma\left[1+\exp\left(-\dfrac{t-\mu}{\sigma}\right)\right]^{2}},$ $-\infty<t<+\infty$	$F(t)=\dfrac{1}{1+\exp\left(-\dfrac{t-\mu}{\sigma}\right)},$ $-\infty<t<+\infty$	$\lambda(t)=\dfrac{1}{\sigma\exp\left(-\dfrac{t-\mu}{\sigma}\right)},$ $-\infty<t<+\infty$

续表

分布	故障密度函数 $f(t)$	累积故障分布函数 $F(t)$	故障率函数 $\lambda(t)$
对数 Logistic 分布	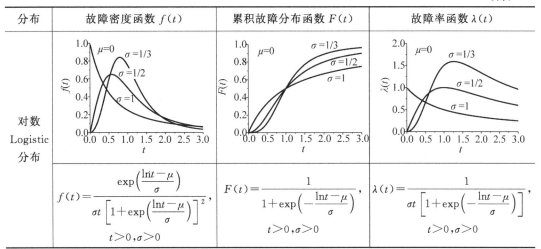 $f(t)=\dfrac{\exp\left(\dfrac{\ln t-\mu}{\sigma}\right)}{\sigma t\left[1+\exp\left(\dfrac{\ln t-\mu}{\sigma}\right)\right]^2},$ $t>0,\sigma>0$	$F(t)=\dfrac{1}{1+\exp\left(-\dfrac{\ln t-\mu}{\sigma}\right)},$ $t>0,\sigma>0$	$\lambda(t)=\dfrac{1}{\sigma t\left[1+\exp\left(-\dfrac{\ln t-\mu}{\sigma}\right)\right]},$ $t>0,\sigma>0$

6.2.3 常用故障/寿命分布的寿命特征

常用故障/寿命分布的密度函数表达式及其寿命特征见表 6-3。

表 6-3 常用故障/寿命分布及其寿命特征

分布	平均寿命	寿命方差	可靠寿命	中位寿命
指数分布	$\dfrac{1}{\lambda}$	$\dfrac{1}{\lambda^2}$	$-\dfrac{1}{\lambda}\ln r$	$0.693\dfrac{1}{\lambda}$
正态分布	μ	σ^2	$\mu+Z_p\cdot\sigma$	μ
对数正态分布	$e^{\mu+\frac{\sigma^2}{2}}$	$(e^{\sigma^2}-1)e^{2\mu+\sigma^2}$	$\exp(\mu+Z_p\cdot\sigma)$	e^μ
威布尔分布	$\gamma+\eta\Gamma\left(1+\dfrac{1}{\beta}\right)$	$\eta^2\left[\Gamma\left(1+\dfrac{2}{\beta}\right)-\Gamma^2\left(1+\dfrac{1}{\beta}\right)\right]$	$\eta(-\ln r)^{1/\beta}+\gamma$	$\eta(\ln 2)^{1/\beta}+\gamma$
Logistic 分布	μ	$\dfrac{1}{3}\sigma^2\pi^2$	$\mu+\sigma\ln\left(\dfrac{1-r}{r}\right)$	μ
对数 Logistic 分布	$e^\mu\Gamma(1+\sigma)\Gamma(1-\sigma)$	$e^{2\mu}[\Gamma(1+2\sigma)\Gamma(1-2\sigma)-\Gamma^2(1+\sigma)\Gamma^2(1-\sigma)]$	$\exp\left[\mu+\sigma\ln\left(\dfrac{1-r}{r}\right)\right]$	e^μ

注：r 为可靠水平，Z_p 为标准正态分布的 p 分位数，$\Gamma(\cdot)$ 为伽马函数。

6.2.4 常用故障/寿命分布的适用范围

表 6-4 给出了常见故障/寿命分布的适用范围和主要用途。

表 6-4 常用的几种分布类型及适用范围

分布类型	适用范围
指数分布	具有恒定故障率的部件、无余度的复杂系统、在耗损故障前进行定时维修的装备、由随机高应力导致故障的部件、使用寿命期内出现弱耗损型故障的部件
正态分布	飞机轮胎磨损及某些机械产品等
对数正态分布	半导体器件、硅晶体管、电动绕组绝缘、直升机旋翼叶片、飞机结构、金属疲劳等
威布尔分布	继电器、开关、断路器、某些电容器、电子管、磁控管、电位器、陀螺、电动机、滚珠轴承、航空发动机、蓄电池、液压泵、空气涡轮起动机、齿轮、活门、材料疲劳等
Logistic 分布	与正态分布类似,在截尾场合比正态分布更容易操作
对数 Logistic 分布	可以应用于许多不同领域,包括可靠性分析、经济、网络、交通、环境等

作为一种复杂系统,武器装备的故障特性是复杂的,因而其故障分布也是多种多样的,上述几种分布都可用于武器装备故障特性分析,而且可揭示不同阶段、不同类别武器装备的故障特征规律。

6.3 可靠性数据的收集

可靠性数据是指在产品寿命周期各阶段的可靠性工作及活动中所产生的能够反映产品可靠性水平与状态的各种数据,可以是数字、图表、符号、文字和曲线等形式。根据本书内容及装备保障可靠性数据分析的目的,可靠性数据主要是指装备保障过程中的故障或维修数据。

6.3.1 可靠性数据的来源与特点

1. 可靠性数据的来源

广义的可靠性数据可以来源于装备寿命周期各阶段的一切可靠性活动,如研制阶段的可靠性试验、可靠性评审报告;生产阶段的可靠性验收试验、制造、装配、检验记录,元器件、原材料的筛选与验收记录,返修记录;使用中的故障数据、维护、修理记录及退役、报废记录等。GJB 1686—1993《武器装备质量与可靠性信息管理要求》中对信息的收集范围有详细说明,可作为数据来源的参考。

通常可靠性数据主要从两方面得到：一是从实验室进行的可靠性试验中得到；二是从产品实际使用现场得到。从实验室得到的数据，称为试验数据或内场数据；而现场得到的数据，则称为现场数据或外场数据。

在装备故障频发（可靠性低）的状态下，通过实验室试验可以很容易地获得数据。但当装备的可靠性提高之后，故障并不轻易发生，通过实验室试验取得数据就很困难。为了解决这个问题，可以采用加速试验等方法来缩短试验时间或者进行性能检测，然后基于加速试验数据分析或性能退化数据分析进行可靠性数据分析。但这时会发生试验数据如何与现实数据相对应等问题。在这种情况下，现场数据必须得到充分重视，应当收集装备在现场使用状态下发生故障与缺陷的有关信息，并对其进行分析。

2. 可靠性数据的特点

根据 GJB 1686A—2005《装备质量信息管理通用要求》的相关规定，论证、研制、生产、使用等过程中产生的质量与可靠性数据和报告等以及将其经过汇总、分析、整理后形成的在一定范围内具有指导意义的报告、手册等都应进行收集以作为分析内容。

可靠性数据有如下特点。

(1) 时间性。可靠性数据多以时间来描述，装备的无故障工作时间反映了它的可靠性。这里的时间概念是广义的，包括周期、距离（里程）、次数等，如装备故障次数、装备维修时间、飞机的飞行架次、发动机循环次数等。

(2) 随机性。装备何时发生故障是随机的，所以描述其故障发生时间的变量是随机变量，具有随机性。

(3) 有价性。可以从两个方面来看：一是数据的收集需花费大量的财力和物力，所以它自身的获取就是有价的；二是经分析和处理后的可靠性数据，对可靠性、维修性和保障性工作的开展和指导具有很高的价值，所创造的效益是可观的。

(4) 时效性和可追溯性。可靠性数据的产生和利用与产品寿命周期各阶段有密切的关系，各阶段产生的数据反映了该阶段产品的可靠性水平，所以数据的时效性很强。随着时间的推移，可靠性数据反映了产品可靠性发展的趋势和过程，如经过改进的装备其可靠性得到了增长，当前的数据与过去的数据有关，所以数据自身还具有可追溯性的特点。

6.3.2 可靠性数据的分类

根据可靠性数据的来源，通常将其分为试验数据（内场数据）和现场数据（外场数据）两类。试验数据和现场数据通常来自不同的寿命阶段。试验数据主要在装备的研制阶段和生产阶段获取，而现场数据只能在装备投入使用后得到。这两种数据是评估产品寿命各阶段的可靠性水平的重要依据。数据各有优劣且各具特色，所用数据收集、处理分析的方法也不同。充分利用试验数据和现场数据,并将它们有效结合,对分析产品的可靠性水平有重要作用,如在运 7 飞机及其机载设备的定延寿中,采用现场使用数据与内场可靠性试验数据相结合的方法,有效地分析了飞机及其机载设备的可靠性,保证了运 7 飞机的安全飞行。

1. 试验数据

可分为完全数据和不完全数据。在实验室取得可靠性数据时,试验装备或部件全部都发生故障时所得到的数据,称为完全数据。但一般情况下并不这样做,因为若等到全部样本都发生故障才结束试验,无论是从经济性还是从时效性方面,都是不现实的。因此,通常会按照预定的规则,经过某段时间后将可靠性试验中断,这时只有部分发生故障,所取得的数据,就不是完全数据。若是在预定的时间停止试验,观测中断的数据,称为定时截尾数据。若采取当故障数达到某一预定值时,中断试验的方法所取得的数据,称为定数截尾数据。定时截尾数据和定数截尾数据,都含有观测中断数据,即运转了一定的时间,尚未发生故障的数据,这种包含观测中断数据的数据,称为不完全数据。

2. 现场数据

装备实际使用中得到的数据称为现场数据。其中记述装备开始工作至故障的时间(故障时间)及开始工作至统计之时尚未故障的工作时间(无故障工作时间)的数据是用来评估使用可靠性参数的重要数据,应特别注意收集。现场数据是在实际使用中得到的数据,由于它反映了产品在实际使用环境和维护条件下的情况,因此更能反映产品的可靠性水平。但是现场使用的产品大都有使用环境、使用条件的差异以及实际使用时间的不同,所以现场数据具有较大的波动性,处理时必须按不同的情况和处理要求进行分类。以航空装备为例,同样一个机种在空军和海军的使用情况就不一样,其中腐蚀、盐雾、浸蚀等影响就大不相同。另外,在现场使用中,由于装备开始运转的时间不同,观测者记录数据时除故障时间外,还有一些装备部件在统计时仍在完好工作,以及使用中途产品会因某种原因转移到其他处等,形成了现场数据随机截尾的特性。

根据目前我军装备的使用、维修特点,在训练部队和修理场所收集到的现场数据一般属于随机截尾数据,且具有以下两个突出特点。

(1) 数据类型复杂。现场数据比较复杂,一般它包含三部分数据,即故障数据、完好数据和统计中断数据。故障数据是指装备或部件在规定的使用条件下,由于自身原因出现故障而产生的数据。完好数据是指尚未出现故障的数据。统计中断数据是指由于管理不善或人为疏忽等原因造成寿命跟踪中断而产生的数据。

(2) 短寿命数据多。我国可靠性数据收集工作起步较晚,导致许多装备或部件的寿命情况不得而知。加上受一些传统维修观念和管理体制的影响,如"装备修的越勤越安全,换得越勤越可靠",造成许多装备部件远没有达到寿命终结状态,甚至有些部件正处于偶然故障期的最佳状态便被拆检或更换,使得部件的寿命没有得到充分利用。因此得到的寿命数据常常是短寿命数据较多,中止数据较多。在处理此类数据时,应对中、长期寿命数据给予更多的重视。

6.3.3 可靠性数据收集的必要性和要求

1. 可靠性数据收集的必要性

装备可靠性数据的收集与整理,是贯穿装备寿命周期过程的一项工作。在装备工程研制阶段既要收集同类装备的可靠性数据,同时还要对该阶段研究和试验所产生的可靠性数据进行收集和分析,以便为装备的改进和定型提供科学的依据。在生产制造阶段,该阶段所产生的可靠性数据,反映了装备的设计和制造水平。在使用阶段,对装备使用过程所产生的可靠性数据进行收集和分析,则可直接反映装备的技术状态变化和维修需求,为实施科学维修提供依据,同时也可为装备的改进提供最有价值的参考。由此可见,可靠性数据的收集和分析工作,是装备全系统全寿命管理过程中一项基础性的工作,对装备的作战使用和维修保障发挥着重要的作用。

故障数据的收集与分析有许多有效的工具和方法,常用的有直方图、因果图、排列图、控制图,以及随着信息技术发展起来的数据挖掘(Data Mining,DM)、便携式维修助理(Portable Maintenance Aids,PMA)等。

2. 可靠性数据收集的基本要求

由于武器装备使用和维修保障涉及面广、环境恶劣、影响因素多,因而装备的使用和维修保障具有很强的不确定性。为避免数据的重复收集,保证故障数据的质和量,故障数据收集首先应进行数据需求分析,明确数据收集的内容、目的和标准,制订周密的数据收集计划;其次要采用正确、适合的数据收集方法和技术,确保维修数据的准确性、完整性、及时性和可用性,善于利用各种方法和工具,挖掘数据的内在联系,科学指导维修实践。数据自身的质和量对数据分析的结果影响很大。从统计观点看,处理的数据量应尽量大一些,因而在条件允许的情况下,获取更多的可靠性数据是数据收集的基本要求。具体而言,装备保障可靠性数据收集应满足的基本要求如下:

(1)确保收集数据的准确性。数据的准确性是前提,只有对装备状况如实地进行记录与描述,才能用于准确地判断问题。因此,对于装备的检测、故障以及维修状况应如实进行记录。在收集故障数据时,首先要根据故障判别标准确定装备是否有故障,是关联故障还是非从属故障、误用以及人为因素、非使用条件下使用等引起的非关联故障。对装备实际工作时间的记录也应注意,很多装备在使用中的检测时间和实际工作时间并不一致,检测时间、起止工作时间等要区别对待,记录要反映实际情况。

(2) 保证数据的完整性。记录的故障情况应在符合规定的前提下尽量详细、完整,对于哪一部分发生故障、什么原因引起的故障等情况,应尽可能细化;对于维修过程及遇到的问题、发生的故障及其修理方法等应有相应的记录。而且不只是对最后的检测结果给出"正常"或"故障"的简单结论,应尽量提供对于质量分析和设计改进有价值的可用信息。尤其是一些新列装的装备,其故障多具有代表性,准确分析这些数据对于改进装备设计质量非常有价值。因此,数据的记录要更加完整和详细,尽量减少甚至避免信息丢失。

(3) 注意数据收集的系统性。对于一些比较复杂的结构或由许多分系统组成的装备,在数据收集过程中应注意数据的系统性。同时,在时间历程上,所收集装备的可靠性信息应该涵盖它在寿命过程中所有事件和经历过程的详细描述,例如,装备开始储存或使用、发生故障、中止储存或使用、返厂修理、经过纠正或报废等情况,所有这些信息反映了装备在整个寿命周期的质量情况,都应进行收集。

(4) 注意数据收集的及时性。在装备检测或修理之后,要及时进行相关的数据记录,若等到需要时再临时收集,其准确性、真实性等方面都难以得到保证,数据的可信性不高。

6.4 可靠性数据初步整理与分析

在收集数据后,进行正式的可靠性数据分析之前,应该进行初步整理分析、探索数据的模式和特点等,并采用合理的方式显示和分析,帮助数据分析人员选择数据分布类型与适用的可靠性模型等,从而为进行正式可靠性数据分析提供基础、指明方向。本节主要介绍可靠性数据初步整理分析常用工具直方图和检验分布函数图。

6.4.1 故障数据的直方图分析

直方图的相关知识,已在第 2 章详细论述,下面仅举例介绍具体应用。

【例 6-2】 统计某装备部件故障数据,其故障时间如表 6-5 所列。根据统计的故障数据,绘制频数直方图。

表 6-5　某装备部件的故障时间　　　　　　　　(单位:h)

146	239	255	275	296	300	303	330	355	362
378	379	381	406	428	442	447	459	460	495
502	516	550	550	559	585	595	607	627	687

解:利用 Minitab 软件绘制直方图如图 6-10 所示。我们可以根据直方图的形态来初步判断分布类型。从图中可以看出,该装备部件故障时间很可能服从或近似服从正态分布。

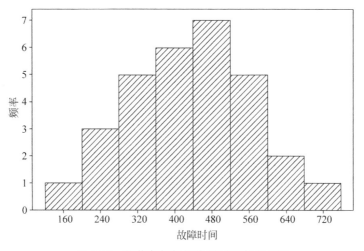

图 6-10　某装备部件故障时间频率直方图

如图 6-11 所示为添加了正态分布拟合曲线的直方图。如果直方图含拟合分布线,评估条形的高度对分布线形状的服从紧密程度。如果图中条形紧密地服从拟合分布线,则说明数据能够很好地拟合分布。从图中可以看出,直方图边沿与拟合分布线结合紧密,说明正态分布可以较好拟合该组故障数据。

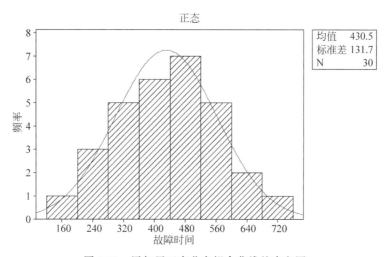

图 6-11　添加了正态分布拟合曲线的直方图

6.4.2　故障数据的经验分布函数分析

直方图适用于总体为连续型分布的场合,对于一般的分布,若要估计其总体分布函数,可利用样本经验分布函数(Sample Empirical Distribution Function)。

从总体中抽取容量为 n 的样本 $X_1, X_2, \cdots, X_n$,其顺序统计量为
$$X_{(1)} \leqslant X_{(2)} \leqslant \cdots \leqslant X_{(n)}$$
可以得到其经验分布函数为
$$F_n(x) = \begin{cases} 0, & x \leqslant X_{(1)} \\ i/n, & X_{(i)} \leqslant x < X_{(i+1)} \\ 1, & x \geqslant X_{(n)} \end{cases} \tag{6-14}$$

$F_n(x)$ 是一个跳跃函数,其跳跃点是样本观测值,在每一个跳跃点处跳跃度均为 $1/n$。

对于经验分布函数有以下结果(Glivenko 定理):设 $X_1, X_2, \cdots, X_n$ 为来自总体 X 的独立同分布样本,则当 $n \to \infty$ 时,$F_n(x)$ 以概率均匀收敛于 $F(x)$,即
$$P\left\{\lim_{n \to \infty} \sup_{-\infty < x < +\infty} |F_n(x) - F(x)| = 0\right\} = 1 \tag{6-15}$$

上述结果表明,只要样本量足够大,可用经验分布函数 $F_n(x)$ 代替分布函数 $F(x)$。因此,使用经验分布函数图可以评估故障数据分布的拟合度,并比较样本分布。

以例 6-2 的数据(见表 6-5)为例,绘制的经验分布函数与正态分布 $N(430.5, 131.7)$ 的分布函数图如图 6-12 和图 6-13 所示(纵坐标分别采用概率和百分比形式)。图中拟合分布线表示带有通过样本估计的参数的分布。评估拟合分布线遵循步进经验累积分布线的紧密度。如果步进线紧密地遵循拟合分布线,则说明数据能够很好地拟合分布。从图中可以看出,阶梯型步进线与拟合分布线结合紧密,进一步说明正态分布可以较好拟合该组故障数据。

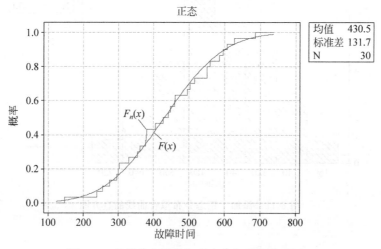

图 6-12 经验分布函数与理论分布函数图(概率)

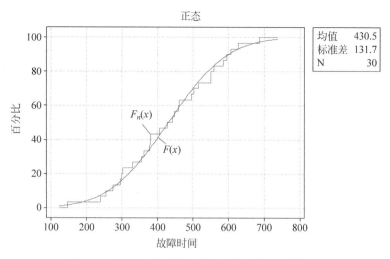

图 6-13　经验分布函数与理论分布函数图(百分比)

6.5　可靠性数据建模与分析

所谓可靠性数据建模与分析,是指通过收集系统或单元产品在研制、试验、生产和使用中所产生的可靠性数据,并依据系统的功能或可靠性结构,利用概率统计方法,给出系统的故障/寿命分布模型和各种可靠性指标的定量估计。它是一种既包含数学和可靠性理论,又包含工程分析处理的方法。

装备可靠性数据建模与分析主要是对装备及其部件的故障数据进行建模与分析。目前,故障数据主要有两类模型来处理:一是物性论模型;二是概率论模型。物性论模型是研究故障在装备的什么部位,以什么形式发生,从物理、化学或材料强度等方面对故障进行分析,即从失效机理上进行分析,这是一种微观的分析,也是一种寻根求源的做法。概率论模型则研究故障与时间的关系,用数理统计的方法找出其故障时间的概率分布,这是一种宏观的分析方法。本书讨论的可靠性数据建模与分析是以概率论模型为主,并结合对装备故障的原因、故障现象等的分析,运用以往的经验和历史信息,对其故障规律做出全面、正确的评估。

6.5.1　可靠性数据建模与分析流程

从装备可靠性数据的统计分析中找出其故障/寿命分布的规律,是分析装备寿命和故障、预测故障规律、研究失效机理及制定维修策略的重要手段。根据所收集的可靠性数据,使用数理统计方法得到装备或部件的故障/寿命分布,将其与故障发生的现象、原因进行对比,即可判断故障/寿命分布的合理性。确定了装备的故障/寿命分布,就可根据数理统计的基本原理,对不同装备的可靠性数据进行参数估计,然后再由故障/寿命分布和可靠性参数的关系,估计可靠性设计和分析中所需的各项参数,如概率密度函数、可靠度、故障率,以及各种寿命特征量,如平均寿命、可靠寿命、特征寿命、使用寿命等。因此,通过对可靠性数据的统计分析找出产品寿命分布的规律,是进一步分析产品故障、预测故障发展、研究其失效机理及制定维修策略的重要手段,具有重要意义。可靠性数据建模与分析基本流程如图 6-14 所示。

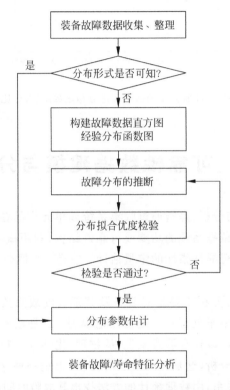

图 6-14 可靠性数据建模与分析基本流程

6.5.2 故障分布类型的推断

合理选择故障/寿命分布类型是可靠性数据分析中的核心问题,但要判断属于哪种分布类型仍是困难的,目前所采用的方法有两种。一种方法是通过失效物理分析,来证实该产品的故障模式或失效机理近似地符合某种类型分布的物理背景。另一种方法则是利用数理统计中的判断方法来确定其分布。在获得装备现场数据后,首先根据对数据的宏观分析,用数理统计方法选择寿命分布类型,图 6-15 针对几种常用故障/寿命分布,结合其统计特性,给出了分布类型推断的一般步骤。

需要说明的是,无论哪种方法,也仅作参考,只能是近似符合某种分布,而不是绝对理想的分布。如果有些分布中间部分不易分辨,只有尾端才有不同,而在可靠性试验中,由于截尾子样观测数据的限制,要分辨属于哪种分布是比较困难的。

6.5.3 分布拟合优度检验

故障分布检验是指通过故障数据推断产品寿命是否服从初步整理分析所选定的分布,推断的依据是拟合优度检验。拟合优度是故障数据的分布与选定理论分布之间符合程度的度量。在可靠性数据分析中,通过拟合优度检验来判断所推断的产品故障分布是否合理。通过故障分布检验,便可确定该装备的故障分布,利用该故障分布函数,便可以确定其故障率的变化趋势,掌握该装备的故障特性,使维修更有针对性。

1. 概率图法

概率图法是一种判断数据(观测值)是否符合某种假设分布的方法,提供了一种通俗简便的方法来评估将一组数据拟合为一种分布的拟合程度。概率图法检验分布类型的基本原理是:通过坐标变换,将累积故障分布函数线性化,如果线性化后的样本点在概率图上近似为一条直线分布,就说明样本数据服从假定概率分布。概率图的横坐标为故障时间,纵坐标为估算的累积故障概率(或其百分比、分值)。故障时间数据可以来自现场数据或测试数据,累积故障概率的估算方法主要有中位数秩(Benard)、均值秩(Herd-Johnson)、Kaplan-Meier、修正后 Kaplan-Meier(Hazen)。

下面就以正态分布为例介绍概率图法检验分布类型的基本原理,正态分布函数 $F(t)$ 在 t-$F(t)$ 坐标系中,是连续上升的曲线(如图 6-12 所示),而不是直线。但是,可以通过适当的变换,把样本点近似拟合为一条直线。

对于正态分布的分布函数可以用标准正态分布函数表示为

$$F(t) = \Phi\left(\frac{t-\mu}{\sigma}\right) = \Phi(z) \qquad (6-16)$$

其反函数可以写为

$$z = \Phi^{-1}[F(t)] = \frac{t-\mu}{\sigma} = \frac{1}{\sigma}t - \frac{\mu}{\sigma} \qquad (6-17)$$

由此可见,正态分布的累积分布函数的反函数是线性的。经过对纵坐标进行适当的数据变换,可画出坐标点 (t_i, z_i),$z_i = \Phi^{-1}[\hat{F}(t_i)]$,$i = 1, 2, \cdots, n$,就构成了正态分布概率图。以例 6-2 的数据(见表 6-5)为例,按照中位数秩(Benard)估算方法,绘制的故障时间的正态概率图如图 6-16 所示。

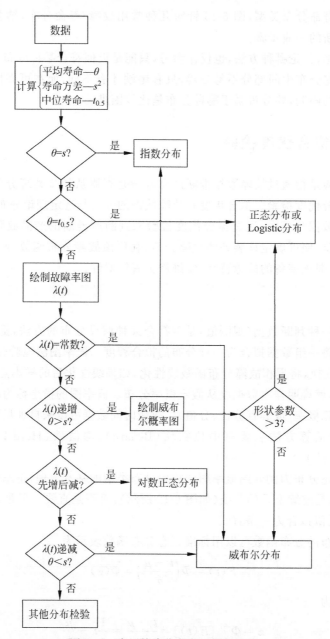

图 6-15　常用故障分布类型推断流程

从概率图还可能获得正态拟合分布的初始参数估计。当数据过少而不能构建一个有意义的直方图时,可使用概率图;当数据不完整时也可使用概率图。假如数据右侧截尾,则用概率图画累积分布时将画到最后一次故障的时间点为止。

温馨提示：需要注意的是，拟合分布线是图中间的直线。图上的外层实线是各个百分位数（而不是整个分布）的置信区间，不应当用来评估分布的拟合情况。

检查概率图并评估数据点与拟合分布线的服从程度。如果指定的理论分布能够很好地拟合数据，则点将沿着直线紧密分布，通常，点越接近拟合线，表明拟合得越好。如图 6-16 所示的正态概率图上的点沿拟合线分布，说明正态分布能够很好地拟合数据。

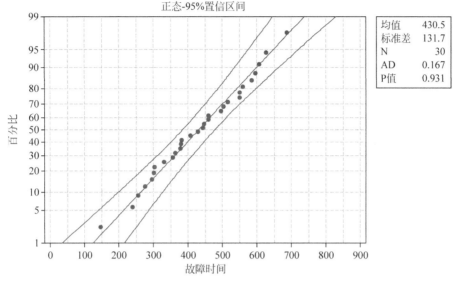

图 6-16　故障时间的正态概率图

其他分布也可通过适当变换将累积分布函数转化为线性关系，具体变换如表 6-6 所列。

表 6-6　不同分布的坐标变换

分布	横坐标	纵坐标
正态	t_i	$\Phi^{-1}(F(t_i))$
对数正态	$\ln t_i$	$\Phi^{-1}(F(t_i))$
三参数对数正态	$\ln(t_i-t_0)$	$\Phi^{-1}(F(t_i))$
指数	$\ln t_i$	$\ln[-\ln(1-F(t_i))]$
双参数指数	$\ln(t_i-t_0)$	$\ln[-\ln(1-F(t_i))]$
威布尔	$\ln t_i$	$\ln[-\ln(1-F(t_i))]$
三参数威布尔	$\ln(t_i-t_0)$	$\ln[-\ln(1-F(t_i))]$
Logistic	t_i	$\ln[F(t_i)]-\ln[1-F(t_i)]$
对数 Logistic	$\ln t_i$	$\ln[F(t_i)]-\ln[1-F(t_i)]$
三参数对数 Logistic	$\ln(t_i-t_0)$	$\ln[F(t_i)]-\ln[1-F(t_i)]$

注：t_i 为观测值的数据值，t_0 为相应分布的阈值（如对于威布尔分布即是位置参数 γ），$F(\cdot)$ 为相应分布的累积分布函数，$\ln(x)$ 为 x 的自然对数，$\Phi^{-1}(\cdot)$ 为标准正态分布的反函数。

2. 卡方拟合优度检验

卡方拟合优度检验(Chi-Square Goodness-of-Fit Test,简称卡方检验或 χ^2 检验)使用范围较广:既适用于连续分布,也适用于离散分布;母体分布的参数可以已知,也可以未知;可以用于完全样本,也可以用于截尾样本和分组数据。此检验只对大样本有效,数据必须分成不同组。卡方检验一般假设为

H_0:故障时间服从指定分布;

H_1:故障时间不服从指定分布。

卡方检验统计量为

$$\chi^2 = \sum_{i=1}^{k} \frac{(O_i - E_i)^2}{E_i} \tag{6-18}$$

式中,k 为组数;O_i 为第 i 个组观测的故障(或维修)次数;$E_i = np_i$ 为第 i 个组期望的故障(或维修)次数,其中 n 为总样本量,p_i 为如果 H_0 成立,第 i 个组发生一个故障的概率。

$$p_i = F(a_i) - F(a_{i-1}) = \begin{cases} R(a_{i-1}) - R(a_i), & \text{针对拟合故障数据} \\ H(a_i) - H(a_{i-1}), & \text{针对拟合维修数据} \end{cases}$$

第 i 个组由 $[a_{i-1}, a_i]$ 定义,且 $a_0 = 0$。

已经证明当 $n \to +\infty$ 时,检验统计量 χ^2 的极限分布是自由度为 $k-m-1$(m 为所估计的总体分布参数的个数)的卡方分布,因而对于给定的显著性水平 α,可由卡方分布分位点求出临界值 $\chi^2_\alpha(k-m-1)$。若 $\chi^2 \leqslant \chi^2_\alpha(k-m-1)$,接受原假设 H_0,否则,接受备择假设 H_1。

经验分享:在应用卡方检验法检验母体的分布时,首先要估计假设分布中的未知参数。另外,由于检验是在极限意义下推导出来的,所以在利用此法进行总体分布检验时,为了确保检验统计量近似为卡方分布,所取得样本数必须足够大,一般要求 $n \geqslant 50$,同时对于所有的 i,一般要求 $np_i \geqslant 5$。

3. Kolmogorov-Smirnov 检验

由于卡方检验是在极限意义下推导出来的,所以在利用卡方检验法进行总体分布检验时,所取的样本数必须足够大。而 Kolmogorov-Smirnov 检验(简称 K-S 检验)可用于小子样的情况。其基本思想是:利用经验累积分布与假设累积分布之间的最大偏差来反映推断的分布函数与假设的理论分布函数之间的差异程度。下面以完全样本情形介绍 K-S 检验。

设总体的分布为 $F(x)$,$F_0(x)$ 为已知的连续型分布函数,考虑假设检验问题

$$H_0 : F(x) = F_0(x)$$

从总体中抽取容量为 n 的样本 $X_1, X_2, \cdots, X_n$,其顺序统计量为

$$X_{(1)} \leqslant X_{(2)} \leqslant \cdots \leqslant X_{(n)}$$

可以得到其经验分布函数为

$$F(x) = \begin{cases} 0, & x \leqslant X_{(1)} \\ i/n, & X_{(i)} \leqslant x < X_{(i+1)} \\ 1, & x \geqslant X_{(n)} \end{cases} \quad (6\text{-}19)$$

K-S 检验假设的统计量为

$$D_n = \sup_{x \in (-\infty, +\infty)} |F_n(x) - F_0(x)| \quad (6\text{-}20)$$

当假设 H_0 成立时,对于给定的 n 可以得到 D_n 的精确分布和 $n \to \infty$ 时的极限分布。在计算统计量 D_n 时,先求出

$$\delta_i = \max\left\{\left|F_0(x_{(i)}) - \frac{i-1}{n}\right|, \left|F_0(x_{(i)}) - \frac{i}{n}\right|\right\}, \quad i = 1, 2, \cdots, n \quad (6\text{-}21)$$

然后在 $\delta_1, \delta_2, \cdots, \delta_n$ 中选择最大的一个便是 D_n,即

$$D_n = \max_i \{\delta_i\}, \quad i = 1, 2, \cdots, n \quad (6\text{-}22)$$

对于给定的样本容量 n 和显著性水平 α,通过查 K-S 检验临界值表可得临界值 $d_{n,\alpha}$,从而得到拒绝域 $W = \{D_n > d_{n,\alpha}\}$。若 $D_n > d_{n,\alpha}$,拒绝 H_0;否则,接受 H_0。

由于 K-S 检验是对推断分布和假设的理论分布考虑它们每一点的偏差,并取其最大者判断是否能通过检验。也就是说,K-S 检验保证了样本的累积经验分布与累积分布函数之差在最大情况下的置信概率,因此 K-S 检验的精确性一般比卡方检验要高。

6.5.4 故障分布参数估计

在故障/寿命分布类型确定的情况下,可靠性数据分析的主要任务就是根据样本来估计总体的分布参数。在装备保障实践中,往往是先获得一组随机变量的观测值,再对分布的未知参数进行估计,即从样本数据提供的有关参数的信息对分布参数给出估计,这类问题就是参数估计问题。可靠性分布参数的估计分为参数的点估计和区间估计。本节主要介绍几种参数的点估计方法。

1. 矩估计

矩估计(Moment Estimation)的中心思想是用样本矩去估计总体矩,即利用样本特征(例如均值和方差)等于样本总体的期望值,然后通过求解方程来获得未知参数的估计值。设总体 X 的分布中的未知参数 $\boldsymbol{\theta} = (\theta_1, \theta_2, \cdots, \theta_m)^T$,假设总体 X 的 k 阶原点矩

$$\alpha_k(\theta_1, \theta_2, \cdots, \theta_m) = E(X^k), \quad k = 1, 2, \cdots, m \quad (6\text{-}23)$$

存在,令总体 k 阶原点矩等于其样本的 k 阶矩

$$M_k = \frac{1}{n}\sum_{i=1}^{n} X_i^k, \quad k = 1, 2, \cdots, m \quad (6\text{-}24)$$

即

$$\alpha_k(\theta_1,\theta_2,\cdots,\theta_m) = \frac{1}{n}\sum_{i=1}^{n} X_i^k, \quad k=1,2,\cdots,m \tag{6-25}$$

由式(6-25)可以得到关于未知量 θ_i 的解

$$\theta_i = \hat{\theta}_i(X_1, X_2, \cdots, X_n), \quad i=1,2,\cdots,n \tag{6-26}$$

取 $\hat{\boldsymbol{\theta}} = (\hat{\theta}_1, \hat{\theta}_2, \cdots, \hat{\theta}_m)^\mathrm{T}$ 作为 $\boldsymbol{\theta} = (\theta_1, \theta_2, \cdots, \theta_m)^\mathrm{T}$ 的估计,则称 $\hat{\boldsymbol{\theta}}$ 为 $\boldsymbol{\theta}$ 的矩估计。

2. 最小二乘估计

最小二乘估计(Least Square Estimation,LSE)是线性函数中参数估计的主要方法之一。最小二乘估计是通过将回归线拟合到数据集中具有最小偏差平方和(最小二乘误差)的点来计算的。为了便于推广应用,下面介绍最小二乘估计的矩阵形式。考虑高斯-马尔可夫模型(Gauss-Markov Model)

$$\begin{cases} E(\boldsymbol{Y}) = \boldsymbol{X}\boldsymbol{\beta} \\ \mathrm{var}(\boldsymbol{Y}) = \sigma^2 \boldsymbol{I}_n \end{cases} \tag{6-27}$$

式中,$\boldsymbol{Y}$ 为 $n\times 1$ 维观测向量;$\boldsymbol{X}$ 为已知的 $n\times p(p\leqslant n)$ 阶设计矩阵;$\boldsymbol{\beta}$ 为 $p\times 1$ 维未知参数;σ^2 未知;$\boldsymbol{I}_n$ 为 n 阶单位阵。该模型称为独立观测线性模型或高斯-马尔可夫模型,通常记为 $(\boldsymbol{Y},\boldsymbol{X}\boldsymbol{\beta},\sigma^2\boldsymbol{I}_n)$。在 $(\boldsymbol{Y},\boldsymbol{X}\boldsymbol{\beta},\sigma^2\boldsymbol{I}_n)$ 中,如果

$$(\boldsymbol{Y}-\boldsymbol{X}\hat{\boldsymbol{\beta}})^\mathrm{T}(\boldsymbol{Y}-\boldsymbol{X}\hat{\boldsymbol{\beta}}) = \min_{\boldsymbol{\beta}}(\boldsymbol{Y}-\boldsymbol{X}\boldsymbol{\beta})^\mathrm{T}(\boldsymbol{Y}-\boldsymbol{X}\boldsymbol{\beta}) \tag{6-28}$$

则称 $\hat{\boldsymbol{\beta}}$ 为 $\boldsymbol{\beta}$ 的最小二乘估计。

记 $Q(\boldsymbol{\beta}) = (\boldsymbol{Y}-\boldsymbol{X}\boldsymbol{\beta})^\mathrm{T}(\boldsymbol{Y}-\boldsymbol{X}\boldsymbol{\beta})$,求最小二乘估计等价于求 $Q(\boldsymbol{\beta})$ 的最小值。由矩阵求导,得

$$\frac{\partial \boldsymbol{Y}^\mathrm{T}\boldsymbol{X}\boldsymbol{\beta}}{\partial \boldsymbol{\beta}} = \boldsymbol{X}^\mathrm{T}\boldsymbol{Y}, \quad \frac{\partial \boldsymbol{\beta}^\mathrm{T}\boldsymbol{X}^\mathrm{T}\boldsymbol{X}\boldsymbol{\beta}}{\partial \boldsymbol{\beta}} = 2\boldsymbol{X}^\mathrm{T}\boldsymbol{X}\boldsymbol{\beta}$$

令

$$\frac{\partial Q(\boldsymbol{\beta})}{\partial \boldsymbol{\beta}} = -2\boldsymbol{X}^\mathrm{T}\boldsymbol{Y} + 2\boldsymbol{X}^\mathrm{T}\boldsymbol{X}\boldsymbol{\beta} = \boldsymbol{0}$$

得 $\boldsymbol{\beta}$ 的最小二乘估计

$$\hat{\boldsymbol{\beta}}_{\mathrm{LS}} = (\boldsymbol{X}^\mathrm{T}\boldsymbol{X})^{-1}\boldsymbol{X}^\mathrm{T}\boldsymbol{Y} \tag{6-29}$$

且有

(1) 若 $E(\boldsymbol{Y}) = \boldsymbol{X}\boldsymbol{\beta}$,则式(6-29)给出的最小二乘估计 $\hat{\boldsymbol{\beta}}_{\mathrm{LS}}$ 是 $\boldsymbol{\beta}$ 的无偏估计。

(2) 若 $E(\boldsymbol{Y}) = \boldsymbol{X}\boldsymbol{\beta}$,$\mathrm{var}(\boldsymbol{Y}) = \sigma^2\boldsymbol{I}_n$,$\boldsymbol{X}$ 为满秩矩阵,则式(6-29)给出的最小二乘估计 $\hat{\boldsymbol{\beta}}_{\mathrm{LS}}$ 的方差为 $\sigma^2(\boldsymbol{X}^\mathrm{T}\boldsymbol{X})^{-1}$。

值得注意的是，虽然最小二乘估计是基于线性函数中参数估计的方法，但对于一般的非线性分布，通过必要的变换，进行线性化处理即可解决。

3. 极大似然估计

极大似然估计(Maximum Likelihood Estimation，MLE)是利用总体的概率密度或概率分布的表达式及其子样所提供的信息来求未知参数的估计量，它是建立在极大似然原理基础上的一种统计方法，其基本思想是：如果一个事件在试验中出现了，那么这个事件发生的概率就应该很大，因此，选取一个使样本观测值结果出现的概率达到最大时的值作为未知参数的估计值，这就是极大似然估计值。根据以上思想，设总体 X 的概率密度函数为

$$f(x;\theta), \quad \theta \in \Theta$$

其中，Θ 为参数空间，参数 θ 可取 Θ 的所有值，$(X_1,X_2,\cdots,X_n)$ 为其子样。假设各子样是独立同分布的随机变量，子样 $(X_1,X_2,\cdots,X_n)$ 取观察值 $x_i(i=1,2,\cdots,n)$ 的联合概率密度值为

$$f(x_1;\theta)f(x_2;\theta)\cdots f(x_n;\theta) = \prod_{i=1}^{n} f(x_i;\theta) \tag{6-30}$$

则子样 $(X_1,X_2,\cdots,X_n)$ 落入点 $(x_1,x_2,\cdots,x_n)$ 的邻域内的概率为

$$p = \prod_{i=1}^{n} f(x_i;\theta)\Delta x_i \tag{6-31}$$

找出使 p 达到最大的值 $\hat{\theta}(x_1,x_2,\cdots,x_n)$，即为子样分布函数的参数估计值。由于 Δx_i 是不依赖于 θ 的增量，因此只需使

$$L(\theta;x_1,x_2,\cdots,x_n) = \prod_{i=1}^{n} f(x_i;\theta) \tag{6-32}$$

最大，称 $L(\theta;x_1,x_2,\cdots,x_n)$ 为似然函数。

当已知分布模型中有 m 个未知参数 $\theta_1,\theta_2,\cdots,\theta_m$ 时，则可以建立如下的似然函数表达式

$$L(\theta_1,\theta_2,\cdots,\theta_m) = \prod_{i=1}^{n} f(x_i;\theta_1,\theta_2,\cdots,\theta_m) \tag{6-33}$$

极大似然估计的目标就是寻找一组变量 $\theta_1,\theta_2,\cdots,\theta_m$ 的估计值，使似然函数在给定 $x_1,x_2,\cdots,x_n$ 的条件下最大。由于 $L(\theta_1,\theta_2,\cdots,\theta_m)$ 和 $\ln L(\theta_1,\theta_2,\cdots,\theta_m)$ 同时取极值，为了方便求解，有时也将似然函数表示成对数似然函数 $\ln L(\theta_1,\theta_2,\cdots,\theta_m)$，令

$$\frac{\partial \ln L(\theta_1,\theta_2,\cdots,\theta_m)}{\partial \theta_i} = 0, \quad i=0,1,\cdots,m \tag{6-34}$$

称为对数似然方程，解之即可求得估计值。

值得注意的是，由极值的必要条件可知，极大似然估计一定是似然方程或对数似然方程

的解,但似然方程或对数似然方程的解未必都是极大似然估计。严格地讲,似然函数 $L(\theta_1,\theta_2,\cdots,\theta_m)$ 或对数似然函数 $\ln L(\theta_1,\theta_2,\cdots,\theta_m)$ 对于参数 $\theta_i(i=0,1,\cdots,m)$ 的二阶 Hesse 矩阵 $\nabla^2_{\theta_i} L(\theta_1,\theta_2,\cdots,\theta_m)$ 或 $\nabla^2_{\theta_i} \ln L(\theta_1,\theta_2,\cdots,\theta_m)$ 负定(若 θ 是一元变量,$\frac{\partial^2 L(\theta)}{\partial \theta^2}<0$ 或 $\frac{\partial^2 \ln L(\theta)}{\partial \theta^2}<0$),则似然方程或对数似然方程的解才是极大似然估计。

4. 贝叶斯估计

贝叶斯估计(Bayesian Estimation)是指运用贝叶斯条件概率公式来解决参数估计的方法。其基本思想是:将关于未知参数的先验信息与样本信息综合,再根据贝叶斯公式得出后验信息,然后根据后验信息推断未知参数的方法。

假设某事件 A 与 n 个互不相容的事件 $B_1,B_2,\cdots,B_n$ 中之一,且只能与其中之一同时发生。验前概率 $P(B_i)$ 已知,则在事件 A 发生的条件下,事件 B_i 发生的条件概率 $P(B_i|A)$ 为

$$P(B_i|A) = \frac{P(A|B_i)P(B_i)}{\sum_{j=1}^{n} P(A|B_j)P(B_j)}, \quad i=1,2,\cdots,n \tag{6-35}$$

这就是著名的贝叶斯(Bayes)公式。

令 $g(\theta)$ 作为参数的先验分布模型,并令 $g(\theta|t)$ 为观测值 t(以故障时间为例)为前提时 θ 的后验分布模型,同时令 $f(t|\theta)$ 为参数 θ 未知前提下观测值 t 的概率,将式(6-35)改写为

$$g(\theta|t) = \frac{f(t|\theta)g(\theta)}{\int_0^\infty f(t|\theta)g(\theta)\mathrm{d}\theta} \tag{6-36}$$

概率模型 $f(t|\theta)$ 和先验分布模型 $g(\theta)$ 称为共轭分布,并且 $g(\theta)$ 是 $f(t|\theta)$ 的共轭先验分布。利用式(6-36)可进一步获得分布的推断和性质。

贝叶斯方法解决统计问题的思路不同于经典方法,一个显著特点就是在保证决策风险尽可能小的情况下,尽量应用所有可能的信息。不仅仅是当前收集的信息,还包括以前的信息,如装备在研制中的有用信息、仿真试验的信息、同类装备的相关信息等,而真正的现场数据可以是少量的。因此,在上述先验信息存在的情况下,作为一种数据融合方法,贝叶斯方法可以用于小子样可靠性分析问题。

5. 参数估计方法比较

表 6-7 是结合可靠性数据的实际应用背景,对以上介绍的各种参数估计方法的适用范围及优缺点进行了总结,以便作为可靠性数据分析时的参考。

表 6-7 常用参数估计方法比较

	图估计	矩估计	最小二乘估计	极大似然估计	贝叶斯估计
基本思想	将样本数据在相应分布的概率纸上描点作图,利用所绘直线估计分布参数	用相应的样本矩来估计总体矩	通过曲线拟合,使分布函数与所有样本数据的偏差最小	选取一个参数估计值,使样本数据出现的概率达到最大	将未知参数的先验信息与样本信息综合,根据贝叶斯公式估计未知参数
适用场合	只需了解大概信息,对精度要求不高	分布函数的参数可以表示为总体分布矩的函数	存在线性关系或通过变量转换可以线性化的两组变量	应用范围最为广泛,只要分布函数已知即可	广泛应用于故障诊断与可靠性分析
优点	简单方便,便于掌握	简单易算,且不要求知道寿命分布函数	消除了人为因素影响,实现样本与拟合函数的方差和最小	估计精度较高	作为一种数据融合方法,可以用于小样本可靠性分析问题
缺点	所作直线不够精确,不适于高精度求解	只适用于完全样本且结果可能不唯一	样本数据非独立时,估计结果不是最佳线性无偏估计	不适用于截尾时故障数较小的样本	需要先验分布,且先验分布可能不易确定

6.6 应用实例

6.6.1 问题描述

【例 6-3】 统计某装备部件故障数据,其故障时间如表 6-8 所列。根据统计的故障数据,建立合适的故障分布模型,并分析该装备部件的可靠性寿命特征。

表 6-8 某装备部件的故障数据 (单位:h)

69	99	129	168	181	205	226	239	250	262
281	290	303	319	329	341	349	381	405	424
442	452	463	478	491	501	511	528	542	558
569	579	592	613	649	671	707	726	741	755
785	803	849	880	935	967	1007	1046	1093	1189

6.6.2 分布类型识别

1. 直方图分析

我们可以根据直方图的形态来初步判断分布类型。根据表 6-8 中的故障数据绘制的直方图如图 6-17 所示。

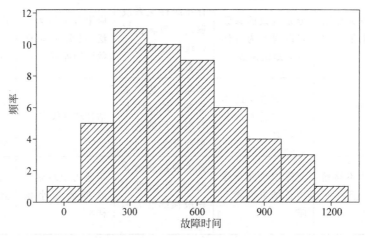

图 6-17 故障时间的直方图

由图 6-17 可以看出，该设备故障时间分布为典型的偏态分布，很可能服从或近似服从对数正态分布或者威布尔分布。分别添加了对数正态分布和威布尔分布拟合曲线的直方图如图 6-18 和图 6-19 所示。

2. 经验分布函数图分析

使用经验分布函数图可以直观地评估故障数据分布的拟合度，以查看针对总体估计的百分位数和样本值的实际百分位数，并比较样本分布。如果步进线紧密地遵循拟合分布线，则表明数据能够较好地拟合分布。对数正态分布和威布尔分布的经验累积分布函数如图 6-20 和图 6-21 所示，从图中可以看出，步进经验累积分布线与威布尔分布拟合线的紧密度要好于与对数正态分布拟合线的紧密度，说明威布尔分布可以更好地拟合该装备部件的故障数据。另外，还可以在经验分布函数图中标出百分位数，如图 6-22 所示，包括中位寿命或平均故障间隔时间、上四分位数和下四分位数。

3. 概率图分析

为更好地表示分布拟合，并进一步定量分析，可使用概率图来评估统计意义显著性的拟

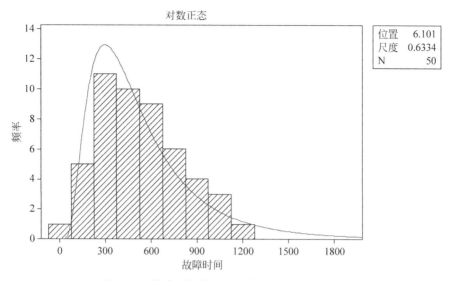

图 6-18　故障时间的直方图与对数正态分布拟合

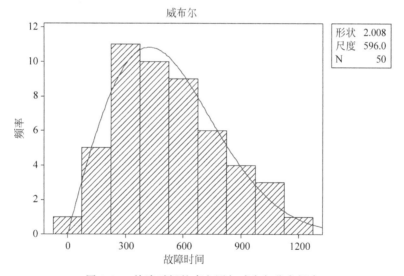

图 6-19　故障时间的直方图与威布尔分布拟合

合。该装备部件故障时间的对数正态分布概率图和威布尔分布概率图如图 6-23 和图 6-24 所示。

（1）检查概率图并评估数据点与拟合分布线的服从程度。如果指定的理论分布能够很好地拟合数据，则点将沿着直线紧密分布。从图 6-18 和图 6-19 可以直观地看出，威布尔分布概率图上的点沿拟合线分布，大致呈一条直线，而对数正态分布概率图上的点在两端出现

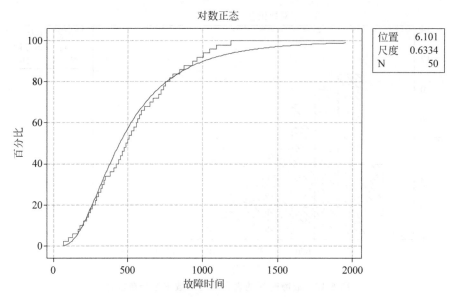

图 6-20　故障时间的对数正态经验累积分布函数

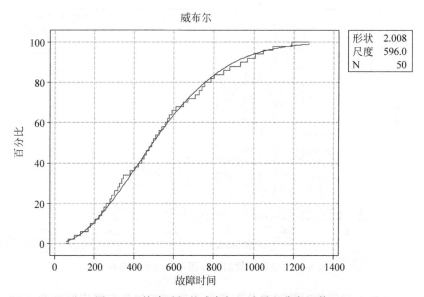

图 6-21　故障时间的威布尔经验累积分布函数

了上凹,这说明与对数正态分布相比,威布尔分布能够更好地拟合数据。

(2) 确定数据是否服从假定分布。要确定数据是否服从假定分布,将 P 值与显著性水平进行比较。通常,取显著性水平为 0.05。从图 6-18 和图 6-19 看出,对数正态分布和威布尔分布的 P 值均大于显著性水平 0.05,无法否定原假设(数据服从假定分布),即无法得出

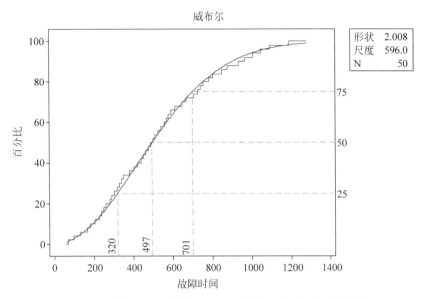

图 6-22 故障时间的威布尔经验累积分布函数(标出百分位数)

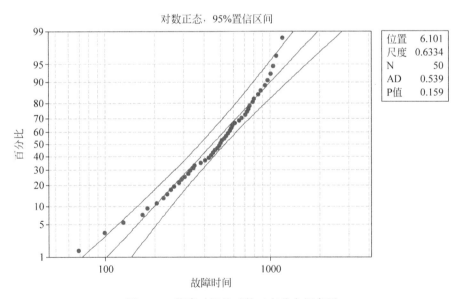

图 6-23 故障时间的对数正态分布概率图

数据不服从对数正态分布或威布尔分布的结论。但是,二者的拟合优度值 AD 分别为 0.539 和 0.099,后者明显优于前者,因此,初步判定该装备部件故障数据服从威布尔分布。

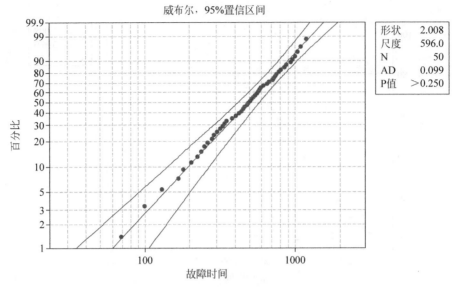

图 6-24 故障时间的威布尔分布概率图

6.6.3 分布拟合优度检验

为了选择最佳拟合分布,可以利用概率图比较分析。根据表 6-8 中的故障数据,分别绘制威布尔、对数正态、指数、对数 Logistic、三参数威布尔、三参数对数正态、双参数指数、三参数对数 Logistic、最小极值、正态、Logistic 分布等 11 种常见分布的概率图(采用最小二乘估计法),如图 6-25、图 6-26、图 6-27 所示。

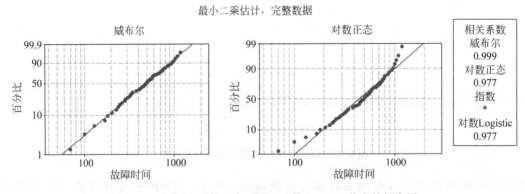

图 6-25 威布尔、对数正态、指数、对数 Logistic 分布的概率图

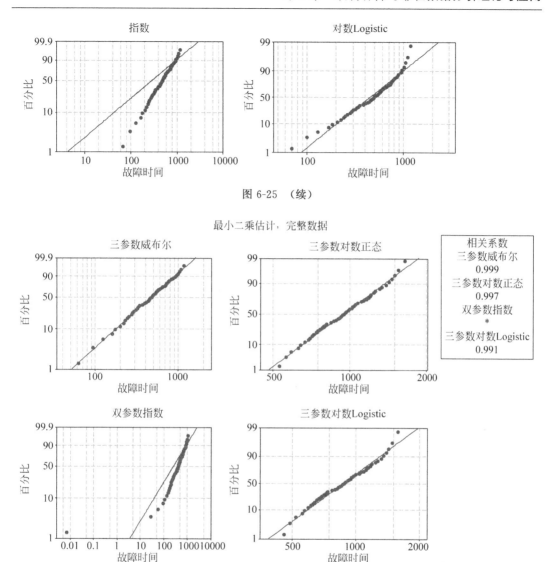

图 6-25 （续）

图 6-26 三参数威布尔、三参数对数正态、双参数指数、三参数对数 Logistic 分布的概率图

根据上述概率图，可以直观地看到威布尔分布和三参数威布尔分布等概率图的故障时间点大致落在一条直线上，表明这些概率分布较好地拟合了数据。我们还可以进一步比较 Anderson-Darling 拟合优度值和相关系数值，以确定哪种概率分布最适合该数据。拟合优度值越小，相关系数值越大，表明概率分布的拟合越好。从表 6-9 可以看出，威布尔分布和三参数威布尔分布的相关系数值最大（0.999），拟合优度值分别为 0.321、0.313，相差不大，没有本质区别，所以这两种分布拟合最好。在此不妨选择相对简单的双参数威布尔分布来拟合故障数据。

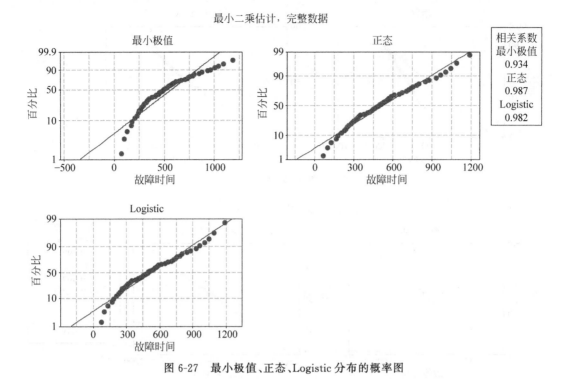

图 6-27 最小极值、正态、Logistic 分布的概率图

表 6-9 Anderson-Darling 拟合优度与相关系数

序号	分布	Anderson-Darling(调整)	相关系数
1	威布尔	0.321	0.999
2	对数正态	0.746	0.977
3	指数	9.082	*
4	对数 Logistic	0.795	0.977
5	三参数威布尔	0.313	0.999
6	三参数对数正态	0.354	0.997
7	双参数指数	5.854	*
8	三参数对数 Logistic	0.499	0.991
9	最小极值	3.454	0.934
10	正态	0.673	0.987
11	Logistic	0.765	0.982

6.6.4 分布参数估计

分别利用最小二乘法和极大似然估计法进行参数估计(95%正态置信区间)。双参数威布

尔分布的参数估计值如表 6-10 和表 6-11 所列,分布特征估计值如表 6-12 和表 6-13 所列。

表 6-10　最小二乘法估计的分布参数

参数	估计	标准误	95%正态置信区间	
			下限	上限
形状 β	1.930	0.2274	1.532	2.432
尺度 η	596.836	46.0323	513.102	694.234

表 6-11　极大似然估计的分布参数

参数	估计	标准误	95%正态置信区间	
			下限	上限
形状 β	2.008	0.2244	1.613	2.500
尺度 η	595.961	44.2257	515.289	689.262

表 6-12　最小二乘法估计的分布特征

数值特征	估计	标准误	95%正态置信区间	
			下限	上限
平均寿命	529.361	40.3730	455.862	614.711
标准差	285.697	32.7441	228.217	357.654
中位寿命	493.620	42.5478	416.892	584.471
下四分位数(Q1)	312.996	38.4174	246.072	398.122
上四分位数(Q3)	706.878	52.2909	611.473	817.169
四分位间距(IQR)	393.882	41.2885	320.730	483.719

表 6-13　极大似然估计的分布特征

数值特征	估计	标准误	95%正态置信区间	
			下限	上限
平均寿命	528.120	38.8824	457.155	610.101
标准差	275.104	29.1528	223.509	338.610
中位寿命	496.520	41.1740	422.037	584.148
下四分位数(Q1)	320.417	37.3107	255.034	402.562
上四分位数(Q3)	701.249	49.5277	610.596	805.362
四分位间距(IQR)	380.833	37.4179	314.124	461.708

从表 6-10 和表 6-11 可以看出,最小二乘法估计的形状参数 $\beta \approx 1.93$,尺度参数 $\eta \approx 596.836$;极大似然法估计的 $\beta \approx 2.008$,尺度参数 $\eta \approx 595.961$。而且从误差来看,后者估计精度要好于前者。下面我们将采用极大似然估计法进一步对寿命特征进行分析。

从表 6-12 和表 6-13 可以看出最小二乘法估计和极大似然估计的平均寿命(MTTF/MTBF)、中位寿命、分位数等分布特征的估计值。

6.6.5 故障/寿命特征分析

根据上述分析,该装备部件的故障数据服从双参数威布尔分布 $W(2.008, 595.961)$,其平均寿命(MTTF/MTBF)为 $528.12\ h$,特征寿命为 $595.961\ h$,中位寿命为 $496.52\ h$。

1. 故障密度函数与密度函数图

该装备部件的故障密度函数如式(6-37)所示,故障密度函数曲线如图 6-28 所示。同时,图中标出了中位寿命 $496.52\ h$,这表明当该装备部件工作 $496.52\ h$ 后,其可靠性下降到不足 50%,可视情况停机维护或更换。

$$\begin{aligned} f(t) &= \frac{\beta}{\eta}\left(\frac{t}{\eta}\right)^{\beta-1}\exp\left[-\left(\frac{t}{\eta}\right)^{\beta}\right] \\ &= \frac{2.008}{595.961}\left(\frac{t}{595.961}\right)^{1.008}\exp\left[-\left(\frac{t}{595.961}\right)^{2.008}\right] \end{aligned} \tag{6-37}$$

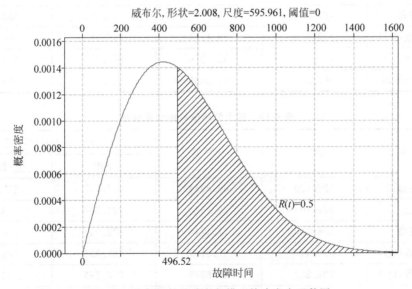

图 6-28 装备部件的威布尔模型故障密度函数图

2. 故障分布函数与累积故障图

该装备部件的故障分布函数如式(6-38)所示,故障分布函数曲线或累积失效图(包含95%的置信区间)如图 6-29 所示。

$$F(t) = 1 - \exp\left[-\left(\frac{t}{\eta}\right)^{\beta}\right] = 1 - \exp\left[-\left(\frac{t}{595.961}\right)^{2.008}\right] \tag{6-38}$$

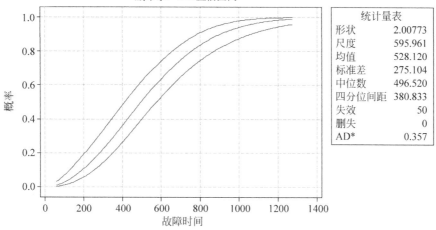

图 6-29 装备部件的威布尔模型累积失效图(显示 95% 置信区间)

3. 可靠度函数与生存图

该装备部件的可靠度函数如式(6-39)所示,可靠度函数曲线或生存图(包含95%的置信区间)如图 6-30 所示。

$$R(t) = \exp\left[-\left(\frac{t}{\eta}\right)^{\beta}\right] = \exp\left[-\left(\frac{t}{595.961}\right)^{2.008}\right] \tag{6-39}$$

4. 故障率函数与故障率图

该装备部件的故障率函数如式(6-40)所示,故障率曲线或故障率图如图 6-31 所示。从图中可以看出,其故障率曲线大致为一条斜线,这是当形状参数 $\beta=2$ 时,威布尔分布故障率曲线的特征。

$$\lambda(t) = \frac{f(t)}{R(t)} = \frac{2.008}{595.961}\left(\frac{t}{595.961}\right)^{1.008} \approx 5.65 \times 10^{-6} t \tag{6-40}$$

从式中可以看出,故障率与故障时间大致呈线性关系。

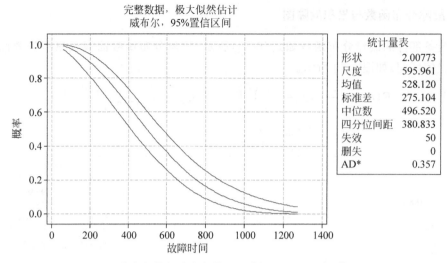

图 6-30　装备部件的威布尔模型生存图（显示 95％ 置信区间）

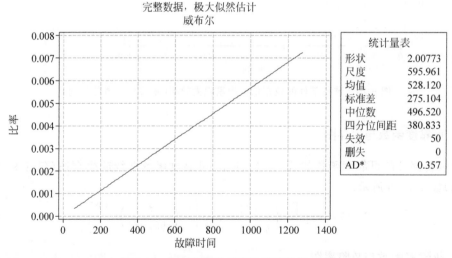

图 6-31　装备部件的威布尔模型故障率图

5. 故障分布概要图

为了直观地显示故障数据的分布情况和各种可靠性指标，可以生成故障分布概要图，主要包括概率密度函数曲线、可靠度函数曲线、故障率函数曲线以及寿命特征统计量等，这样就能在一个图中以不同方式查看可靠性寿命特征数据与相关函数图形。该装备部件的威布尔模型故障分布概要图如图 6-32 所示。

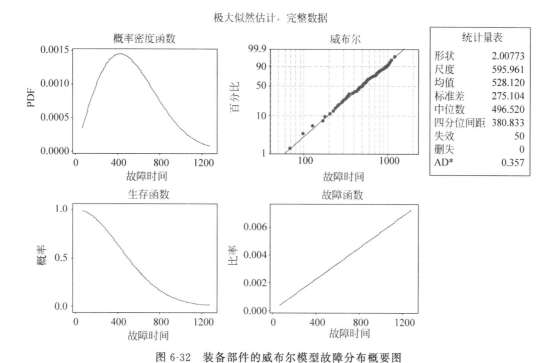

图 6-32 装备部件的威布尔模型故障分布概要图

William Edwards Deming
(1900—1993)

质量必须成为一种"信仰"。

——[美]戴明

第7章 装备保障质量控制分析理论与应用

装备保障质量控制是指为达到装备保障质量要求所采取的作业技术和活动。装备保障质量控制分析是指根据概率论和数理统计科学的原理来保证装备保障质量达到所要求质量水平的现代统计分析技术。质量控制分析技术方法主要包括抽样检验、统计过程控制、过程能力分析、试验设计。本章主要介绍统计过程控制分析、过程能力分析以及抽样检验等理论及其在装备保障数据分析中的应用。

7.1 统计过程控制分析

自1924年美国工程师休哈特（Walter Andrew Shewhart,1891—1967）博士首创控制图,提出统计过程控制(Statistical Process Control,SPC)的理论和方法以来,统计过程控制无论是理论还是实际应用,均得到了不断的发展和完善。控制图在质量控制中是非常重要的,而且应用也非常广泛。在装备保障质量控制中,控制图可用于装备可用性、质量控制、故障次数、停机时间、备件储备等领域,是装备保障质量控制的核心工具之一。

7.1.1 控制图的概念及用途

控制图是根据假设检验原理构造的一种图,利用科学方法对工作过程（如生产过程、维修过程）质量进行测定、记录,区分质量特性值的波动是由于偶然原因还是系统原因所引起,从而判定工作过程是否处于控制状态,是统计质量管理的一种重要手段和工具。在装备质量控制中,控制图是一种动态的,能够进行过程观察与动态监控的分析工具。

7.1.2 控制图的结构

控制图的基本结构是在直角坐标系中画三条平行于横轴的直线,中间一条实线为中心线(表示样本均值),上、下两条虚线分别为上、下控制界限。横轴表示按一定时间间隔抽取样本的次序。纵轴表示根据样本计算的、表达某种质量特征的统计量的数值。在控制过程中,按计划定时抽取样本,把测得的点按时间顺序描在图上,点与点之间用实线段相连接。控制图的基本样式如图 7-1 所示。

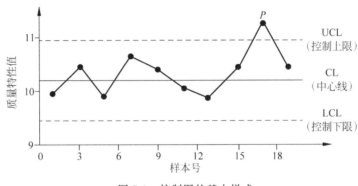

图 7-1 控制图的基本样式

7.1.3 控制图的分类

一般情况下,装备保障工作中收集到的信息都是一些数据。根据采用数据统计特性的不同,控制图可分为计量值控制图和计数值控制图,其中计数值控制图又可分为计件值控制图和计点值控制图。按照国家标准 GB/T 4091—2001,常规控制图的基本类型如表 7-1 所列。

表 7-1 控制图类别一览表

数据类型	数据	分布类型	控制图种类	记号	说明
计量型	计量值	正态分布	平均值-极差控制图	$\bar{X}$-R 图	子组为计量数据。标出子组的均值或中位数,以及子组极差或者子组标准差
			平均值-标准差控制图	$\bar{X}$-S 图	
			中位数-极差控制图	$\tilde{X}$-R 图	
			单值-移动极差控制图	I-MR 图	单个计量数据,标出观测值移动极差

续表

数据类型	数据	分布类型	控制图种类	记号	说明
计量型	计件值	二项分布	不合格品率控制图	p 图	计件数据,如不合格品数等
			不合格品数控制图	np 图	
	计点值	泊松分布	单位不合格数控制图	u 图	计点数据,如缺陷数、瑕疵数等
			不合格数控制图	c 图	

7.1.4 控制图的原理

控制图中的控制界限是判断工作过程状态是否存在异常因素的标准尺度,它是根据数理统计的原理计算出来的。若样本质量特性值服从正态分布(或虽服从二项分布或泊松分布,但样本容量足够大),那么在正常情况下,各样本质量特性值仅受偶然原因的影响,将只有很少一部分不符合质量要求,绝大多数样本质量特性值都应该出现在控制界限之内。因此,在质量控制中,比较通用的方法是按"3σ 原则"确定控制界限,而把中心线定为受控对象质量特性值的平均值,即

$$\begin{cases} UCL = \mu + 3\sigma \\ CL = \mu \\ LCL = \mu - 3\sigma \end{cases} \tag{7-1}$$

正态分布时,在正态曲线下总面积的特定百分数可以用标准偏差的倍数来表示。例如,正态曲线下以 $\mu \pm \sigma$ 为界限的面积为正态曲线下总面积的 68.27%。类似地,$\mu \pm 2\sigma$ 为 95.45%,$\mu \pm 3\sigma$ 为 99.73%,如图 7-2 所示。

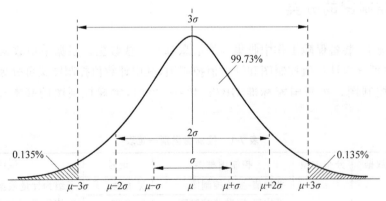

图 7-2 正态分布的 3σ 原理示意图

在正常情况下按"3σ 原则"的质量特性值落在控制界限之外的概率是 0.27%。这就是说,在 1000 次中约有 3 次把正确的误断为不正确的错误,称为第 I 类错误,或称为"弃真"错

误,发生这种错误的概率通常记为 α;若把界限扩大为 $\mu \pm 4\sigma$,第Ⅰ类错误的概率为 0.0006%,这就是指在 10 万次中约有 6 次误断错误,概率显然是非常小的。可是把控制界限如此扩大,失去发现异常原因而引起的质量变动的机会也扩大了,即把不正确的误断为正确的错误增大了,称为第Ⅱ类错误,或称为"纳伪"错误,发生这种错误的概率通常记为 β。由于控制图是通过抽样来控制过程质量的,所以这两类错误不可避免。对于控制图,中心线一般是对称轴,上、下控制界限是平行的,因此所能变动的只是上、下控制界限的间距。若将间距增大,则 α 减小而 β 增大;反之,则 α 增大而 β 减小,因此,只能根据这两类错误造成的总损失最小来确定上、下控制界限。实践经验证明,应用 3σ 原则确定的控制界限能使这两类错误造成的损失最小,这也就是为什么取 $\mu \pm 3\sigma$ 作为控制界限的原因。

7.1.5 控制图的判读

控制图是在过程处于稳定状态,即点在界内的假设下作显著性检验,点出界则判为异常。用数学语言描述,就是看小概率事件是否发生。因此,利用控制图判断过程有无异常,其实质是一个概率计算问题。

1. 判稳准则

判稳准则就是接受过程处于稳定状态的假设,即小概率事件未曾发生。国家标准 GB/T 4091—2001《常规控制图》规定:收集 25 组大小为 4 或 5 的子组(计量值控制图),如果满足:①样本点在中心线周围随机分布;②样本点在控制界限内;③无异常模式或趋势;④过程稳定可预测,就说明过程处于统计过程控制状态。

2. 判异准则

判异的基本准则是:点出界以及点在界内不是随机地排列。就其本质而言,判异就是拒绝过程处于稳定状态的假设,使小概率事件发生。国家标准 GB/T 4091—2001《常规控制图》明确给出了 8 种判异准则。为了应用这些准则,在 $\pm \sigma$、$\pm 2\sigma$ 处增加了辅助控制限,从而将控制图划分为 6 个区域,中心线向外依次为 C 区、B 区、A 区,如图 7-3 所示。

准则 1:一个点落在 A 区之外,如图 7-4 所示;

准则 2:连续 9 点落在中心线同一侧,如图 7-5 所示;

准则 3:连续 6 点递增或递减,如图 7-6 所示;

准则 4:连续 14 点中相邻点上下交替,如图 7-7 所示;

图 7-3 控制图的分区

准则 5：连续 3 点中有 2 点落在中心线同一侧的 B 区以外，如图 7-8 所示；
准则 6：连续 5 点中有 4 点落在中心线同一侧的 C 区以外，如图 7-9 所示；
准则 7：连续 15 点落在中心线两侧的 C 区以内，如图 7-10 所示；
准则 8：连续 8 点落在中心线两侧且无 1 点在 C 区以内，如图 7-11 所示。

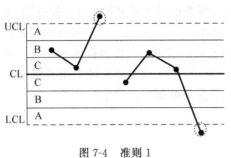

图 7-4　准则 1

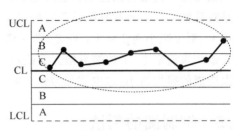

图 7-5　准则 2

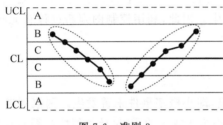

图 7-6　准则 3

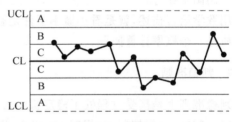

图 7-7　准则 4

图 7-8　准则 5

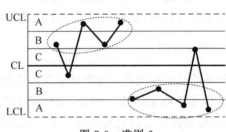

图 7-9　准则 6

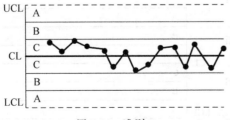

图 7-10　准则 7

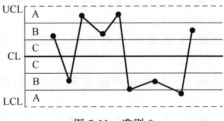

图 7-11　准则 8

7.1.6 控制图的绘制

在控制图中,常用的控制图是均值-极差图,即 $\bar{X}$-R 图,下面以 $\bar{X}$-R 图为例来说明控制图的绘制过程。

1. 收集数据

按照控制图判稳准则的要求,数据的收集组数应不低于 25 组,每组内部数据不少于 2 个,收集过程中要确保人员、设备、材料、方法、测量、环境处于相对稳定状态。

2. 计算所需统计量

统计量是用于计算控制界限的量,控制图类型不同,所需计算的统计量也不同。对于计量值 $\bar{X}$-R 控制图来说,需要计算的统计量有子组的平均值、数据总平均值(子组平均值 $\bar{X}$ 的平均值)$\bar{\bar{X}}$、子组极差值 R(子组内最大值与最小值之差)以及子组极差的平均值。

3. 计算控制界限

由于控制图是以 3σ 原则为基础所构建的,所以尽管不同类型控制图控制界限的计算公式不同,但是基本都遵循 3σ 的原则,即:中心线 CL 为 μ,表示样本均值,上控制限 UCL 为 $\mu+3\sigma$,下控制限 LCL 为 $\mu-3\sigma$。在应用时,如果参数均已知,直接代入公式 $\mu\pm3\sigma$ 即可,若参数未知则需要进行估计,具体估计公式参照国家标准 GB/T 4091—2001 查找(见表 7-2),公式中的系数可从常规计量控制图控制限系数表(见表 7-3)中查出。

表 7-2 常规计量控制图控制限公式表

统计量	标准值未给定		标准值给定	
	中心线	UCL 与 LCL	中心线	UCL 与 LCL
$\bar{X}$	$\bar{\bar{X}}$	$\bar{\bar{X}}\pm A_2\bar{R}$	X_0 或 μ	$X_0\pm A\sigma_0$
R	$\bar{R}$	$D_4\bar{R}, D_3\bar{R}$	R_0 或 $d_2\sigma_0$	$D_2\sigma_0, D_1\sigma_0$

注:X_0、R_0、μ、σ_0 为给定的标准值,系数由表 7-3 中查得。

表 7-3 常规计量控制图控制限系数表

子组大小 n	均值控制图			极差控制图							
	控制限系数			控制限系数					中心线系数		
	A	A_2	A_3	D_1	D_2	D_3	D_4	d_3	d_2	$1/d_2$	
2	2.121	1.880	2.659	0	3.686	0	3.267	0.853	1.128	0.8865	
3	1.732	1.023	1.954	0	4.358	0	2.574	0.888	1.693	0.5907	

续表

子组大小 n	均值控制图			极差控制图						
	控制限系数			控制限系数					中心线系数	
	A	A_2	A_3	D_1	D_2	D_3	D_4	d_3	d_2	$1/d_2$
4	1.500	0.729	1.628	0	4.698	0	2.282	0.880	2.059	0.4857
5	1.342	0.577	1.427	0	4.918	0	2.114	0.864	2.326	0.4299
6	1.225	0.483	1.287	0	5.078	0	2.004	0.848	2.534	0.3946
⋮	⋮	⋮	⋮	⋮	⋮	⋮	⋮	⋮	⋮	⋮

4. 绘制控制图

依据计算得到的控制限数值，在坐标轴上绘制出 CL、UCL、LCL。有时为了更精确地控制过程的变化，还要在 $\pm\sigma$、$\pm2\sigma$ 处增加辅助控制限，然后选取每个子组作为一个样本点，将子组的均值按时间顺序标记在控制图中，彼此间用实线段相连。

7.1.7 应用实例

1. 均值-极差控制图（$\overline{X}$-R 图）

$\overline{X}$-R 控制图是计量值控制图中最常用的一种质量控制工具。它是由均值控制图（$\overline{X}$ 控制图）和极差控制图（R 控制图）联合使用的。正态分布 $N(\mu,\sigma^2)$ 的总体参数有均值 μ 和标准差 σ，均值控制图用来控制 μ 的变化，即过程的集中趋势；极差控制图用来控制 σ 的变化，即过程的离散程度。这样，应用均值-极差控制图就完全可以对计量型数据的异常波动进行控制了。

【例 7-1】 选取某部第四季度飞机完好率数据 90 个，以时间先后排列，3 个数据分为一组，共 30 组，如表 7-4 所列。试用 $\overline{X}$-R 控制图对飞机完好率做简要分析。

【思路与方法】

(1) 计算统计量。

计算每个子组的均值：$\overline{X}=(X_1+X_2+X_3)/3$，结果显示为表 7-4 中 $\overline{X}$ 列。

计算每个子组的极差：$R=\max(X_i)-\min(X_i)$，结果显示为表 7-4 中 R 列。

计算 30 个子组的总均值：

$$\overline{\overline{X}}=\frac{1}{30}\sum_{i=1}^{30}\overline{X}_i=89.27$$

计算 30 个子组极差的均值：

$$\overline{R}=\frac{1}{30}\sum_{i=1}^{30}R_i=1.98$$

表 7-4 某部第四季度飞机完好率数据表

子组号	飞机完好率/%			$\bar{X}$	R	子组号	飞机完好率/%			$\bar{X}$	R
	X_1	X_2	X_3				X_1	X_2	X_3		
1	88.4	88.1	87	87.83	1.40	16	92.1	92.1	92.3	92.17	0.20
2	89.2	89.2	87.7	88.70	1.50	17	92.4	93.4	93.9	93.23	1.50
3	84.7	84	84	84.23	0.70	18	93.6	85.4	84.5	87.83	9.10
4	83.9	84.2	87.2	85.10	3.30	19	86.4	86.7	89.5	87.53	3.10
5	89.6	89.6	89.4	89.53	0.20	20	89.3	89.4	91.4	90.03	2.10
6	88.7	88.8	88.8	88.77	0.10	21	88.8	88.7	90	89.17	1.30
7	88.8	88.7	88.7	88.73	0.10	22	88.3	88.5	85.6	87.47	2.90
8	90.9	93.2	90.7	91.60	2.50	23	86.6	86.6	88.9	87.37	2.30
9	90.3	91	91	90.77	0.70	24	88.3	86.6	90.5	88.47	3.90
10	91.8	93.1	92.9	92.60	1.30	25	88.1	90.2	90.5	89.60	2.40
11	90.5	92.2	92.2	91.63	1.70	26	88.7	86.7	84.5	86.63	4.20
12	93.5	93.5	93.3	93.43	0.20	27	84.7	87.5	89.3	87.17	4.60
13	93.6	92.8	93.5	93.30	0.80	28	89.5	85.7	87.1	87.43	3.80
14	93.5	93.4	93.4	93.43	0.10	29	86.4	85.3	84.7	85.47	1.70
15	93.5	93.3	93.4	93.40	0.20	30	86.2	84.7	85.3	85.40	1.50

(2) 计算控制界限。

按国家标准 GB/T 4091—2001 给出的公式(见表 7-2),可分别计算出 $\bar{X}$ 图和 R 图的控制限,公式中系数 A_2、D_4 可从常规计量控制图控制限系数表(见表 7-3)中查出。

对于 $\bar{X}$ 图

$$\mathrm{CL}_{\bar{X}} = \mu = \bar{\bar{X}} = 89.27 \tag{7-2}$$

$$\mathrm{UCL}_{\bar{X}} = \bar{\bar{X}} + A_2 \bar{R} = 89.27 + 1.023 \times 1.98 = 91.29 \tag{7-3}$$

$$\mathrm{LCL}_{\bar{X}} = \bar{\bar{X}} - A_2 \bar{R} = 89.27 - 1.023 \times 1.98 = 87.24 \tag{7-4}$$

对于 R 图

$$\mathrm{CL}_R = \mu_R = \bar{R} = 1.98 \tag{7-5}$$

$$\mathrm{UCL}_R = D_4 \bar{R} = 2.574 \times 1.98 = 5.10 \tag{7-6}$$

$$\mathrm{LCL}_R = D_3 \bar{R} = 0 \times 1.98 = 0 \tag{7-7}$$

(3) 绘制控制图。

根据所计算的 $\bar{X}$ 图和 R 图的控制限,分别建立两张图的坐标系,并对各子组数据统计量、样本号相对应的数据,在控制图上打点、连线,即可得到 $\bar{X}$-R 控制图。利用 Minitab 软

件绘制的 $\bar{X}$-R 控制图如图 7-12 所示。

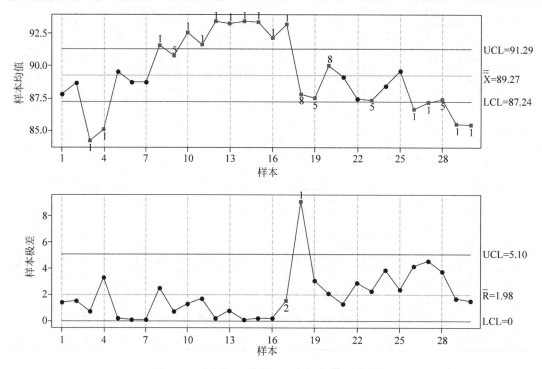

图 7-12　某部第四季度飞机完好率 $\bar{X}$-R 控制图

【结果分析】

(1) 图中样本组(3、4、26、27)低于控制下限,样本组(8、10~17)高于控制上限。依据控制图原理,只要样本落在控制界限外,过程即判为异常,在实际应用时,应当具体情况具体分析。作为飞机完好率,显然其百分比越高越好,也就是控制上限没有意义,样本组(8、10~17)超过了控制上限,说明这些时段飞机完好率很高,是所期望的。

(2) 从整个控制图来看,前面一段时间(样本组 1~17)整体呈现出一种上升的趋势,但是在样本组(3、4)上出现了波动,对应的样本极差值比较大。经过分析,该样本组正好对应10月初飞机换季的时间段,换季期间飞机的完好率相对偏低符合实际情况,如果要避免大的波动出现,应采取特定检查或分批实施换季等措施。

(3) 样本组(5~17)对应的时间段,飞机完好率百分比比较高,极差值波动小、相对稳定。一方面反映了飞机换季结束,整体性能高,另一方面反映了飞机完好率控制得好,机务质控师应该认真总结这段时间内保证飞机完好率的经验,继续予以保持。

(4) 样本组(18、19)对应的时间段,部队任务重、训练频率高,因此控制图上出现明显的转折,对应样本组内部极差值非常大。

(5) 样本组(20~25)对应的时间段,虽然飞机完好率也在控制界限内,但大部分处于平均水平(控制图中心线)以下,而且波动也偏大,放任发展下去,飞机完好率会越来越差,将直接影响部队战斗力水平。质控人员应及时查找原因,适当提议增加检修频率,采取措施使飞机完好率百分比有所提升。

(6) 样本组(26~30)对应的时间段,飞机完好率低于控制下限。临近年末,天气寒冷、飞行任务少、年底检查较多、人员管理相对松散等因素的存在,使得完好率一直处于这样比较低的一个水平。

监控飞机完好率是控制图在装备保障质控工作中最典型的应用,利用控制图不仅可以对过程的稳定性进行评价,还可以预测过程的发展趋势,看似受控的过程,经过分析,会发现一些不易察觉的问题,在这些问题刚刚露出苗头,还没造成严重后果时,应及时纠正,避免事故的发生,做到防患于未然。

2. 不合格品率控制图(p 图)

不合格品率控制图属于计件值控制图。过程处于稳态时,产品不合格品率为一常数,即任一单位产品的不合格品率均为 p。设随机抽取一个包含 n 个样品的样本,其中不合格品数为 X,则 X 服从参数为 n 和 p 的二项分布,即

$$P\{X=k\}=C_n^k p^k (1-p)^{n-k}, \quad k=1,2,\cdots,n \tag{7-8}$$

样本的不合格品率为 $p=X/n$,随机变量 X 的均值为 np,方差为 $np(1-p)$。因此,不合格率的均值和方差是相互关联的。这样,我们只需要一张控制图就可以对过程进行控制了,该控制图就是 p 控制图(简称 p 图)。

【例 7-2】 某型飞机 2014 年和 2015 年两年的误飞统计数据如表 7-5 所列。试利用 p 控制图分析从 2014 年 12 月起每月误飞千次率是否处于受控状态。

表 7-5 飞机误飞数据统计表

日期(2014 年)	1	2	3	4	5	6	7	8	9	10	11	12
起飞次数	332	497	421	488	653	400	392	508	594	484	544	381
误飞次数	4	2	4	0	0	5	3	1	0	4	2	3
累计起飞次数												5694
累计误飞次数												28
$P/‰$												4.92
日期(2015 年)	1	2	3	4	5	6	7	8	9	10	11	12
起飞次数	317	268	413	539	510	408	406	433	391	473	398	353
误飞次数	1	2	1	1	2	1	3	5	4	3	8
累计起飞次数	5679	5450	5442	5493	5350	5358	5372	5297	5094	5083	4937	4909
累计误飞次数	25	25	23	24	25	22	20	22	27	27	28	33
$P/‰$	4.40	4.59	4.23	4.37	4.67	4.10	3.72	4.15	5.30	5.31	5.67	6.72

【思路与方法】

利用 Minitab 软件绘制 p 控制图。为了克服季节性的影响,加大样本容量,累计某月以前共 12 个月的数据作为该月的统计数据,即得到表 7-5 中 2014 年 12 月以后各月的累计起飞次数、累计误飞次数和误飞千次率。因此,在 Minitab 软件的工作表中只需输入累计起飞次数和误飞次数即可。

得到 p 控制图,如图 7-13 所示。

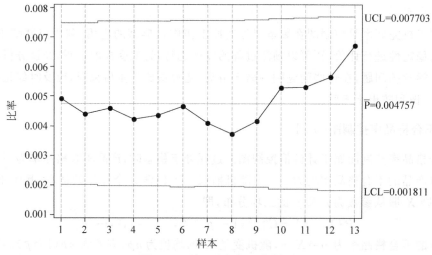

图 7-13 误飞千次率 p 控制图

【结果分析】

由图中可知样本点全部落在界限以内,可以认为以误飞千次率表示的维修质量特性处于受控状态,不过也有越出界限的倾向,应该注意。

经验分享:从计算公式 $UCL_i = \bar{p} + 3\sqrt{\bar{p}(1-\bar{p})/n_i}$,$LCL_i = \bar{p} - 3\sqrt{\bar{p}(1-\bar{p})/n_i}$ 中可以看出,当诸样本大小 n_i 不相等时,UCL、LCL 随 n_i 的变化而变化,其图形为阶梯式的折线而非直线。为了方便,若有关系式 $n_{max} \leqslant 2\bar{n}$,$n_{min} \geqslant \bar{n}/2$ 同时满足,亦即 n_i 相差不大时,可令 $n_i = \bar{n}$,使得上下限仍为常数,其图形仍为直线。本例中 $\bar{n} = 5320$,在"p 控制图-选项"对话框中的"S 限制"选项的"假定所有子组大小"为 5320,即可得到上下控制限为直线的控制图,如图 7-14 所示。

3. 不合格数控制图(c 图)

不合格数控制图属于计点值控制图。缺陷是一个广义用语,在装备保障中,可以代表维修差错、故障、器材缺陷、漏检故障等。当每次统计的样本大小 n 不变时,可把统计的缺陷个数 c 直接标在控制图上,简便直观。

【例 7-3】 对 10 个飞机机翼做焊接缺陷检查,每个机翼上的焊接缺陷数如表 7-6 所列,

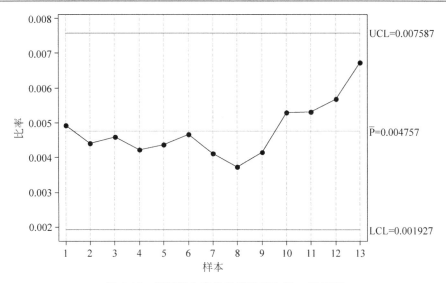

图 7-14 控制限为直线的误飞千次率 p 控制图

试利用 c 控制图分析该过程是否处于稳定过程。

表 7-6 飞机机翼焊接缺陷数统计表

机翼	1	2	3	4	5	6	7	8	9	10
缺陷数	7	10	15	17	8	7	13	15	16	13

【思路与方法】

下面利用 Minitab 软件绘制 c 控制图。得到的 c 控制图如图 7-15 所示。

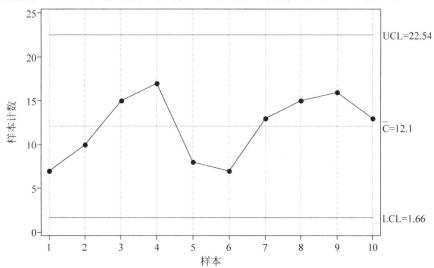

图 7-15 机翼焊接缺陷 c 控制图

【结果分析】

由图中可知每个机翼上的缺陷数均落在上、下界限之内,所以该生产过程处于稳定状态。

7.2 过程能力分析

现代质量管理关注过程,强调过程能力,因为只有过程稳定才能持续地提供合格产品或服务。在装备质量管理中,通过过程能力分析,可以发现过程的质量瓶颈和存在的问题,明确质量改进的重要环节。

7.2.1 过程能力的基本概念

过程能力也称工序能力,是指过程加工方面满足加工质量的能力,它是衡量过程加工内在一致性的最稳态下的最小波动。当过程处于稳态时,产品的质量特性值有 99.73% 散布在区间 $[\mu-3\sigma,\mu+3\sigma]$,其中,$\mu$ 为产品特性值的总体均值,σ 为产品特性值总体标准差。也即几乎全部产品特性值都落在 6σ 的范围内。因此,在工程领域,习惯把该区间长度 6σ 定义为过程能力,它的值越小越好。

过程能力 $B=6\sigma$ 有两个前提条件:首先,质量特征值必须服从正态分布;其次,控制的结果是产品的合格品率能够达到 99.73%。对于粗加工或精密加工等特殊工序,则不一定适用,如果机械地套用 $B=6\sigma$ 衡量过程能力,可能会产生较大的偏差。

7.2.2 过程能力指数

1. 短期过程能力指数

过程能力指数(Process Capability Index,PCI)是表示过程能力满足产品技术标准的程度。技术标准是指加工过程中产品必须达到的质量要求,通常用标准、公差(容差)等来衡量,一般用符号 T 表示。质量标准 T 与过程能力 B 的比值即为过程能力指数,记为 C_p。过程能力指数能评价过程的固有变异,不仅可以比较产品质量或过程的稳定程度,也可以估计预期的不合格品率。当产品质量特性值分布的均值 μ 与公差中心 M 不重合,即有偏移时,不合格品率增大,此时 C_p 值降低,这时所计算的过程能力指数则不能反映有偏移的实际情况,需要加以修正。修正后的过程能力指数为 C_{pk}。

2. 长期过程能力指数

长期过程能力指数又称过程性能指数(Process Performance Index,PPI),它反映长期过程能力满足技术标准的程度,记为 P_p、P_{pk}。它与过程能力指数 C_p、C_{pk} 的计算公式类似,并且均是反映过程能力满足技术要求的程度,但是二者说明问题的角度不同。一般将 C_p、C_{pk} 等过程能力指数称为短期过程能力指数,而将 P_p、P_{pk} 等过程能力指数称为长期过程能力指数。短期过程能力与长期过程能力指数汇总如表 7-7 所列。

表 7-7 短期过程能力与长期过程能力指数汇总表

系列	符号	名称	计算公式
C 系列过程能力指数	C_p	无偏移短期过程能力指数	$C_p = \dfrac{T}{6\sigma} = \dfrac{T_U - T_L}{6S}$
	C_{pk}	有偏移短期过程能力指数	$C_{pk} = (1-k)C_p = \dfrac{T - 2\varepsilon}{6S}$
	C_{pU}	无偏移上单侧短期过程(或望小值)能力指数	$C_{pU} = \dfrac{T_U - \mu}{3\sigma} = \dfrac{T_U - \bar{X}}{3S}$
	C_{pL}	无偏移下单侧短期过程(或望大值)能力指数	$C_{pL} = \dfrac{\mu - T_L}{3\sigma} = \dfrac{\bar{X} - T_L}{3S}$
P 系列过程性能指数	P_p	无偏移过程性能指数	$P_p = \dfrac{T}{6\sigma} = \dfrac{T_U - T_L}{6S_L}$
	P_{pk}	有偏移过程性能指数	$P_{pk} = \min(P_{pU}, P_{pL})$
	P_{pU}	无偏移上单侧过程(或望小值)性能指数	$P_{pU} = \dfrac{T_U - \mu}{3\sigma} = \dfrac{T_U - \bar{x}}{3S_L}$
	P_{pL}	无偏移下单侧过程(或望大值)性能指数	$P_{pL} = \dfrac{\mu - T_L}{3\sigma} = \dfrac{\bar{x} - T_L}{3S_L}$

7.2.3 过程能力分析与评价

过程能力分析是一种研究过程质量状态的活动。由于过程能力系数能够客观、定量地反映过程满足技术要求的程度,因而可以根据过程能力系数的大小对过程进行分析评价。求出过程能力指数后,就可以对过程能力是否充分给出分析和判定,即 C_p 值是多少时,才能满足设计要求。根据过程能力指数的大小及不合格品率的大小,可将加工分为 5 个等级:特级、一级、二级、三级和四级。图 7-16 给出了加工等级所对应的质量特性值、公差范围及对应的不合格品率。

过程能力指数为多少比较恰当?要根据过程具体情况而定。对于机械零件,一般加工要求达到二级水平(C_p 在 1~1.33),而精密加工要求达到一级加工水平(C_p 在 1.33~1.67)。一般情况下,过程能力的判断,可以根据表 7-8 中的过程能力指数评定分级表规定的判断标准来进行。

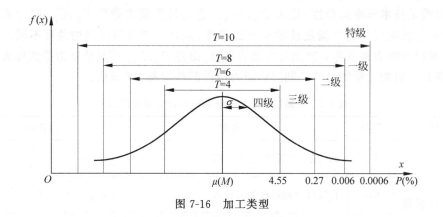

图 7-16 加工类型

表 7-8 过程能力指数评定分级表

等级	C_p(或 C_{pk})	不合格品率 $P/\%$	过程能力评价	处理意见
特级	$C_p \geq 1.67$	$P \leq 0.00006$	工序能力过于充足	即使质量波动有些增大,也不必担心;可考虑放宽管理或降低成本,收缩标准范围,放宽检查
一级	$1.33 \leq C_p < 1.67$	$0.00006 < P \leq 0.006$	工序能力充足	允许小的外来干扰所引起的波动;对不重要的工序可放宽检查;工序控制抽样间隔可放宽一些
二级	$1.00 \leq C_p < 1.33$	$0.006 < P \leq 0.27$	工序能力尚可	工序需严格控制,否则容易出现不合格品;检查不能放宽
三级	$0.67 \leq C_p < 1.00$	$0.27 < P \leq 4.55$	工序能力不足	必须采取措施提高工序能力;已出现一些不合格品,要加强检查,必要时全检
四级	$C_p < 0.67$	$P \geq 4.55$	工序能力严重不足	立即追查原因,采取紧急措施,提高工序能力;可考虑增大标准范围;已出现较多不合格品,要加强检查,最好全检

1. 过程能力指数过大的处置

当 $C_p > 1.67$ 时,可以认为过程能力过于充分。过程能力指数太大意味着粗活细做,这样必然影响生产效率,提高产品成本。这时,应根据实际情况采取以下措施降低 C_p。

(1) 降低过程能力。如改用精度较低但效率高、成本低的设备和原材料,合理地将过程能力指数降低到适当的水平。

(2) 更改设计,提高产品的技术要求。
(3) 采取合并或减少工序等方法。

2. 过程能力指数过小的处置

当 $C_p<1$ 时,意味着产品质量水平低,三级加工或四级加工即属于这种情况。这时,要暂停加工,立即追查原因,采取以下措施。

(1) 努力提高设备精度,并使工艺更为合理和有效,进一步提高操作技能与质量意识,改善原材料质量及提高加工切削性能,使过程能力得到适当的提高。
(2) 修订标准,若设计上允许,可降低技术要求,即用放宽公差的方法处理。
(3) 为了保证出厂产品的质量,在过程能力不足时,一般应通过全检后剔除不合格品,或实行分级筛选来提高产品质量。

3. 过程能力指数适宜

当 $1<C_p<1.67$ 时,表明过程能力充足,一般为一级或二级加工。这时,应进行过程控制,使生产过程处于受控或稳定状态,以保持过程能力不发生显著变化,从而保证质量。

7.2.4 非正态过程能力分析

计算过程能力指数的基本前提之一是要求过程处于统计控制状态,其实质含义是:过程输出应该服从某一稳定的概率分布,这样才能保证过程处于可预测的受控状态。由于正态分布是应用最为广泛的一种随机分布,因此,通常的过程稳定性假设往往意味着质量波动服从正态分布。而在实际生产中,许多稳定的过程不一定满足正态分布的假设。许多学者提出将非正态数据转变成正态数据的方法,以便使用过程能力分析对这些数据进行分析,从而得出合理有效的结论。目前主要的方法有 Box-Cox、Johnson 变换等方法。这两种变换各有优劣:Box-Cox 变换相对来讲比较简单,但经过变换的数据不一定服从正态分布;Johnson 变换的公式比较复杂,一般能够找到合适的变换形式,但仅适合于长期过程能力分析。

1. Box-Cox 变换方法

通过 Box-Cox 变换可以把数据转换为满足正态分布的数据,然后从转换后的数据中提取出均值和方差进行工序能力指数的计算。Box-Cox 变换公式为

$$X^{(\lambda)} = \begin{cases} \dfrac{X^\lambda - 1}{\lambda}, & \lambda \neq 0 \\ \ln X, & \lambda = 0 \end{cases} \quad (7\text{-}9)$$

式中,λ 为待定参数。

虽然此变换要求 $X>0$，但当此条件不满足时，只要作适当平移即可，故以下均假定 $X>0$。在进行转换时，运用极大似然估计法确定恰当的 λ 值，其中，λ 的值是从原始非正态数据估计得出，根据 λ 的值可将原始数据转换为近似正态分布。

样本的似然函数为

$$L(\mu,\sigma) = \frac{1}{(2\pi)^{N/2}\sigma^N} \prod_{i=1}^{N} e^{-\frac{\left(\frac{x_i^\lambda-1}{\lambda}-\mu\right)^2}{2\sigma^2}} \prod_{i=1}^{N} x_i^{\lambda-1} \tag{7-10}$$

通常情况下，使用对数似然函数计算比较方便，则对数处理后成为

$$\ln L(\mu,\sigma) = -\frac{N}{2}\ln(2\pi) - N\ln(\sigma) - \sum_{i=1}^{N}\frac{\left(\frac{x_i^\lambda-1}{\lambda}-\mu\right)^2}{2\sigma^2} + (\lambda-1)\sum_{i=1}^{N}\ln(x_i) \tag{7-11}$$

然后使用极大似然估计来求 λ。对于转换后的正态数据，均值的极大似然估计量为

$$\hat{\mu} = \frac{1}{N}\sum_{i=1}^{N}\frac{x_i^\lambda-1}{\lambda} \tag{7-12}$$

标准差的极大似然估计量为

$$\hat{\sigma} = \sqrt{\frac{1}{N}\sum_{i=1}^{N}\left(\frac{x_i^\lambda-1}{\lambda} - \frac{1}{N}\sum_{i=1}^{N}\frac{x_i^\lambda-1}{\lambda}\right)^2} \tag{7-13}$$

将式(7-12)和式(7-13)代入式(7-11)就可以得一个只存在一个未知参数 λ 的等式，对该等式进行微分就可以把 λ 计算出来。在实际运用过程中，由于计算量非常巨大，通常借助相关软件实现 Box-Cox 变换。

2. Johnson 变换方法

利用 Johnson 变换方法对非正态分布进行拟合转换的公式为

$$Z = \begin{cases} \gamma + \eta\ln\left(\dfrac{X-\varepsilon}{\lambda+\varepsilon-X}\right), & \text{有界(SB)} \\ \gamma + \eta\ln(X-\varepsilon), & \text{对数正态(SL)} \\ \gamma + \eta\operatorname{arsin}\left(\dfrac{X-\varepsilon}{\lambda}\right), & \text{无界(SU)} \end{cases} \tag{7-14}$$

式中，λ 为待定参数。

如果 X 服从 Johnson SB 分布，则参数估计为

$$\hat{\eta} = z\left[\operatorname{arccosh}\left[\frac{1}{2}\left[\left(1+\frac{p}{m}\right)\left(1+\frac{p}{n}\right)\right]^{1/2}\right]\right]^{-1} \tag{7-15}$$

$$\hat{\gamma} = \hat{\eta}\operatorname{arcsinh}\left[\frac{\left(\dfrac{p}{n}-\dfrac{p}{m}\right)\left[\left(1+\dfrac{p}{m}\right)\left(1+\dfrac{p}{n}\right)-4\right]^{1/2}}{2\left(\dfrac{p^2}{mn}-1\right)}\right] \tag{7-16}$$

$$\hat{\lambda} = p\left[\left[\left(1+\frac{p}{m}\right)\left(1+\frac{p}{n}\right)-2\right]^2-4\right]^{1/2}\left(\frac{p}{mn}-1\right)^{-1} \tag{7-17}$$

$$\hat{\varepsilon} = \frac{x_z + x_{-z}}{2} - \frac{\hat{\lambda}}{2} + p\left(\frac{p}{n} - \frac{p}{m}\right)\left[2\left(\frac{p^2}{mn}-1\right)\right]^{-1} \tag{7-18}$$

如果 X 服从 Johnson SU 分布，则参数估计为

$$\hat{\eta} = 2z\left\{\mathrm{arccosh}\left[\frac{1}{2}\left(\frac{p}{m}+\frac{p}{n}\right)\right]\right\}^{-1} \tag{7-19}$$

$$\hat{\gamma} = \hat{\eta}\mathrm{arcsinh}\left[\left(\frac{n}{p}-\frac{m}{p}\right)\left[2\left(\frac{mn}{p^2}-1\right)^{1/2}\right]^{-1}\right] \tag{7-20}$$

$$\hat{\lambda} = 2p\left(\frac{mn}{p}-1\right)\left[\left(\frac{m}{p}+\frac{n}{p}-2\right)\left(\frac{m}{p}+\frac{n}{p}+2\right)\right]^{1/2} \tag{7-21}$$

$$\hat{\varepsilon} = \frac{x_z + x_{-z}}{2} + p\left(\frac{n}{p}-\frac{m}{p}\right)\left[2\left(\frac{n}{p}+\frac{m}{p}-1\right)2\right]^{-1} \tag{7-22}$$

如果 X 服从 Johnson SL 分布，则参数估计为

$$\hat{\eta} = \frac{2z}{\ln(m/p)} \tag{7-23}$$

$$\hat{\gamma} = \hat{\eta}\ln\left[\frac{m/p-1}{p(m/p)^{1/2}}\right] \tag{7-24}$$

$$\hat{\varepsilon} = \frac{x_z + x_{-z}}{2} - \frac{p}{2}\left(\frac{m/p+1}{m/p-1}\right) \tag{7-25}$$

7.2.5 应用实例

【例 7-4】 某军工厂希望评估某军用线缆的直径是否符合规格。线缆直径必须为 0.55 ± 0.05 cm 才符合军工规格。质检人员评估过程的能力以确保它满足军工要求，即 P_{pk} 为 1.33。质检人员每隔 1 h 连续从生产线上取 5 根线缆记录其直径，如表 7-9 所列。

表 7-9 军用线缆直径　　　　　　　　　　（单位：cm）

0.529	0.550	0.555	0.541	0.559	0.543	0.557	0.559	0.581	0.551
0.493	0.534	0.527	0.511	0.565	0.559	0.519	0.562	0.551	0.530
0.545	0.588	0.544	0.561	0.573	0.607	0.532	0.562	0.542	0.549
0.577	0.526	0.546	0.557	0.548	0.546	0.560	0.530	0.564	0.514
0.527	0.545	0.513	0.557	0.525	0.557	0.559	0.529	0.539	0.591
0.538	0.557	0.517	0.521	0.568	0.544	0.550	0.562	0.540	0.537
0.558	0.548	0.532	0.570	0.567	0.560	0.533	0.538	0.567	0.557
0.541	0.534	0.544	0.537	0.574	0.572	0.556	0.560	0.520	0.578
0.543	0.544	0.541	0.526	0.518	0.521	0.532	0.524	0.544	0.523
0.550	0.544	0.545	0.571	0.527	0.536	0.554	0.569	0.531	0.534

【思路与方法】

利用 Minitab 软件过程能力分析功能，得到如下过程能力分析图，如图 7-17 所示。

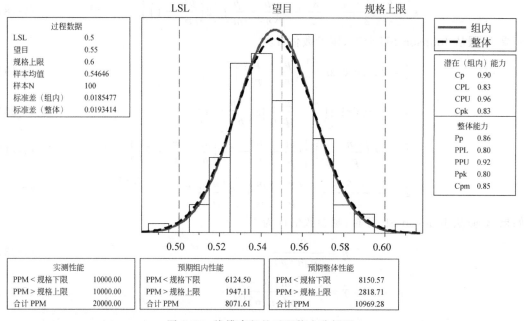

图 7-17 线缆直径的过程能力分析图

【结果分析】

如果要解释过程能力统计量，数据应近似服从正态分布。这一要求似乎已得到满足，正如上方重叠有正态曲线的直方图所示。

但是，过程均值(0.54646)略小于目标(0.55)，并且分布的两个尾部都落在规格限之外，这意味着有时会发现某些线缆直径小于 0.50 cm 的规格下限或大于 0.60 cm 的规格上限。

P_{pk} 指数表明过程生产的单位是否在公差限内。此处，P_{pk} 指数为 0.80＜1，表明军工厂必须通过减少变异并使过程以目标为中心来改进过程。显然，与过程不以目标为中心相比，过程中的较大变异对此生产线而言是严重得多的问题。

同样，合计 PPM(指百万分数，这里指每百万个部件中的不合格部件数)可以表征检验样本的预期整体性能。合计 PPM 为 10969.28，这意味着每一百万条线缆中大约有 10969 条不符合规格。军工厂未满足军用标准的要求，应通过降低过程变异来改进其过程。

经验分享：在进行上述分析之前，应该先验证过程是稳定的，还应检验过程服从正态分布，才能进行过程能力分析。为了简化这一分析过程，Minitab 软件提供了另一个操作方式，即"六合一"的全流程方法：Capability Sixpack，如图 7-18 所示。

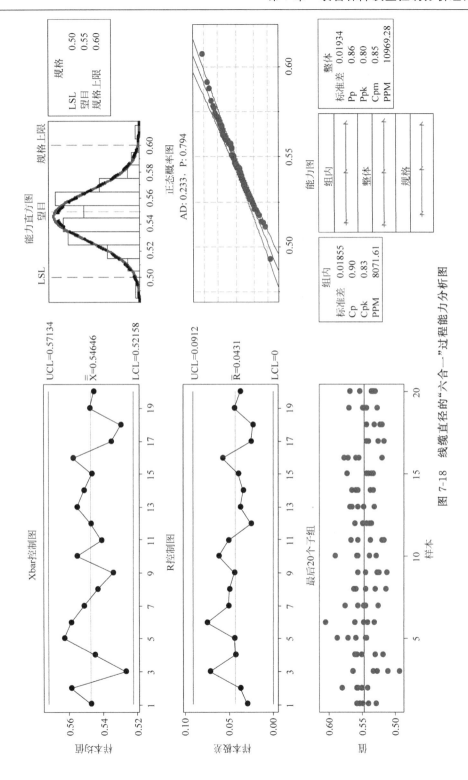

图 7-18 线缆直径的"六合一"过程能力分析图

在 $\bar{X}$ 控制图和 R 控制图上,点都是随机分布在控制极限之间的,表明这是稳定过程。但是,还应比较 R 控制图与 $\bar{X}$ 控制图上的点,以查看它们是否彼此相似。本例中的这些点并非这样,再次表明这是稳定过程。

最后 20 个子组的控制图上的点随机地水平散开,没有趋势或偏移,这也表明过程是稳定的。

如果要解释过程能力统计量,数据应近似服从正态分布。在能力直方图上,数据近似服从正态曲线。在正态概率图上,点近似呈一条直线,并落于 95% 置信区间内。这些模式表明数据是正态分布的。

但是,从能力图可以看出,整体过程变异的区间(整体)比规格限的区间(规格)宽。这意味着有时线缆的直径会超出公差限 [0.50, 0.60]。此外,P_{pk} 的值(0.80)落于要求的目标 1.33 之下,表明军工厂需要改进过程。

温馨提示:图 7-18 蕴含着丰富的信息。首先,左上的 $\bar{X}$ 控制图、左中的 R 控制图以及左下的最后 20 个子组的散点图可以用来验证过程是否稳定。其次右上的能力直方图和右中的正态概率图可以用来验证过程是否符合正态分布。此外,右下的能力图精确地显示出过程能力指数及其置信区间。

7.3 抽样检验

抽样检验(Sampling Test)又称抽样检查(Sampling Inspection),是按照规定的方案和程序,从一批产品或一个过程中随机抽取少量样本进行检验,以判断该批产品或过程是否合格的统计方法和理论。它与全面检验不同之处在于后者需对整批产品逐个进行检验,把其中的不合格品拣出来,而抽样检验则根据样本的检验结果来推断整批产品的质量。如果推断结果认为该批产品符合预先规定的合格标准,就予以接收;否则就拒收。所以,经过抽样检验认为合格的一批产品中,还可能含有一些不合格品。采用抽样检验可以显著地节省工作量。在破坏性试验(如检验产品的寿命)等检验中,也只能采用抽样检验。

7.3.1 抽样检验的基本原理

1. 抽样检验方案

抽样检验方案(又称抽样方案),是指规定样本大小和一系列接收准则的一个具体方案,常用三个基本参数组成:批量 N,样本量 n,接收数 c,其表示形式为 (N, n, c)。有时抽样方案中只有后两个参数,表示为 (n, c)。

2. 抽样风险

由于抽样检验的随机性,存在两类风险:生产方风险、使用方风险。

(1) 生产方风险。在抽样检验中,将合格批误判为不合格批所犯的错误称为弃真错误,这对生产方是不利的,犯弃真错误的概率称为生产方风险或第Ⅰ类风险,记为 α(误判),在实际工作中,α 通常取 5%。

(2) 使用方风险。在抽样检验中,将不合格批误判为合格批所犯的错误称为纳伪错误,这对使用方是不利的,犯纳伪错误的概率称为使用方风险或第Ⅱ类风险,记为 β(漏判),在实际工作中,β 通常取 10%。

经验分享:在抽样检验中,α 和 β 是不可避免的。但可以通过调整抽样方案中 n 与 c 或者接收不合格品率的上限 p_0、接收不合格品率的下限 p_1 来改变。在现行的抽样检验中,都是以既定的 α 和 β 来选择方案。至于如何选择 α 和 β,则由生产方和使用方根据实际情况商定。

3. 接收概率及其计算方法

根据确定的抽样方案 (N,n,c),把交验批判断为合格而接收的概率称为接收概率,也称合格概率,记为 $L(p)$ 或 P_a。$L(p)$ 也称抽样方案 (N,n,c) 的抽样函数,其计算方法一般有以下几种。

(1) 超几何分布计算法。设从不合格率为 p 的总体 N 中随机抽取 n 个单位产品组成样本,则样本中出现 d 个不合格品的概率可以按照超几何分布计算。此时,接收概率为

$$L(p) = \sum_{d=0}^{c} P_d = \sum_{d=0}^{c} \frac{C_{N-D}^{n-d} C_D^d}{C_N^n} \tag{7-26}$$

式中,$D=Np$,即交验批中的不合格品数;C_N^n 为从批量 N 中随机抽取 n 个单位样本的组合数;C_D^n 为从批含有的不合格品数 D 中抽取的个不合格品的全部组合数;C_{N-D}^{n-d} 为从批含有的合格品数 $N-D$ 中抽取 $n-d$ 个合格品的全部组合数。

(2) 二项分布计算法。当 $n/N<0.1$(即样本容量相对总体较小)时,可以用二项分布概率来近似计算接收概率

$$L(p) = \sum_{d=0}^{c} C_n^d p^d (1-p)^{n-d} \tag{7-27}$$

(3) 泊松分布计算法。当 $n/N<0.1$ 且 $p \leqslant 0.1$ 时,可以用泊松分布概率来近似计算接收概率

$$L(p) = \sum_{d=0}^{c} \frac{(np)^d}{d!} e^{-np} = \sum_{d=0}^{c} \frac{\lambda^d}{d!} e^{-\lambda} \tag{7-28}$$

式中,$\lambda=np$,即抽检样本中的不合格品数。

4. 抽样特性曲线（OC 曲线）

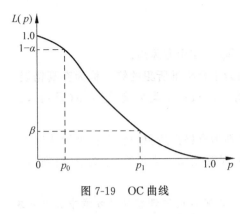

图 7-19　OC 曲线

接收概率 $L(p)$ 随批质量水平 p 变化的曲线，称为抽样特性（Operating Characteristic，OC）曲线。对于计数型一次抽样方案 (n,c)，其接收概率 $L(p)$ 随着检验批不合格品率 p 变化。用横坐标表示自变量 p，纵坐标表示相应的接收概率 $L(p)$，p 和 $L(p)$ 构成的曲线即为抽样特性曲线，如图 7-19 所示，图中 α 为生产方风险，β 为使用方风险，p_0 为接收不合格品率的上限，p_1 为接收不合格品率的下限。利用 OC 曲线可以比较不同抽样方案的优劣。好的抽样方案应该是：在产品质量较好时（$p_0 \leqslant p_1$），大概率接收；当产品质量变坏时，接收概率 $L(p)$ 迅速变小。

5. 接收质量限（AQL）

接收质量限（Acceptable Quality Level，AQL）是指当一个连续系列批被提交验收抽样时，可容忍的最差过程平均质量水平。它是抽样方案的一个重要参数，以不合格品百分数或每百单位产品不合格数表示，是对生产方提出的质量要求，它表明如果质量水平（不合格品百分数或每百单位产品不合格数）不大于指定的 AQL 时，抽样方案会接收大多数的提交批。AQL 值一般在技术标准、质量标准或供需双方签订的订货合同或协议中明确规定。AQL 的参考值如表 7-10 所列。

表 7-10　AQL 参考数值

使用要求	特高	高	中	低
AQL	不超过 0.1%	不超过 0.65%	不超过 2.5%	不低于 4.0%
适用范围	航天产品	航空等军工产品	工业产品	民用产品

温馨提示：美国海军依据致命缺陷（Critical Defects）、严重缺陷（Major Defects）和轻微缺陷（Minor Defects）的类别，确定的 AQL 值分别为 0.1%、0.25%~1.0% 和 2.5%。

7.3.2　抽样检验的基本类型

1. 计数型抽样检验

计数型抽样检验（按属性抽样检验），它以样本中的不合格品数或缺陷品数为基础。从 N 个单位的批次中随机选择 n 个单位的样本。如果不合格品为 c 个或更少，则接收该批次。如果不合格品大于 c 个，则拒收该批次。

2. 计量型抽样检验

计量型抽样检验(按变量抽样检验),以可测量的质量特征为基础,就是要测量和记录质量特性的数值,并根据数值与标准对比,判断是否合格。对于变量计划,需要基于实际测量值来计算均值、标准差和 Z 值。

7.3.3 应用实例

1. 计数型抽样检验应用实例

【例 7-5】 某部计划从军工厂新进一批型号的航材备件 5000 件,为了保证该批次备件质量,准备采用 AQL(可接收质量水平)为 1.5%,RQL(可拒收质量水平)为 10% 的一次抽样检验,以便能够据此接收或拒收整个批次。制订该抽样检验计划,并绘制抽样检验特征曲线。

【思路与方法】
利用 Minitab 软件制订该抽样检验计划,并绘制抽样检验特征曲线。会话窗口输出如下结果,图形窗口输出如图 7-20 所示。

按属性的抽样验收
测量值类型: 通过/通不过
以百分比缺陷表示的批次质量
批次大小: 5000
使用二项分布来计算接收概率

可接收质量水平(AQL): 1.5
生产者风险(Alpha): 0.05
可拒收质量水平(RQL 或 LTPD): 10
消费者风险(Beta): 0.1
生成的计划
样本数量 52
接收数 2
如果 52 取样中的不良品数≤2,接收该批次,否则拒绝。

百分比缺陷	接收概率	拒绝概率	AOQ	ATI
1.5	0.957	0.043	1.420	266.2
10.0	0.097	0.903	0.956	4521.9

平均交付质量限(AOQL)=2.603(以 4.300 百分比缺陷)。

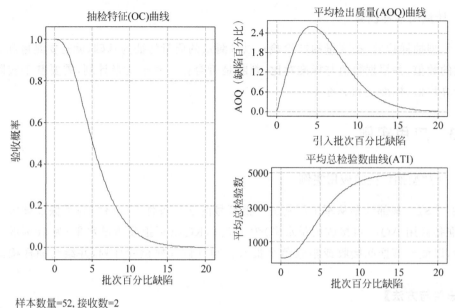

样本数量=52,接收数=2

图 7-20　按属性抽样验收输出图形

【结果分析】

由输出结果可知,对于 5000 件航材备件,需要随机选择并检验其中的 52 件。如果在 52 件中发现的缺陷品超过 2 件,则应拒收整个批次。如果缺陷品为 2 件或更少,则接收整个批次。

在本例中,AQL(1.5%)处的接收概率为 0.957,拒收概率为 0.043。在建立抽样计划时,大约有 95% 的时间会接收含 1.5% 缺陷品的批次,以保护生产者的利益。RQL(10%) 下接收的概率为 0.097,拒收的概率为 0.903。多数情况下将拒收含 10% 缺陷品的批次,以保护用户的利益。

拒收批次时,抽样验收过程通常要求采取纠正措施。如果纠正措施是执行 100% 的检验并将缺陷品项目返工,则平均检出质量(AOQ)表示批次的平均质量,平均总检验数(ATI)表示进一步筛选后所检验项的平均数量。

AOQ 水平在 AQL 处为 1.4%,在 RQL 处为 1.0%。导致这一点的原因是当批次质量非常好或非常差时检出质量都会很好,因为将返工并重新检验较差的批次。4.300 缺陷品百分比下平均检出质量限(AOQL)=2.603 表示检出质量水平最差的情况。

每批次的 ATI 表示在特定质量水平下所检验备件的平均数量。对于含 1.5% 缺陷品的质量水平,每批次所检验备件的平均总数为 266.2。对于含 10% 缺陷品的质量水平,每批次所检验备件的平均总数为 4521.9。

2. 计量型抽样检验应用实例

【例 7-6】 假设每周收到 2 cm 塑料管件,批次大小为 2500。现决定实施一个抽样计划以验证管壁厚度,管道管壁厚度的规格下限为 0.09 cm。与供应商议定 AQL 为每百万 100 个缺陷品,RQL 为每百万 300 个缺陷品。制订该抽样检验计划,并绘制抽样检验特征曲线。

【思路与方法】

利用 Minitab 制订该抽样检验计划,并绘制抽样检验特征曲线。会话窗口输出如下结果,图形窗口输出如图 7-21 所示。

按变量分组抽样验收-创建/比较

以每百万缺陷数表示的批次质量

规格下限(LSL)	0.09
历史标准差	0.025
批次大小	2500
可接收质量水平(AQL):	100
生产者风险(Alpha):	0.05
可拒收质量水平(RQL 或 LTPD):	300
消费者风险(Beta):	0.1

生成的计划

样本数量   104
临界距离(k 值): 3.55750

Z.LSL =(均值 － 规格下限)/ 历史标准差
如果 Z.LSL>= k 则接收批次;否则拒绝。

每百万

缺陷数	接收概率	拒绝概率	AOQ	ATI
100	0.950	0.050	91.1	223.2
300	0.100	0.900	28.6	2261.4

平均交付质量限(AOQL)=104.6(以 140.0 每百万缺陷数)。

【结果分析】

对于每 2500 个管件的批次,需要随机选择并检验其中的 104 个。根据随机样本的测量值,确定均值和标准差以计算 Z.LSL 值。Z.LSL=(均值－规格下限)/标准差。如果历史标准差已知,则可以使用该值。若 Z.LSL 大于临界距离(在本例中 $k=3.55750$),则接收整个批次;否则,拒收整个批次。

在本例中,AQL(每百万 100 个缺陷品)下接收的概率为 0.95,拒收的概率为 0.05。在建立抽样计划时,消费者和供应商议定大约有 95% 的时间会接收每百万 100 个缺陷品的批次,以保护生产者的利益。RQL(每百万 300 个缺陷品)下接收的概率为 0.10,拒收的概率

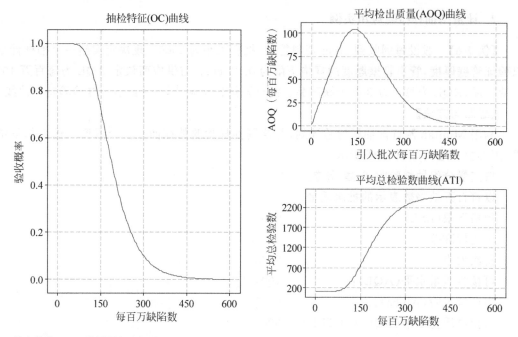

样本数量=104，临界距离=3.55750

图 7-21 按变量分组抽样验收输出图形

为 0.90。消费者和供应商议定多数情况下将拒收每百万 300 个缺陷品的批次，以保护消费者的利益。

拒收批次时，抽样验收过程通常要求采取纠正措施。如果纠正措施是执行 100% 检验并将缺陷品项目返工，则平均检出质量(AOQ)表示批次的平均质量，平均总检验数(ATI)表示进一步筛选后所检验项的平均数量。

在 AQL 下，平均检出质量水平(AOQ)为每百万 91.1 个缺陷品，在 RQL 下为每百万 28.6 个缺陷品。导致这一点的原因是当批次质量非常好或非常差时检出质量都会很好，因为将返工并重新检验较差的批次。平均检出质量限(AOQL)表示最差情况下的检出质量水平。

每批次的平均总检验数(ATI)表示在特定质量水平和接收概率下检验的平均管件数。对于每百万 100 个缺陷品的质量水平，每批次检验的平均管件总数为 223.2。对于每百万 300 个缺陷品的质量水平，每批次检验的平均管件总数为 2261.4。

参 考 文 献

[1] 陈至立,等.辞海(彩图本)[M].7版.上海:上海辞书出版社,2020.
[2] 范金城,林长梅.数据分析[M].2版.北京:科学出版社,2010.
[3] 林长梅,范金城.数据分析方法[M].2版.北京:高等教育出版社,2018.
[4] 何晓群.现代统计分析方法与应用[M].4版.北京:中国人民大学出版社,2016.
[5] 何晓群.多元统计分析[M].4版.北京:中国人民大学出版社,2015.
[6] 吴礼斌,等.MATLAB数据分析方法[M].2版.北京:机械工业出版社,2017.
[7] 丁世飞,等.现代数据分析与信息模式[M].北京:科学出版社,2013.
[8] 薛毅,陈立萍.统计建模与R软件[M].2版.北京:清华大学出版社,2021.
[9] 徐杰,郭海玲.数据分析方法[M].北京:科学出版社,2022.
[10] 贾俊平,何晓群,金勇进.统计学[M].8版.北京:中国人民大学出版社,2021.
[11] 盛骤,谢式千,潘承毅.概率论与数理统计[M].4版.北京:高等教育出版社,2008.
[12] 周友苏,杨飒.质量管理统计技术[M].北京:北京大学出版社,2010.
[13] 周尊英.质量管理实用统计技术[M].北京:中国标准出版社,2009.
[14] 王庚,等.现代工业统计与质量管理[M].北京:中国人民大学出版社,2011.
[15] 赵经成,祝华远,王文秀.航空装备技术保障运筹分析[M].北京:国防工业出版社,2010.
[16] 吴令云,等.MINITAB软件入门[M].2版.北京:高等教育出版社,2021.
[17] 马逢时,等.基于MINITAB的现代实用统计[M].2版.北京:中国人民大学出版社,2013.
[18] 马逢时,等.六西格玛管理统计指南[M].3版.北京:中国人民大学出版社,2018.
[19] 陈钰芬,陈骥.多元统计分析[M].北京:清华大学出版社,2020.
[20] 刘金山,夏强.应用多元统计分析[M].北京:人民邮电出版社,2021.
[21] 朱建平.应用多元统计分析[M].4版.北京:科学出版社,2021.
[22] 施苑英.大数据技术与应用[M].北京:机械工业出版社,2021.
[23] 江三宝,毛振鹏.信息分析与预测[M].北京:清华大学出版社,2012.
[24] 余波.现代信息分析与预测[M].北京:北京理工大学出版社,2011.
[25] 宁宣熙,刘思峰.管理预测与决策方法[M].2版.北京:科学出版社,2011.
[26] 陈庆华,等.系统工程理论与实践(修订版)[M].北京:国防工业出版社,2011.
[27] 胡波,郭骊.实用统计分析方法与技术[M].北京:化学工业出版社,2013.
[28] 张凤鸣,惠晓滨.武器装备数据挖掘技术[M].北京:国防工业出版社,2017.
[29] 常文兵,等.可靠性工程中的大数据分析[M].北京:国防工业出版社,2019.
[30] 张文彤,邝春伟.SPSS统计分析基础教程[M].北京:高等教育出版社,2011.
[31] 林正炎,等.大数据教程——数据分析原理和方法[M].北京:科学出版社,2020.
[32] 徐华.数据挖掘:方法与应用[M].2版.北京:清华大学出版社,2022.
[33] 陈思华,齐亚伟,杨海文.大数据分析与大数据应用[M].北京:科学出版社,2022.
[34] 周永道,王会琦,吕王勇.时间序列分析及应用[M].北京:高等教育出版社,2015.
[35] 孙祝岭.时间序列与多元统计分析[M].上海:上海交通大学出版社,2016.

[36] 马慧慧,等. Stata统计分析与应用[M]. 3版. 北京:电子工业出版社,2016.

[37] 沈学祯. 现代数据分析技术[M]. 上海:立信会计出版社,2005.

[38] 岳晓宁. 数据统计与分析[M]. 北京:机械工业出版社,2022.

[39] 杨轶莘. 大数据时代下的统计学[M]. 北京:电子工业出版社,2015.

[40] 陈希儒. 数理统计学简史[M]. 哈尔滨:哈尔滨工业大学出版社,2021.

[41] 楼京俊,等. 舰船装备维修保障工程新技术[M]. 北京:电子工业出版社,2022.

[42] [德]史蒂文·S. 斯基纳. 大数据分析:理论、方法及应用[M]. 徐曼,译. 北京:机械工业出版社,2022.

[43] [英]维克托·迈尔-舍恩伯格,肯尼思·库克耶. 大数据时代:生活、工作与思维的大变革[M]. 盛杨燕,周涛,译. 杭州:浙江人民出版社,2013.

[44] 曹晋华,程侃. 可靠性数学引论[M]. 北京:高等教育出版社,2012.

[45] 张凤鸣. 航空装备科学维修导论[M]. 北京:国防工业出版社,2006.

[46] 甘茂治,康建设,高崎. 军用装备维修工程学[M]. 2版. 北京:国防工业出版社,2005.

[47] 张相炎. 兵器系统可靠性与维修性[M]. 北京:国防工业出版社,2016.

[48] 赵宇. 可靠性数据分析[M]. 北京:国防工业出版社,2011.

[49] 康锐. 可靠性维修性保障性工程基础[M]. 北京:国防工业出版社,2011.

[50] [美]埃贝灵. 可靠性与维修性工程概论[M]. 康锐,等译. 北京:清华大学出版社,2010.

[51] [挪]劳沙德. 系统可靠性理论[M]. 2版. 郭强,等译. 北京:国防工业出版社,2011.

[52] 梁工谦,刘德智,陈洪根. 质量管理学[M]. 3版. 北京:中国人民大学出版社,2018.

[53] 马义中,汪建均. 质量管理学[M]. 2版. 北京:机械工业出版社,2019.

[54] 杨军,等. 统计质量控制[M]. 北京:中国质检出版社,2012.

[55] 杨彦明,等. 质量管理统计分析与应用[M]. 北京:清华大学出版社,2015.

[56] 杨彦明,等. 航空装备可靠性数据建模与分析[M]. 北京:航空工业出版社,2020.

[57] 徐学栋. 非正态分布形态下的过程能力指数研究[D]. 镇江:江苏大学,2010.

[58] 赵京,李立明. 基于主成分分析法和核主成分分析法的机器人全域性能综合评价[J]. 北京工业大学学报,2014,(12):1763-1769.

[59] 张梁,崔崇立,贾徐伟,等. 基于影响因素主成分分析的航材消耗预测模型[J]. 兵工自动化,2016,35(8):5.

[60] 涂延军,梁工谦. 基于主成分分析的飞控系统研制费用估算[J]. 机械科学与技术,2003(S2):3.

[61] 孙璐璐,杨彦明,崔健. 浅谈控制图在飞机完好率控制中的应用[J]. 航空维修与工程,2013(4):3.

[62] Yang Y. Prediction and analysis of aero-material consumption based on multivariate linear regression model[C]//IEEE International Conference on Cloud Computing & Big Data Analysis (ICCCBDA). IEEE, 2018.

[63] Yang Y, Yu H, Sun Z. Aircraft failure rate forecasting method based on Holt-Winters seasonal model[C]//IEEE International Conference on Cloud Computing & Big Data Analysis (ICCCBDA). IEEE, 2017.

[64] Yang Y, Liu C, Guo F. Forecasting method of aero-material consumption rate based on seasonal ARIMA model[C]//IEEE International Conference on Computer and Communications (ICCC). IEEE, 2017.

[65] Yang Y, Zhu H. A study of non-normal process capability analysis based on Box-Cox transformation[C]//3rd International Conference on Computational Intelligence and Applications

(ICCIA). 2018.

[66] Yang Y, Li D, Qi Y. An approach to non-normal process capability analysis using Johnson transformation[C]//IEEE 4th International Conference on Control Science and Systems Engineering (ICCSSE). IEEE, 2018.

[67] Yang Y. Reliability life analysis of aeronautical equipment components based on Weibull distribution [C]//8th International Workshop on Computer Science and Engineering (WCSE). 2018.